Magia
szamanizmu

Arvick Baghramian

Magia szamanizmu

Uzdrawiająca moc szamańskiej podróży

Przekład: Agnieszka Cioch

GALAKTYKA

Tytuł wydania oryginalnego:
The magic of shamanism. The healing power of the shamanic journey

90-644 Łódź, ul. Żeligowskiego 35/37
tel. +42 639 50 18, 639 50 19, tel./fax 639 50 17
e-mail: info@galaktyka.com.pl; sekretariat@galaktyka.com.pl
www.galaktyka.com.pl

ISBN: 978-83-7579-698-8

Redakcja: *Agnieszka Czech*
Korekta: *Emilia Michalak, Monika Ulatowska*
Redakcja techniczna: *Marta Sobczak-Proga*
Redaktor prowadzący: *Marek Janiak*

Projekt okładki: *Czarny Kwadrat, www.czarnykwadrat.eu*
Skład: *Garamond*
Druk i oprawa: *Drukarnia im. A. Półtawskiego*

Książka zawiera porady oraz informacje dotyczące zdrowia. Powinna być traktowana jako uzupełnienie, a nie zastępstwo konsultacji z lekarzem czy innym wykwalifikowanym pracownikiem służby zdrowia. Jeśli wiesz albo podejrzewasz, że cierpisz z powodu jakiegoś problemu zdrowotnego, wskazane jest, abyś zasięgnął porady lekarza, zanim rozpoczniesz jakikolwiek program zdrowotny na własną rękę. Wszelkie decyzje zdrowotne powinny być podejmowane w porozumieniu z lekarzem. Autor i wydawca nie ponoszą żadnej odpowiedzialności za mogące pojawić się błędy, nieścisłości, przeoczenia lub niezgodności, ani za jakiekolwiek konsekwencje stosowania metod zasugerowanych w tej książce.

Mojej matce, ojcu i ludziom,
którzy nauczyli mnie kochać i dawać

SPIS TREŚCI

PODZIĘKOWANIA

Pragnę złożyć wyrazy wdzięczności wszystkim ludziom, z którymi zetknęłam się w życiu od chwili narodzin aż do dziś. Szczególnie tym, którzy wraz ze mną podążają wspólną duchową drogą. Z wdzięcznością myślę o wszystkich swoich studentach i przyjaciołach z Izraela. Dziękuję im za zachętę, wsparcie i nieustanne uświadamianie mi, jak ważne jest, abym podzieliła się tą książką z innymi. Ogromnie wiele zawdzięczam Jonathanowi Horwitzowi, który odegrał w moim życiu szczególną rolę nauczyciela i przyjaciela, wprowadzając mnie w świat duchów. Dziękuję także dr Charlotte Hardman, która wspierała mnie zachętą i radą podczas mojej pracy nad książką. Serdecznie dziękuję Nofit Itzhak za inspirujące uwagi i nieustanne motywowanie mnie nie tylko podczas pisania, ale również w czasie badań naukowych – bez niej ta książka nigdy by nie powstała. Dziękuję Ianowi Burkittowi za konstruktywne rady oraz Nurit Ezer, która była przy mnie, poświęcając mi hojnie swój czas i serdeczne uczucia. Wyrazy wdzięczności kieruję do Kathy Fried – dziękuję jej za bezwarunkowe wsparcie, uczciwość i cenne krytyczne uwagi. Jacqui Wordsworth dziękuję za pomoc we wcześniejszych badaniach. Jean Escott i Michaelowi Gazitowi składam podziękowania za okazaną mi sympatię, a Martinowi Bambanianowi za cierpliwość, jaką wykazał podczas tworzenia okładki do książki. Dziękuję wszystkim pracownikom wydawnictwa Book Guild Publishing, bez których ta książka nie mogłaby się ukazać, szczególnie Joannie Bentley, której niezmącony spokój, sympatia i wdzięk sprawiały, że w wydawnictwie czułam się jak u siebie w domu. Dziękuję stokrotnie Lyn Parr za hojne poświęcanie mi czasu i za ilustracje do książki. Pragnę też zapewnić o swojej wdzięczności wszystkich tych, którzy podzielili się ze mną szczegółami swoich szamańskich podróży. Bez nich moja książka nie byłaby kompletna. Dziękuję wreszcie pokornie swojemu duchowi opiekuńczemu i duchowym nauczycielom z niezwykłej rzeczywistości za kierowanie moimi poczynaniami, otuchę i pracę nade mną. To dzięki tym wszystkim osobom czytacie dziś tę książkę.

PRZEDMOWA

Arvick Baghramian osiągnęła w swojej książce coś, czego nie udało się żadnemu innemu autorowi piszącemu o szamanizmie: dokonała przeglądu fachowej literatury, splotła go z relacją z doświadczenia własnej inicjacji w szamanizm, wreszcie opowiedziała o swoich doświadczeniach uzdrowicielki szamańskiej i tej, która idzie „drogą szamana".

Jako nauczyciel szamanizmu często muszę odpowiadać na pytanie, czy to możliwe, żeby człowiek Zachodu – czy też ktokolwiek, kto nie urodził się na zimnej Syberii, w Puszczy Amazońskiej czy na australijskiej pustyni – mógł skutecznie i z sukcesami praktykować szamanizm. Po dwudziestu latach nauczania szamanizmu doświadczenie podpowiada mi, że zdolność do praktykowania go, włącznie z uzdrawianiem i dywinacją, jest zdolnością, z którą rodzą się wszystkie istoty ludzkie, podobnie jak rodzą się one ze zdolnością uczenia się mowy i przyjęcia postawy wyprostowanej. Arvick w swojej książce właśnie tego dowodzi.

Jednakże, choć wszyscy posiadamy tę wrodzoną zdolność, dopiero kultura, w której dorastamy, definiuje szamanizm. Do niedawna kultura zachodnia nie dysponowała definicją szamanizmu, a liczne osoby, które doświadczały szamańskiej rzeczywistości, albo zachowywały to w tajemnicy nie wiedząc, co z tym zrobić, albo były uznawane – przez innych lub przez samych siebie – za psychicznie chore.

Na szczęście to się zmienia. Przedstawiciele zachodnich społeczeństw coraz częściej rozpoznają u siebie szamańskie zdolności – tak też było z Arvick – i z pomocą doświadczonych mistrzów doskonalą je zarówno w świecie zmysłów, jak i w świecie duchów, ucząc się wykorzystywać własną moc dla pożytku swojego i innych. Praktykowanie szamanizmu jest coraz szerzej akceptowane, a uzdrawianie szamańskie coraz częściej stosowane jako alternatywna metoda leczenia, dająca pozytywne rezultaty.

Jestem przekonany, że doświadczenia Arvick wydadzą się znajome wielu czytelnikom, a książka stanie się wspaniałym przyczynkiem do już istniejącej literatury szamańskiej.

JONATHAN HORWITZ,
Skandynawskie Centrum Szamanizmu
Kopenhaga, Dania

Alicja roześmiała się.
– Nie ma sensu próbować – powiedziała. – Nikt nie może uwierzyć w rzeczy niemożliwe.
– Wydaje mi się, że niewiele masz wprawy – powiedziała Królowa. – Gdy byłam w twoim wieku, wprawiałam się co dnia przez pół godziny. Ach, czasem udawało mi się uwierzyć w sześć niemożliwych rzeczy już przed śniadaniem.

LEWIS CARROL,
„O TYM, CO ALICJA ODKRYŁA PO DRUGIEJ STRONIE LUSTRA"

WSTĘP

Kiedy w moim życiu pojawił się szamanizm, byłam na dnie rozpaczy. Przeżyłam wiele wzlotów i upadków, a spoglądając wstecz, widzę wyraźnie, że kryzysy, przez które przebrnęłam, otwierały mnie na ukrytą moc i potencjał, jakie w sobie nosiłam. Kryzys, który skierował mnie w końcu na szamańską ścieżkę, był zdecydowanie najbardziej bolesną i najtrudniejszą próbą, jaka mnie spotkała. Jednak jego owoce okazały się zdrowe i słodkie.

Jestem Ormianką urodzoną w Iranie, ale większość dorosłego życia spędziłam w Europie. Najpierw pracowałam jako położna, potem zostałam pracownikiem socjalnym i specjalizowałam się w pracy z dziećmi wykorzystywanymi seksualnie. Pracując z dziećmi po traumatycznych przejściach oraz z dorosłymi, którzy doświadczyli traumy w dzieciństwie, poznałam rozmaite techniki terapeutyczne. Poszukiwałam coraz to nowych sposobów docierania do nich i niesienia im pomocy. Te poszukiwania zaprowadziły mnie nie tylko do różnych terapii, ale i do wielu miejsc w różnych zakątkach świata. W tamtych czasach były to wyłącznie tak zwane terapie „tradycyjne". Dopiero poważne własne kłopoty zdrowotne skłoniły mnie do zwrócenia uwagi na terapie alternatywne. Kiedy stwierdzono u mnie postępującą chorobę zwyrodnieniową kręgosłupa, lekarze ostrzegali, że resztę życia mogę spędzić na wózku inwalidzkim. Podczas pobytu w Nowym Jorku, pod koniec lat osiemdziesiątych, przypadkowo zetknęłam się z reiki – dawną praktyką duchową i uzdrowicielską, polegającą na leczeniu dotykiem. Postanowiłam nauczyć się tej metody. Kiedy dzięki reiki sama wyleczyłam się z dolegliwości kręgosłupa, otworzyłam się na inne metody uzdrawiania. Minęło jednak sporo czasu, zanim w moim życiu pojawił się szamanizm.

Pracowałam w Nowym Jorku już prawie rok, gdy otrzymałam propozycję pracy w Arizonie. Tam właśnie zaznajomiłam się z Systemem Indywidualnych Symboli doktora E. Stephena Gallegosa[1]. Następnie przeniosłam się do Nowej Zelandii, gdzie nauczyłam się integracji oddechem. Szamanizm był jednak wciąż odległy. Dopiero w roku 1997, po serii dość dziwnych wydarzeń, trafiłam na kurs szamanizmu dla początkujących, prowadzony przez Jonathana Horwitza. Miał zostać moim nauczycielem w zwykłej rzeczywistości. Wiem, że wdzięczność winna jestem nie tylko duchom-nauczycielom, ale także Jonathanowi, który wraz z nimi cierpliwie mnie wspierał, gdy wydobywałam się z otaczającego mnie mroku.

Właśnie wtedy, dziesięć lat temu, podczas tych pierwszych warsztatów, duchy pomocnicze powiedziały mi, że powinnam pisać o szamanizmie. Zignorowałam to – wówczas nie miało to dla mnie sensu. Dlaczego miałabym pisać o szamanizmie? Nic o nim nie wiedziałam. To, co przeżyłam, uważałam za dziwaczne – odprawiając rytuały bębnienia i grzechotania, czułam się skrępowana i zakłopotana, a przekazy, które odbierałam podczas szamańskich podróży, choć potężne, nie robiły na mnie żadnego wrażenia.

Mimo wszystko szłam drogą szamanizmu. Kilka lat po tych pierwszych doświadczeniach natknęłam się na zeszyt, w którym robiłam zapiski z szamańskich podróży. Przeglądając je, natrafiłam na opis takiej, podczas której duchy polecały mi pisać o szamanizmie. Tym razem postanowiłam ich posłuchać. Choć duchy nie sprecyzowały, o co chodzi, zinterpretowałam to na swój sposób i postanowiłam napisać o szamanizmie pracę doktorską. Gdy rozmawiałam o tym z Jonathanem, z właściwym sobie spokojem zapytał, czy na pewno dobrze zrozumiałam przekaz. Byłam jednak głucha na ukrytą sugestię mistrza i przystąpiłam do pisania. Kilka lat poświęciłam na badania naukowe, praktykując jednocześnie szamanizm. Po jakimś czasie doznałam olśnienia. Zrozumiałam, że nie chodzi o pracę naukową, ale raczej o książkę. Zrezygnowałam z pisania rozprawy, a mój promotor uznał, że to właściwa decyzja.

Prowadząc badania, jednocześnie pogłębiałam i poszerzałam praktykę. Powoli zaczynałam stosować praktyki szamańskie w pracy terapeutycznej z ludźmi z rozmaitych krajów i środowisk. Przez wiele lat stosowałam je podczas terapii w wielu różnych krajach, z ludźmi z rozmaitych środowisk. Byłam świadkiem, jak moi pacjenci w wieku od czterech do siedemdziesięciu pięciu lat zmieniają się pod wpływem szamanizmu. Ze zdumieniem obserwowałam niemal cudowne rezultaty swojej pracy i zdałam sobie sprawę, że to zdecydowanie najpotężniejsze z duchowych narzędzi terapeutycznych, z jakim się kiedykolwiek spotkałam.

Szamanizm jest najstarszą praktyką duchową i uzdrowicielską, jaką zna ludzkość. Wprawdzie w miarę postępu i modernizacji świata zaczął zanikać, ale w ostatnich dziesięcioleciach ponownie się odradza. Pierwsze wzmianki o szamanizmie pochodzą od antropologów odbywających dalekie podróże w celu badania niezwykłych zwyczajów nieznanych plemion. Całkiem niedawno szamanizm odzyskał jednak należne mu, jako praktyce duchowej i terapeutycznej, miejsce w zachodnim świecie.

Moja książka nie jest studium etnograficznym na ten temat, ale nie jest też klasycznym poradnikiem. Koncentruję się w niej na stosowaniu praktyk szamańskich jako narzędzia wzmacniającego, dodającego mocy. Rozpatrując problemy zdrowia i leczenia z perspektywy międzykulturowej, omawiając naturę duchów i duchowości oraz przyglądając się rozmaitym zasadom praktyk szamańskich z całego świata, staram się ukazać i zgłębić magię szamańskich podróży. Książka ta mówi też o współczesnych formach szamanizmu, w szczególności o neoszamanizmie (*core shamanism*), współczesnej terapii szamańskiej wykorzystującej skuteczność szamańskich podróży do ułatwiania leczenia chorób zarówno psychicznych, jak i somatycznych.

Książka ta ma wielu autorów. Wraz ze mną pisały ją i ilustrowały swoimi słowami moje duchy pomocnicze, a także ludzie, z którymi pracowałam i którym pomagałam, ludzie, których życie i dusze głęboko odmieniły się pod wpływem szamanizmu. Podczas jednej z podróży zapytałam duchy o moją książkę, o to, jak mam ją pisać. Duch opiekuńczy odpowiedział mi: „Niech ci ludzie powiedzą. Pozwól im mówić prosto z serca. Niech powiedzą, jak im pomogliśmy. Jesteś tylko pośrednikiem, Arvick. Niech oni napiszą tę książkę. To oni nadadzą jej koloryt i styl. Dzięki temu pokażesz niemożliwe".

W stronice tej książki wplecione są nie tylko głosy moich duchów-nauczycieli i ludzi, z którymi pracowałam, ale także różnorodne podejścia teoretyczne. W miarę, jak moja książka ewoluowała, stawało się dla mnie jasne, że badając szamanizm, nie powinnam przyjmować jednego punktu widzenia, ale raczej zintegrować rozmaite teoretyczne i filozoficzne podejścia do tej pradawnej praktyki duchowej. Starając się lepiej zrozumieć to niezwykle skomplikowane zjawisko, próbowałam połączyć tradycyjną wiedzę antropologiczną, praktyczną mądrość współczesnego szamanizmu i różne teorie psychologiczne. Na przestrzeni wielu lat pracowałam z mnóstwem ludzi. Ich opowieści, ich „przypadki" opisane w książce, to tylko wierzchołek góry lodowej. Wiele historii, równie przekonujących jak te, które opisałam, pozostanie jednak nieopowiedzianych.

Przedstawiam też swoją osobistą i zawodową drogę do szamanizmu, przytaczam historie z własnego życia. Moja mama powiedziała kiedyś, że w głębi duszy wszyscy ludzie są uzdrowicielami. „Uzdrowiciel tkwi w każdym z nas – mówiła – i kiedy będziesz na to gotowa, na pewno objawi się w tobie". To książka o podróży mojego życia, o mojej drodze do szamanizmu i o drogach wielu innych ludzi, ale przede wszystkim jest to książka o podróży szamańskiej i jej uzdrowicielskiej mocy.

ROZDZIAŁ 1

SZAMANIZM: PODSTAWOWE DEFINICJE

Dobrze widzi się tylko sercem.
Najważniejsze jest niewidoczne dla oczu.

ANTOINE DE SAINT-EXUPÉRY, „MAŁY KSIĄŻĘ"

Kiedy zasiadłam do pisania tej książki, przez moją głowę zaczęło przelatywać mnóstwo myśli. Miałam tyle do powiedzenia i nie wiedziałam, od czego zacząć. Moja głowa była jak bulgoczący kociołek czarownicy, pełen czarów, magii, zaklęć i tajemnych ingrediencji. Ludzie, z którymi przez lata pracowałam, moje własne życie, uzdrowienia, zmiany i wszystkie magiczne transformacje, których byłam świadkiem u siebie i u innych – wszystko to kłębiło się w mojej głowie. Czułam ciężar odpowiedzialności za szamanizm i za ludzi, którzy zgodzili się, bym opisała ich doświadczenia.

Nie dowierzałam własnym zdolnościom. Czy będę umiała uczciwie opisać praktykę szamańską, tak jak na to zasługuje, przelać ją na papier i namalować jej pełny obraz? Czy potrafię przekazać światu to, co czuję w głębi serca, swoje głębokie rozumienie i przekonania, których nabrałam w wyniku własnych doświadczeń i dzięki uzdrowicielskiej mocy innych?

Aby uporządkować myśli, postanowiłam zacząć od bardzo ważnej w moim życiu wędrówki – od mojej własnej drogi do szamanizmu. Rozmyślając o niej, widziałam płynącą rzekę, toczącą wody przez doliny, równiny, góry i wąwozy. Widziałam symboliczny związek między tą wizją a moim życiem. Rzeka mojego życia także płynęła przez rozmaite krajobrazy, czasami gładkie i piękne, czasami trudne i pełne wyzwań.

Moja matka była uzdrowicielką i szamanką. Pierwsze wspomnienie o jej uzdrowicielskiej mocy sięga czasów, kiedy miałam sześć lat. Mama była bardzo chora, miała silne bóle brzucha, spowodowane komplikacjami pooperacyjnymi. Przeszła kilka operacji jamy brzusznej, a podczas ostatniej chirurg przez nieuwagę zostawił w środku kłębek nici chirurgicznej.

Wywiązało się zapalenie otrzewnej i mama bardzo cierpiała, tak bardzo, że nie mogła się ruszać. Lekarz doradził kolejną operację. Mama nie wyraziła zgody, nie chcąc iść więcej „pod nóż". Po powrocie ze szpitala zaczęła się leczyć sama za pomocą kompresów. Mijały dni, bóle wciąż się nasilały, aż mama niemal przestała chodzić. Uparcie jednak nie chciała poddać się operacji i nadal leczyła się sama.

Sześć miesięcy po rozpoczęciu leczenia domową metodą mama obudziła się nagle o drugiej w nocy i stwierdziła, że nie tylko bez trudu się porusza, ale i nic ją już nie boli. Natychmiast mnie obudziła i podzieliła się dobrą wiadomością. Poszłyśmy razem do kuchni, zapaliłyśmy lampę naftową i w jej migotliwym świetle ostrożnie odwinęłyśmy bandaże. Pod kompresem leżały pożółkłe kawałki nici chirurgicznej.

Tańczyłyśmy i płakałyśmy z radości. Stał się cud! Ja, mała dziewczynka, byłam bardzo przygnębiona chorobą mamy i uznałam to za prawdziwy cud.

Kilka dni później mama opowiedziała o swoim wyzdrowieniu lekarzowi. On także uznał to za cud. Pamiętam, jaka byłam dumna z mojej mamy, dumna z tego, że ma w rękach magiczną moc.

Dorastając, zaczęłam rozumieć, że mama uzdrowiła nie tylko siebie. Zauważyłam, że naprawdę jest uzdrowicielką i że leczy także innych ludzi. Jak nikt inny znała się na ziołach, umiała nastawiać złamane kości, dokonywała cudów, przykładając okłady. Niestety, nie pamiętam już zbyt wielu z jej specyfików, ale te, które zapamiętałam, stosowałam z wielkim powodzeniem przez całe życie. Moja mama wiedziała też dużo o uzdrowicielskiej mocy kolorów i skutecznie korzystała z tej wiedzy, łagodząc gorączki, bóle i problemy emocjonalne.

Wszystko, o czym napisałam, według współczesnej literatury szamańskiej nie pozwoliłoby uznać mojej matki za szamankę – poza jednym aspektem jej działalności. Podczas jednego ze wstępnych kursów szamanizmu zrozumiałam, że moja mama była szamanką. Któregoś dnia powiedziałam instruktorowi, Jonathanowi Horwitzowi, że moja mama była uzdrowicielką, że pomagała ludziom na różne sposoby, a jedna z jej praktyk uzdrowicielskich polegała na tym, że śniła za swoich pacjentów. Przychodzili do niej ze swoimi problemami, a ona potem o tym śniła. „Ależ Arvick – powiedział wtedy Jonathan – twoja matka była szamanką". W owym czasie słowa Jonathana nie miały dla mnie sensu. Później, kiedy pogłębiłam swoją wiedzę o szamanizmie, zrozumiałam, co miał na myśli.

POCZĄTKI SZAMANIZMU

Szamanizm jest najstarszą z duchowych i uzdrowicielskich praktyk ludzkości. Korzeniami sięga zarania dziejów człowieka, a znaleziska archeologiczne z nim związane pochodzą z czasów paleolitu. Znalezione na terenie Europy czaszki i kości zwierzęce, datowane na trzydzieści do pięćdziesięciu tysięcy lat przed naszą erą, prawdopodobnie używane były podczas rozmaitych obrzędów szamańskich. Ślady praktyk szamańskich można również odnaleźć na rysunkach naskalnych w grotach Lascaux we Francji, a także w hiszpańskiej Altamirze. Szacuje się, że powstały one około piętnastu tysięcy lat przed naszą erą[1]. Jeszcze starsze, bo pochodzące sprzed ponad 32 tysięcy lat świadectwa praktyk szamańskich odnaleziono w grocie Chauvet we Francji – to imponujące, wspaniałe rysunki rozmaitych zwierząt[2]. Nauka nie jest jednak w stanie ustalić, jak daleko w przeszłość sięgają korzenie szamanizmu. Historyk religii Mircea Eliade uważa, że praktyki szamańskie mogły istnieć już setki tysięcy lat przed nastaniem epoki kamienia. Do tej pory nie dowiedziono, że jest inaczej[3].

Słowo „szaman" po raz pierwszy pojawia się w roku 1672 w pamiętnikach rosyjskiego wygnańca, protopopa Awwakuma Pietrowa, a nieco później w pismach Holendra Nicholasa Witsena. To właśnie od niego zachodni badacze przejęli termin „szaman". Mircea Eliade w swoim wyczerpującym dziele *Szamanizm i archaiczne techniki ekstazy*[4] genezy terminu „szaman" doszukuje się w języku syberyjskich Tunguzów (właśc. Ewenków). Badacze proponują dwa różne znaczenia tego słowa.

Według I. M. Lewisa[5] szaman to „ten, który jest podniecony, pobudzony, w ekstazie". Według Dioszegiego[6] to „ten, który wie". Słowo to miałoby się wywodzić od rdzenia *sa* – „wiedzieć". Z kolei Halifax[7] uważa, że słowo „szaman" może pochodzić od wedyjskiego *śram* – „praktykować ascezę". W innych kulturach w różnych regionach świata słowo szaman pojawia się w odmiennych znaczeniach, na przykład „ten, który poszukuje w ciemności" czy „ten, który schodzi na dno morza".

Tymczasem, chociaż „szaman" to obecnie słowo wytrych używane w odniesieniu do wszystkich praktykujących tak zwany „szamanizm", warto zdać sobie sprawę, że jest to termin szczególny, związany z konkretną kulturą. Zdaniem Huttona[8] „szaman" to tylko „toporna, choć użyteczna europejska etykietka". Według niego pierwsi holenderscy badacze Syberii wprowadzili to słowo do użytku z tej prozaicznej przyczyny, że było łatwe do wymówienia. Pozostaje jednak faktem, że społeczności szamańskie na całym świecie używają zupełnie różnych słów na określenie swoich szamanów (na przykład u Indian Jivaro jest to *Uwisin*, u Indian Tapirape *Panche*, u Piaroa *Ruwang*, u Eskimosów *Angaqoq*). Co więcej, na samej Syberii słowo „szaman" nie jest wcale znane większości plemion. Jakuci mają swojego *Oyuna*, Samojedzi (właśc. Nieńcy) *Tadibeja*, natomiast ludy turko-tatarskie swoich szamanów nazywają *Kam*[9].

W odróżnieniu od „szamana", „szamanizm" jest pojęciem teoretycznym, stworzonym przez uczonych i obejmującym te magiczno-religijne wierzenia i praktyki z różnych regionów świata, które wykazują wyraźne podobieństwa do syberyjskich. Szamanizm jest zatem zjawiskiem ogólnoświatowym i uniwersalnym. Uderzające są zbieżności tych wierzeń i praktyk w rozmaitych kulturach na całym świecie.

Eliade[10], próbując sformułować jedną, ogólną definicję szamanizmu, czerpie z bogatej literatury antropologicznej poświęconej temu tematowi. Zauważa, że szaman określany jest często jako czarownik, mag, uzdrowiciel, kapłan lub przywódca polityczny. Podkreśla, że szamana należy odróżniać od innych osób praktykujących magię, obrzędy religijne czy znachorstwo. Każdy szaman jest według Eliadego czarownikiem, ale nie każdy czarownik jest szamanem. Szaman zajmuje się leczeniem, lecz nie wszyscy, którzy leczą są szamanami. Szaman lub szamanka, w odróżnieniu od magów i czarowników, stosują techniki im tylko właściwe – ekstazy i odmienne stany świadomości. Szamani, jak utrzymuje Eliade, są mistrzami ekstazy, ale umiejętność wprowadzenia się w ten stan nie jest jedynym, co ich wyróżnia. Nie każdego ekstatyka można uznać za szamana. Ekstaza szamańska to ekstaza specyficzna; szaman „jest specjalistą od transu, w czasie którego jego dusza opuszcza ciało, by udać się do nieba lub zstąpić do piekieł (podziemnego świata)”[11].

W drugiej połowie XX wieku szamanizm ponownie pojawił się w kulturze Zachodu w postaci praktyk terapeutycznych i autoterapeutycznych. Zawdzięczamy to w dużej mierze Michaelowi Harnerowi[12], człowiekowi, który wyprowadził szamanizm z kręgu zainteresowań typowo akademickich i antropologicznych, a wprowadził w sferę praktyki – terapii i uzdrowicielstwa. Harner, antropolog zajmujący się szamanami Ameryki Północnej i Południowej, na nowo zainteresował praktykami szamańskimi świat zachodni. Nazwał je neoszamanizmem (ang. *core shamanism*). Harner przedstawia własną definicję szamana i szamanizmu:

> Jest to mężczyzna lub kobieta, którzy na własne życzenie wchodzą w odmienny stan świadomości, aby kontaktować się z ukrytą rzeczywistością i wykorzystywać ją na co dzień w celu zdobywania wiedzy i magicznej mocy oraz niesienia pomocy innym. Szaman ma do swojej dyspozycji przynajmniej jednego „ducha pomocniczego”, choć zwykle jest ich więcej.

W odróżnieniu od definicji Eliadego, który koncentruje się na technikach ekstazy i podróży do niebios lub świata podziemnego, definicja Harnera wyjaśnia także, dlaczego szaman odbywa podróż do wspomnianych sfer – jego celem jest „zdobywanie wiedzy i magicznej mocy oraz niesienie pomocy innym”.

We współczesnych praktykach szamańskich magiczna podróż na ogół zaczyna się od ustalenia celu misji lub postawienia pytania, dlaczego szaman pragnie skontaktować się z duchami. Szaman zaciemnia pomieszczenie, kładzie się i zasłania oczy. Przy dźwiękach bębna wchodzi w odmienny stan świadomości. Właśnie tę zmianę świadomości nazywamy szamańską podróżą. Podczas podróży szaman otrzymuje od duchów pomocniczych i duchów-nauczycieli odpowiedzi na swoje pytania i dowiaduje się wszystkiego, co istotne podczas jego misji. Dowiaduje się za pośrednictwem obrazów, słów, dźwięków lub przeżyć. Pod koniec podróży, znów przy wtórze dźwięków bębna, powraca do zwykłego stanu świadomości z gotowymi rozwiązaniami.

Przywrócenie szamanizmu światu zachodniemu zaowocowało powstaniem nowego typu szamana – współczesnego szamana, terapeuty lub doradcy szamańskiego. Współcześni przedstawiciele Zachodu traktują praktyki szamańskie jako drogę duchową lub jako narzędzie terapeutyczne. Wprawdzie wiele osób zajmuje się nimi wyłącznie dla własnego osobistego rozwoju, inni jednak z wyboru przyjmują archaiczną funkcję szamana jako tego, który pomaga innym wejść w kontakt ze światem duchów. W moim przekonaniu współcześni szamani terapeuci odgrywają rolę, która w swojej istocie jest analogiczna do roli dawnych szamanów, z jedną istotną różnicą – współczesny szaman terapeuta (lub doradca szamański) nie jest odpowiedzialny za pomyślność żadnej zorganizowanej społeczności. Odpowiada jedynie przed tym, kto szuka u niego pomocy. Tak czy owak, zarówno dawni, jak i współcześni szamani ponoszą odpowiedzialność wobec tych, którzy się do nich zwracają.

Na koniec tych rozważań zajmijmy się ważną kwestią: pochodzeniem praktyk szamańskich. Niektórzy zadają sobie pytanie, jak to się dzieje, że w tak różnych społeczeństwach, rozdzielonych przez czas, przestrzeń i język, pojawia się tyle zbieżności, jeśli chodzi o praktyki szamańskie. Szeroko rozpowszechniony jest pogląd, że wędrówki ludów w czasach prehistorycznych owocowały kontaktami i wzajemnym przenikaniem się kultur różnych regionów. Dzięki tym kontaktom, jak się często uważa, praktyki szamańskie rozprzestrzeniły się po całym świecie.

Michael Harner proponuje inne wyjaśnienie[13]. Zadaje sobie pytanie, dlaczego jedynie te szczególne praktyki miałyby być przekazywane kolejnym pokoleniom przez ponad dwadzieścia tysięcy lat, podczas gdy inne przejawy życia społecznego po tylu latach znacznie się różnią, nawet w obrębie tej samej kultury. Harner przypuszcza, że podobieństwa technik szamańskich w różnych częściach naszego globu wynikają w gruncie rzeczy z ich skuteczności. Uważa, że metodą prób i błędów odrębne społeczeństwa, niezależnie od siebie, wypracowały podobne techniki uzdrowicielskie. Innymi słowy Harner wysuwa tezę, że szamanizm rozwijał się równolegle w różnych częściach świata. Wskazuje też na możliwość, że ludzka świadomość przeszła proces ewolucyjny, na który wpłynęły podobne czynniki społeczne i wspólne, wrodzone tendencje. To raczej ten ewolucyjny proces, a nie migracje, odpowiada za uniwersalne przejawy szamanizmu.

SZAMANIZM A RELIGIA

Uczeni od dawna zadają sobie pytanie, czy szamanizm jest religią lub zjawiskiem religijnym. Etnolodzy i religioznawcy wysuwali wiele sprzecznych tez i do dziś w zasadzie nie osiągnięto porozumienia. Problem z ustaleniem, czy szamanizm jest, czy nie jest religią, wynika częściowo z faktu, że pojęcia szamanizmu i religii nie są łatwe do zdefiniowania. Wiele było prób sformułowania spójnych definicji obu tych zjawisk, ale takie, które byłyby do przyjęcia dla wszystkich, dotąd nie powstały. I w moim przekonaniu prawdopodobnie nie powstaną, ze względu na ogromną złożoność problemu.

Chociaż więc nie możemy z całą pewnością stwierdzić, że szamanizm nie jest religią, wydaje się jasne, że pod wieloma względami n i e w y g l ą d a na religię: nie dysponuje zbiorem doktryn ani dogmatów religijnych, nie opiera się na hierarchii władzy, nie wznosi specjalnych budynków służących za miejsca kultu. W ogóle praktyki szamańskie nie wiążą się z żadnymi obrzędami związanymi z kultem religijnym *per se*. Z drugiej strony szamanizm nie może obejść się bez wiary w istnienie świata nadprzyrodzonego, bez wiary w duchy i w to, że szaman potrafi się z nimi komunikować. Dla niektórych to wystarczy, by uznać szamanizm za religię lub praktykę spełniającą funkcję religii.

W tym miejscu należałoby zauważyć, że wszystkie definicje szamanizmu odwołują się właśnie do praktyk, a nie do istnienia systemu wierzeń – szamana określa to, co robi, a nie to, w co wierzy. Harner[14] twierdzi, że „szamanizm jest w ostatecznym rozrachunku jedynie metodą, a nie ustalonym zbiorem dogmatów". Eliade[15] również dochodzi do wniosku, że w gruncie rzeczy „szamanizm nie jest religią *per se*, ale systemem technik ekstatycznych i uzdrowicielskich, których celem jest skontaktowanie się z niewidzialnym, równoległym światem duchów oraz uzyskanie wsparcia dla ludzkich spraw i problemów".

Opierając się na własnym doświadczeniu szamańskim, żywię przekonanie, że jest on raczej praktyką duchową niż religią. Niejednokrotnie miałam okazję stwierdzić, że skuteczność szamańskiej podróży nie zależy od systemu wierzeń, a co za tym idzie, nie jest konieczne oddawanie czci duchom ani nawet przekonanie o ich istnieniu, aby taka magiczna podróż przyniosła zamierzony skutek.

Pewne osoby, z którymi pracowałam, mówiły na przykład o duchach jako o archetypach, inne zaś były przekonane, że są one wytworem ich wyobraźni. A mimo to szaman mógł sprawić, by zachodziły w nich wewnętrzne przemiany. Podróżując po całym świecie, służyłam pomocą wyznawcom rozmaitych religii i przekonałam się, że różnice między wyznaniami nie mają wpływu na jakość, charakter ani skuteczność ich podróży. Nawet ortodoksyjni wyznawcy odbywali magiczne podróże bez trudu i zupełnie nie mieli poczucia, że praktyki szamańskie stoją w sprzeczności z ich wiarą.

Na koniec pragnę wyrazić przekonanie, że moglibyśmy rozumieć szamanizm lepiej, gdybyśmy go uznali wyłącznie za sposób patrzenia na świat i że zaliczanie go do religii z wielu powodów uniemożliwia zrozumienie szamańskiego widzenia świata, czy to „prymitywnego", czy współczesnego. W słowach Harnera[16] dźwięczy echo moich własnych doświadczeń: „Ta stara wiedza jest tak pełna mocy i tak silnie wpływa na nasze umysły, że w większości wypadków nasze kulturowe systemy wierzeń i przekonania na temat natury rzeczywistości nie są żadną przeszkodą i nie mają większego znaczenia".

SZAMAN I DUCHY

Kolejny ważny element definicji szamanizmu dotyczy związku szamana z jego duchami pomocniczymi. Eliade[17] opisuje ten związek jako relację „panowania", w której szaman nie jest narzędziem w rękach duchów, ani nie jest przez nie „opętany", ale sam ma nad nimi kontrolę. Inni badacze „klasycznego" szamanizmu wyznają podobny pogląd na tę kwestię i mówią o szamanach „władających duchami", a nawet „posiadających" całe zastępy duchów. Kwestię panowania szamana nad duchami pomocniczymi podkreślają jeszcze mocniej Szirokogorow[18] i I. M. Lewis[19].

Tym niemniej nawet w klasycznych opracowaniach na temat szamanizmu napotykamy liczne opisy zupełnie innych związków między szamanami a ich duchami pomocniczymi; w relacjach tych szaman nie tyle „panuje" nad duchami, ile raczej prosi i zabiega o ich pomoc. Hutton podaje przykłady: szamani syberyjskich plemion tunguskich (wśród których badania prowadził Szirokogorow) błagają duchy i przekonują je, by udzieliły im pomocy[20].

Jonathan Horwitz jest moim szamańskim mistrzem w zwykłej rzeczywistości. Antropolog z wykształcenia, dawny student i kolega po fachu Michaela Harnera, od dziewiętnastu lat uczy w Europie szamanizmu na kursach i warsztatach samorozwoju. Jeśli chodzi o panowanie nad duchami, jego definicja szamanizmu różni się od definicji Eliadego i Szirokogorowa. Horwitz mówi:

> Szaman to ktoś, kto zmienia swój stan świadomości na własne życzenie, aby odbyć podróż do innej rzeczywistości, rzeczywistości „niezwykłej", do świata duchów, gdzie spotyka się z duchami pomocniczymi i prosi je o pomoc, o magiczną moc, o wiedzę dla siebie i innych. Po zakończeniu misji szaman powraca do zwykłej rzeczywistości, gdzie nowo zdobytą wiedzę lub moc wykorzystuje lub przekazuje innym[21].

Według Horwitza, w związku szamana z duchami nie chodzi o panowanie i kontrolę. Jest to raczej relacja, w której szaman jest beneficjentem, otrzymuje pomoc, wiedzę i moc.

Istnieje wiele różnych poglądów na naturę związku szamana z duchami pomocniczymi. W moim przekonaniu jest to świadectwo złożoności zjawiska szamanizmu, bo niemal każdy naukowiec i praktyk badający tę dziedzinę stworzył własne definicje, opierając się na osobistych doświadczeniach.

Należałoby jednak wziąć pod uwagę jeszcze i taką możliwość, że spór o panowanie nad duchami może wynikać z nieścisłej terminologii. Możliwe, że używając słowa „panowanie", antropolodzy i inni naukowcy po prostu próbowali podkreślić, że w odróżnieniu od innych osób zaangażowanych w praktyki magiczno-religijne, szamani nie są owładnięci ani opętani przez duchy, nie są narzędziem w ich rękach, ale zwracają się do nich i komunikują się z nimi *na własne życzenie*. Jest to możliwe, zwłaszcza w świetle zapewnień Eliadego[22], że ważne jest rozróżnienie między szamanizmem a przypadkami tak zwanego „opętania przez duchy".

Kiedy jako nowicjuszka po raz pierwszy natknęłam się na wzmianki o panowaniu szamana nad duchami pomocniczymi, mimo niewielkiego doświadczenia byłam zaskoczona. Nigdy w kontaktach z duchami pomocniczymi nie odniosłam wrażenia, że mam nad nimi władzę. Władza i panowanie kojarzą mi się z siłą manipulacji, a jestem przekonana, że potrzeba i chęć panowania nad innymi biorą się ze strachu lub bezradności.

Od wielu lat jestem szamanką i nabrałam ogromnego szacunku do swoich duchów pomocniczych, z którymi nawiązałam relację opartą na zaufaniu. Nie boję się zatem i nigdy się nie bałam, że nade mną zapanują. Dostrzegam jednak element kontroli w podróży szamańskiej – mam tu na myśli panowanie nad samym sobą. Szaman jest mostem pomiędzy dwoma światami – jedną nogą stoi w świecie duchów, drugą w „zwykłej" rzeczywistości. Aby podróż przyniosła efekty, szaman musi utrzymać delikatną równowagę między dwoma światami, a żeby być w stanie to zrobić, musi w ogromnym stopniu panować nad stanami swojej świadomości.[6]

Podczas szamańskich podróży zawsze zachowuję świadomość ich celu i jedną nogą stoję w „zwykłym" świecie, a drugą – w świecie duchów. Wyłączam umysł, aby móc słyszeć duchy. Myśli i z góry przyjęte sądy nie mogą mi mącić i zakłócać nauk, które otrzymuję. Drugą nogą stoję w świecie duchów.

Podczas jednej z podróży poprosiłam ducha opiekuńczego, aby mi wytłumaczył zagadkę panowania. Oto, jaką otrzymałam odpowiedź:

Zastanów się nad samym słowem „panowanie", Arvick. W każdej chwili masz wybór - możesz mnie opuścić. W jaki sposób panuję nad tobą? Kiedy zechcę, mogę po prostu zniknąć. W jaki sposób ty panujesz nade mną? To nasza wspólna decyzja. Ty postanawiasz przyjść, my postanawiamy cię uczyć. Ty postanawiasz się otworzyć i pozwalasz nam sobie pomóc, postanawiasz wziąć od nas klucze do drzwi, za którymi zobaczysz coś ważnego.

WSZECHŚWIAT SZAMANA

Aby dobrze zrozumieć rolę szamana, trzeba wpierw poznać zasady rządzące jego światem. Trzy podstawowe zasady lub wierzenia można uznać za wspólne dla wszystkich społeczeństw szamańskich: po pierwsze, podstawowa wiara w istnienie duchów i świata duchowego, z którego pochodzi wiedza, moc i uzdrowienie. Po drugie, wiara w to, że wszechświat składa się z trzech sfer kosmicznych, połączonych ze sobą centralną osią. I po trzecie, wiara w animizm lub innymi słowy przekonanie, że wszystko, co istnieje, łącznie z pozornie nieożywionymi przedmiotami, posiada duszę lub ducha.

W różnych społecznościach szamani odgrywają różne role i zajmują różne pozycje. Szaman może być lekarzem, psychologiem, aptekarzem, poetą, tancerzem, filozofem, gawędziarzem, socjologiem i kapłanem – łącząc rozmaite funkcje, które w naszym zachodnim świecie zostały rozbite na różne profesje[23]. Szaman może być przywódcą wioski, angażować się w działalność polityczną lub gospodarczą, odprawiać ceremonie religijne i obrzędy. Jednakże najważniejszym aspektem pracy szamana jest bez wątpienia jego zdolność do pośredniczenia pomiędzy niewidzialnym światem duchów a światem materialnym, w którym egzystujemy na co dzień. Jak wcześniej wspomniałam, symbolicznie można wyobrazić sobie szamana stojącego jedną nogą w świecie duchowym, drugą w świecie materialnym.

Dla tak zwanych kultur tradycyjnych, które praktykują szamanizm, świat duchowy jest tak samo realny jak świat materialny. Jest on miejscem, w którym rezydują duchy, a zatem to źródło, z którego czerpie się wiedzę, pomoc i uzdrowicielską moc. Dla niektórych, na przykład dla plemienia Jivaro, właśnie niewidzialny świat duchów jest światem prawdziwym, natomiast zwykła, materialna rzeczywistość jest tylko kłamstwem, ułudą i iluzją. Taki światopogląd stwarza zrozumiałą potrzebę szamana – jednostki, która potrafi poruszać się pomiędzy światami i podróżować do rzeczywistego świata duchów, aby stamtąd sprowadzać potrzebną plemieniu wiedzę, moc i uzdrowienie.

Świat duchów dzieli się na trzy kosmiczne regiony: niebo, ziemię i świat podziemny lub świat górny, środkowy i dolny, przy czym wszystkie one połączone są przechodzącą przez środek pionową osią. Samym sercem praktyk szamańskich jest podróż do świata duchów, przejście z jednego kosmicznego regionu do drugiego. Szaman umie przekraczać granice światów z własnej woli, ponieważ dobrze zna strukturę wszechświata.

Kontakt i porozumiewanie się z duchami ułatwiają szamanowi przede wszystkim zmiany stanu świadomości. Stan świadomości charakterystyczny dla podróży szamańskiej opisywano różnie. Carlos Castaneda[24] w opowieściach o naukach szamana meksykańskiego plemienia Yaqui, Don Juana, wyraźnie rozróżnia dwa stany świadomości lub dwie rzeczywistości: zwykłą i niezwykłą. Magiczna podróż szamana odbywa się w rzeczywistości niezwykłej. Harner[25] stan świadomości charakteryzujący nasze normalne życie na jawie nazywa zwykłym stanem świadomości (*ordinary state of consciousness* – OSC), natomiast świadomość właściwą dla podróży szamańskiej nazywa szamańskim stanem świadomości (*shamanic state of consciousness* – SSC). Jak wspomniałam wcześniej, Eliade dla określenia stanu świadomości, w którym szaman odbywa podróż, posługuje się terminem „ekstaza". W tym wypadku jednak ekstaza oznacza nie tyle stan nirwany czy niebiańskiej błogości, ile raczej doznanie wyjścia z normalnego stanu świadomości lub przekroczenia granic ego.

W różnych kulturach ten nadzwyczajny stan wywołuje się rozmaicie. Substancje halucynogenne, duże ilości alkoholu, liście tytoniu zażywane w różnych postaciach, śpiew, taniec, mruganie oczami, a nawet ziewanie – wszystkie te środki były i wciąż są narzędziami służącymi osiąganiu szamańskiego stanu świadomości. Nie ulega jednak wątpliwości, że najważniejszymi środkami, jakie szaman ma do dyspozycji, gdy chce się przenieść do nadzwyczajnej rzeczywistości, są bęben szamański i grzechotka. Używany przez szamanów dosłownie wszystkich społeczeństw magiczno-religijnych na świecie, bęben często określany jest mianem „łodzi szamana" lub „konia szamana". Mówiąc współczesnym językiem, można by nawet powiedzieć „rolls-royce szamana".

W niektórych społeczeństwach sposobem na wkroczenie w świat duchów jest magiczny sen. Indianie Tapirape wierzą, że dusza śniącej osoby uwalnia się z ciała i swobodnie się przemieszcza do świata nadprzyrodzonego[26]. Niektóre plemiona, na przykład te zamieszkujące północnozachodnią Australię, szamańską podróż nazywają właśnie snem. Indianie Jivaro wierzą, że tylko we śnie przed oczami człowieka odsłania się prawdziwa rzeczywistość. Wyróżniają dwa rodzaje marzeń sennych: zwykłe, które pojawiają się podczas normalnego snu, oraz marzenia senne wywołane sztucznymi środkami. Według ich wierzeń oba rodzaje marzeń sennych niosą bardzo istotne informacje, ale większą wartość profetyczną przypisują tym sprowadzanym przez spożycie *natemy*[*] i wywaru lub soku z tytoniu. Otrzymywanie wiadomości od duchów podczas takiego sztucznie wywołanego snu Jivaro określają czasownikiem *wuimektinyu*, co znaczy „widzieć"[27].

Kolejne przekonanie wspólne dla różnych społeczeństw szamańskich to wiara, że wszystko jest żywe. W pojęciu szamana przedmioty, rośliny, zwierzęta, a nawet cały wszechświat mają żywego ducha lub

---

* Natema jest napojem halucynogennym używanym przez szamanów. Pomaga im uzyskać odmienny stan świadomości. Napar przygotowuje się z dwóch rodzajów winorośli. Zawiera związki składem chemicznym przypominające LSD.

duszę. Tę animistyczną koncepcję świata dobrze odzwierciedlają słowa szamana Czukczów:

> Wszystko, co istnieje, jest żywe. Lampa może się poruszać. Ściany domostwa wydają głosy. Nawet naczynie nocne ma swą własną ziemię i dom. Skóry, z których zrobiono worki, rozmawiają ze sobą w nocy. Poroże, leżące na grobach, w nocy rusza na wędrówkę po wzgórzach, a zmarli wstają i odwiedzają żyjących[28].

Dzięki praktykom szamańskim wszyscy możemy wejść w bezpośredni kontakt z duchami natury, by szukać pomocy i mądrości. Pięknie pokazuje to opowieść o rozmowie z duchem drzewa, którą usłyszałam od jednego z uczestników mojego kursu. Człowiek ten, profesor uniwersytetu, został zaproszony przez kolegę z USA do wspólnej pracy naukowej. Chętnie przystąpił do projektu, po to tylko, by wkrótce stwierdzić, że współpraca układa się fatalnie. Kiedy już nosił się z zamiarem zrezygnowania i powrotu do Izraela, przypomniał sobie, jak podczas mojego kursu rozmawiał z duchem skały. Spacerując po ogrodach uniwersyteckich, zwrócił uwagę na rosnącą tam topolę. Podszedł do niej i poprosił jej ducha o radę. Odpowiedzi, które otrzymał, zaskoczyły go, lecz ostatecznie okazały się niezwykle pomocne. Idąc za radą ducha topoli, zdołał z powodzeniem wywiązać się z umowy. Wspólna praca została ukończona, a przyjaźń uratowana.

Koncepcja animizmu nie jest mi obca. Przypominają mi się dawne czasy, kiedy bywałam świadkiem, jak moja mama rozmawia z górami, prosząc o siłę, lub zwraca się do wody w źródełku, prosząc, by odsunęła od niej smutki. „Oddaję ci mój ból, zabierz go ze swoim nurtem", mawiała. Co rano śpiewała do ptaków, prosząc je, by zaniosły wiadomości do jej braci w Armenii.

Kiedy myślę o otaczającym mnie świecie jako o czymś żywym, uświadamiam sobie, że pomoc, wiedza i moc są zawsze dostępne, że są dosłownie wszędzie wokół nas, że można je znaleźć w najprostszych rzeczach i w najmniej spodziewanych miejscach.

* * *

Podróż, w którą wyruszyłam, aby zgłębiać szamanizm, zrozumieć go i zostać szamanką, była dla mnie jednocześnie podróżą uzdrawiającą.

Sześcioletnia dziewczynka, przejęta chorobą i cierpieniem matki, z radością przyjęła cud jej powrotu do zdrowia i była z niej dumna. Lecz kiedy dorosłam, coraz wyraźniej zdawałam sobie sprawę, że moja matka jest inna niż wszyscy. Poza uzdrowieniem, które opisałam na początku tego rozdziału, nigdy nie doceniałam mądrości swojej matki. Raczej się jej wstydziłam. „Nie rób tego przy moich znajomych", powtarzałam wciąż. Była znana jako ta, która pomaga ludziom, wszyscy ją szanowali. Ale to oznaczało, że była odmieńcem. A mnie to bolało.

Na późniejszym etapie mego życia, kiedy sama zaczęłam praktykować szamanizm i wiele o nim czytałam, czułam, że to, o czym mówią te książki, jest mi zaskakująco znajome. Czytając o tych niezwykłych sprawach, czułam się jak u siebie w domu. Te książki przenosiły mnie wstecz, do kultury, w której się wychowałam, do rodzinnego domu. Dopiero książki uwiarygodniły moje doświadczenia z dzieciństwa. W pewnym sensie wyleczyłam się ze wstydu i z krytycznych poglądów na znachorstwo mojej matki. Zaczęłam postrzegać ją w pozytywnym świetle. Czytając o szamanizmie, czułam też smutek i żal, że w porę nie doceniłam tego, co robiła moja mama.

Prawie wszystkie dzieci przechodzą w życiu taki etap, gdy wstydzą się za swoich rodziców. Może to, choć nie musi, wpłynąć na ich dalsze życie. Dziś jestem dumna z mamy, wyleczyłam się ze wstydu. Szamanizm pomógł mi zrozumieć i docenić to, co robiła moja matka. Tak więc moja droga do szamanizmu była dla mnie nie tylko podróżą uzdrawiającą, ale i drogą powrotną, do źródeł siebie.

* * *

ROZDZIAŁ 2

SEN SZAMANA: POWOŁANIE I INICJACJA

Wzywa cię święty głos;
po całym niebie święty głos się rozlega.

„Z INICJACJI CZARNEGO ŁOSIA"

Jak daleko sięgam pamięcią, słyszę słowa matki. Wciąż powtarzała: „Jesteś wyjątkowym dzieckiem. Jesteś cudownym dzieckiem. Z takich, jak ty, przeżywa tylko jedno na sto". Opowiadała mi, jak rozpaczliwie pragnęła dziecka i jaka była szczęśliwa, kiedy się w końcu dowiedziała, że jest w ciąży. Miała już wówczas ponad czterdzieści lat i nie była to zwykła ciąża. Zarodek nie zagnieździł się w macicy – była to ciąża pozamaciczna. Tej nocy, kiedy przyszłam na świat, moja mama nie miała skurczów porodowych. Za to potwornie rozbolał ją ząb. W nocy szalała burza, a mama jechała do szpitala wozem. Około południa miała cesarskie cięcie. Tak się urodziłam. Żywa.

Śmierć była obecna w moim życiu od chwili narodzin, a nawet od samego poczęcia. Niezwykle rzadko ciąża pozamaciczna kończy się pomyślnym przyjściem na świat żywego dziecka, a ja, choć szanse miałam niewielkie, okazałam się jednym z nich. Kolejny raz spojrzałam śmierci w oczy, kiedy byłam nastolatką. Omal nie umarłam z powodu silnego zatrucia pokarmowego. Mama zawsze przynosiła mi do pokoju daktyle, a ja uczyłam się, pojadając je. Pewnego razu niepostrzeżenie przeszła po nich jadowita jaszczurka. Wkrótce po ich zjedzeniu zaczęłam wymiotować i dostałam biegunki. Zanim dotarłam do szpitala, byłam już kompletnie odwodniona. Lekarze uznali, że jestem umierająca. Mama była przy mnie. Wmuszała we mnie specjalny napój z ziół, który dla mnie parzyła, ale prognozy były raczej kiepskie. Kiedy mój stan zaczął się stopniowo poprawiać, lekarze byli zadziwieni. Rekonwalescencja trwała miesiąc. Cały ten czas musiałam przebywać w pokoju z klimatyzacją i nie mogłam jeść żadnych stałych pokarmów. Jednak w cudowny sposób przeżyłam. Już po raz drugi.

Kolejny kryzys nastąpił, kiedy skończyłam szesnaście lat. Zakochałam się „na zabój" w prywatnym nauczycielu angielskiego. Był ode mnie starszy i na początku mnie zachęcał, ale w końcu doszedł jednak do wniosku, że nasz związek byłby bardzo niewłaściwy. Dość niedelikatnie mnie odrzucił i zrezygnował z korepetycji. Było to dla mnie takim wstrząsem, że wpadłam w głęboką depresję. Z tamtych dni pamiętam tylko to, że leżałam na łóżku, ciągle płacząc i mówiąc sama do siebie. Nikt nie rozumiał, co mamrotałam, a ja zupełnie nie wiedziałam, co ze sobą zrobić. Trwało to dość długo, aż wreszcie za radą lekarza zaczęłam zażywać librium. To jeszcze pogorszyło mój stan – zaczęły pojawiać się halucynacje i bredziłam bez ładu i składu... Żyłam w świecie iluzji. Mama zdecydowała się na drastyczny krok. Zabrała mnie z naszego ówczesnego domu i pojechałyśmy do Isfahanu, gdzie się urodziłam. Zostałyśmy tam przez jakiś czas. Odstawiła librium i zaczęła leczyć mnie ziołami i naparami. Śniła dla mnie, zabierała na łono przyrody. Stopniowo wracałam do zdrowia i po miesiącu znowu byłam sobą.

POWOŁANIE SZAMAŃSKIE

W kulturach, w których praktykuje się szamanizm, kandydat na szamana przechodzi inicjację. Otrzymuje wskazówki dotyczące sztuki uzdrawiania i uzyskuje narzędzia konieczne do realizowania swego powołania. W zasadzie rzadko się zdarza, żeby szaman poczuł powołanie po przekroczeniu pewnego wieku. Świadectwa pochodzące z różnych kultur wskazują, że szamani słyszą wezwanie najczęściej w dzieciństwie, w wieku dojrzewania lub we wczesnej młodości. W nielicznych przypadkach przyszłym szamanem zostaje człowiek, który jeszcze się nie urodził lub urodził się przed chwilą. Na przykład u syberyjskich Czukczów wyjątkowo rzadko zdarzało się, by duchy wybierały na szamanów ludzi ponad czterdziestoletnich, natomiast u Kojotów, innego plemienia syberyjskiego, dziewczęta otrzymywały wezwanie między dziesiątym a dwunastym rokiem życia, a mężczyźni między dwudziestym a dwudziestym piątym[1]. Edukacja szamana południowoamerykańskiego plemienia Piaroa zaczyna się, kiedy miał on dwanaście lub trzynaście lat[2].

Na pytanie, kto zostaje szamanem, jest wiele odpowiedzi i zależą one od konkretnej kultury. Można jednak wyciągnąć kilka ogólnych wniosków. Szamanami mogą być zarówno mężczyźni, jak i kobiety. W niektórych społecznościach duchy wybierają mężczyzn częściej niż kobiety, w innych przeważają kobiety, w jeszcze innych nie widać różnic. Wspólnym wszystkim społecznościom szamańskim elementem jest jednak to, że szamani nie wybierają swego powołania sami, ale są wybierani. Aby zostać szamanem, trzeba być wezwanym i zaaprobowanym przez duchy.

Wskazówki, że dana osoba została wybrana na szamana, przybierają różne formy. Kandydat na szamana doświadcza niezwykłych przeżyć lub zaczyna się zachowywać nietypowo, zapada na ciężką chorobę (na przykład na epilepsję), może posiadać jakieś niezwykłe cechy fizyczne lub niespodziewanie powrócić do zdrowia po długiej chorobie. Nahoum Megged[3] wspomina o szamanie Don Lucio, który został rażony piorunem i spędził trzy dni w śpiączce, po czym obudził się i został szamanem po tym niezwykłym przeżyciu – szamanem „od pogody". Uważano, że potrafi panować nad pogodą i wpływać na nią.

Powołanie szamańskie może się także objawić podczas szczególnego snu. Henry Rupert, szaman północnoamerykańskiego plemienia Washo, został wezwany we śnie, który przyśnił mu się, kiedy miał siedemnaście lat. Zobaczył w nim rogatego jelenia stojącego na zachodzie i zwracającego się ku wschodowi. Usłyszał głos: „Nie zabijaj już więcej moich dzieci". Po przebudzeniu stwierdził, że krwawi z nosa. Wyjrzał przez okno i zobaczył, że pada deszcz. Zrozumiał, że miał magiczny sen, który nie tylko skierował go na drogę szamana, ale także nadał mu pewną moc. Połączenie jelenia (znanego jako władca deszczu) i deszczu za oknem zinterpretował jako wskazówkę, że może panować nad pogodą. Deszcz był dla niego także wskazówką, że jego głównym przewodnikiem duchowym będzie woda, natomiast krwawienie z nosa miało być znakiem, że jego sen naprawdę był wiadomością od duchów, a nie zwykłym snem[4].

Sny dla wielu szamańskich społeczeństw są bardzo ważne i uważa się, że są przekazami od duchów. Ponadto są podobne do podróży szamańskich i dlatego traktuje się je bardzo poważnie. Wskazówki otrzymywane we śnie są równie znaczące i ważne jak te zdobywane podczas szamańskiej podróży. Jedyna różnica polega na tym, że w podróż magiczną szaman wyrusza na własne życzenie, natomiast sny przychodzą bez udziału jego woli. Dla Indian Tapirape jedną z wczesnych oznak stawania się panche (szamanem) jest dziecięca skłonność do częstych marzeń sennych. Wagley pisze[5]:

> Mówiono mi (...), że pewien mały chłopiec – sierota, o którego nikt się nie troszczył, będzie kiedyś potężnym szamanem. Chłopiec ten rzucał się i mówił przez sen. Widziano także, jak płakał, kiedy miewał koszmary. Niewiele ze swoich snów pamiętał, ale wspominał, że widział ducha swojej matki. Opisywał także złego ducha, który ukazał mu się we śnie. Jeden z potężnych szamanów także miał w dzieciństwie skłonność do marzeń sennych.

Szamańskie wezwanie inicjacyjne może także nadejść podczas „poszukiwania wizji". Jest to czas, kiedy kandydat na szamana przebywa w odosobnieniu i poście, aby skontaktować się z duchami. Odizolowany od świata przyszły szaman odprawia pewne obrzędy i unika snu. Celem poszukiwania wizji jest pierwsze wejście w kontakt z duchami lub uzyskanie zdolności widzenia duchów. Jeżeli wizje się pojawią i dojdzie do spotkania z duchami, człowiek taki zyskuje potwierdzenie, że jest w posiadaniu magicznej mocy, niezbędnej, aby mógł zostać szamanem.

Injugarjuk, szaman eskimoskiego plemienia Karibów, opowiadał Knudowi Rasmussenowi[6] o swoim poszukiwaniu „wizji duchów":

> Kiedy miałem zostać szamanem, wybrałem rzecz, która stanowi dla ludzi największe niebezpieczeństwo: cierpienie wywołane głodem i zimnem. Moim szamańskim mistrzem był ojciec mej żony, Perqanaq. Kiedy miałem stanąć przed Pingą i Hilą, ciągnął mnie na małych saniach, tak małych, że ledwie mogłem na nich usiąść. Ciągnął mnie bardzo daleko... Było to zimą, nocną porą, podczas nowiu Księżyca... Pozostałem w odosobnieniu do następnego nowiu... Tam, gdzie miałem pozostać, Perqanaq zbudował małe igloo. Tak ciasne, że mogłem się doń tylko wczołgać i usiąść. Nie dostałem skór do przykrycia, żeby się chronić przed mrozem, miałem tylko kawałek skóry karibu, na której siedziałem... Perqanaq zastawił wejście śnieżnym blokiem, a do środka nie włożył miękkiego śniegu, żeby mi było cieplej. Kiedy przesiedziałem tak pięć dni, przyniósł mi wody. Wrócił dopiero po następnych piętnastu dniach i znów dał mi wody. Potem znowu odszedł, bo nawet stary szaman nie mógł zakłócać mojej samotności... Zostałem sam i zgodnie z nakazem Perqanaqa przez cały czas, jaki tam spędziłem, myślałem tylko o jednym i chciałem tylko jednego: przyciągnąć uwagę Pingi do tego, że tam siedzę i pragnę zostać szamanem... Ten nowicjat przechodziłem w środku mroźnej zimy. Nie miałem się czym ogrzać i nie mogłem się poruszać. Zmarzłem straszliwie, a do tego bardzo męczące było tak siedzieć i nie móc się położyć. Czasami zdawało mi się, że po trochu umieram. Dopiero kiedy minęło trzydzieści dni, duch pomocniczy przyszedł do mnie – piękny duch, o jakim nigdy bym nie pomyślał. Była to biała kobieta. Przyszła do mnie, kiedy przewróciłem się z wycieńczenia i zapadłem w sen. A mimo to widziałem ją jak na jawie, unosiła się nade mną...

Ci Tapirape, którzy nie usłyszeli wezwania we śnie, zbierali się w centrum wioski, aby poszukiwać snów. Wchodzili do świata duchów, wdychając dym tytoniowy. Kandydat zasiadał z praktykującym szamanem i łykał dym z fajki swego mistrza tak długo, aż zaczął wymiotować. Wówczas stary szaman odbierał mu fajkę i przytrzymywał ją, zmuszając kandydata, by wdychał nadal. Wreszcie kandydat tracił przytomność. Mógł go wtedy nawiedzić upragniony inicjacyjny sen[7].

Jak wskazują powyższe przykłady, duchy odgrywają niezwykle ważną rolę w wybieraniu nowego szamana – bez ich wezwania i aprobaty nikt szamanem nie zostanie. Widzenie duchów, czy to we śnie, czy na jawie, bez udziału woli czy z jej udziałem, jest warunkiem powołania przyszłego szamana. Istnieją wprawdzie plemiona, których członek sam może wyznaczyć się na szamana, z zasady jednak tacy szamani są przez swoje wspólnoty uważani za mniej potężnych i skutecznych niż ci, którzy zostali wybrani przez duchy.

W niektórych kulturach wreszcie funkcja szamana jest dziedziczna. Można się z tym spotkać zwłaszcza na Syberii. Hutton[8] zauważył, że większość szamanów plemion z południa i południowego zachodu Syberii była bezpośrednimi potomkami innych praktykujących szamanów.„Pod wieloma względami szamanizm syberyjski przypominał rzemiosło, a w społeczeństwach tradycyjnych rzemiosło jest przekazywane z pokolenia na pokolenie", pisze. Nawet jednak wtedy szaman nie mógł zostać powołany bez wyraźnego wezwania duchów.

Trzeba zauważyć, że to wezwanie nie zawsze jest przyjmowane z entuzjazmem. Często towarzyszą mu sprzeczne uczucia, a nawet zdecydowany sprzeciw. Udokumentowano liczne przypadki, kiedy to młody mężczyzna lub kobieta zostali wybrani przez duchy, lecz ich pierwszą reakcją było odrzucenie wezwania. Jeden z takich przypadków opisał rosyjski badacz Bogoras[9], który wiele lat spędził wśród syberyjskich Czukczów.

Młodzi ludzie z zasady bardzo niechętnie okazują posłuszeństwo wezwaniom duchów, zwłaszcza kiedy powołanie wiąże się z noszeniem charakterystycznych atrybutów (przedmiotów, narzędzi, ubioru) lub jeśli wymaga zmiany trybu życia. Odmawiają wzięcia do rąk bębna i wzywania duchów, amulety porzucają gdzieś na polach, a wszystko to ze strachu. Rodzice tych młodych ludzi skazanych na powołanie szamańskie zachowują się rozmaicie, zależnie od temperamentu i uwarunkowań rodzinnych. Czasami ostro protestują przeciwko powołaniu swego dziecka, starają się namówić je do odrzucenia „duchów" i do życia zwyczajnym życiem...

Powoływani przez duchy mężczyźni z plemienia Sedang Moi posuwają się do środków tak drastycznych jak picie własnego moczu, w nadziei, że utracą względy duchów i uwolnią się od szamańskich obowiązków[10]. Takie próby najczęściej są jednak daremne. Według wierzeń większości społeczeństw szamańskich konsekwencje odrzucenia wezwania duchów mogą być bardzo poważne – taka decyzja może sprowadzić chorobę, obłęd, a nawet śmierć.

Francuski antropolog George Devereux[11] relacjonuje rozmowę z mężczyzną, który przebywał w szpitalu z rozpoznaniem psychozy maniakalno-depresyjnej. Zarówno on, jak i członkowie jego wspólnoty z uporem twierdzili, że przyczyną choroby psychicznej jest to, iż nie posłuchał wezwania duchów i nie chciał zostać szamanem.

Stwierdziliśmy już, że istnieje wiele tradycyjnych sposobów powoływania szamana. Owo pierwsze wezwanie duchów uważane jest jednocześnie za początek inicjacji szamana do jego nowego rzemiosła.

KRYZYS INICJACYJNY

Wprawdzie często się zdarza, że przyszły szaman odsuwa od siebie sny, wizje i inne ważne oznaki powołania szamańskiego, nie może jednak zignorować kryzysu inicjacyjnego. Doświadcza go wielu kandydatów. Jak już wspomniałam, niekiedy oznaką powołania jest choroba psychiczna lub fizyczna. Udokumentowano wiele przypadków, kiedy inicjacja nastąpiła po ciężkiej depresji, zaburzeniach dysocjacyjnych, epizodach psychotycznych lub poważnych chorobach somatycznych, na przykład ospie. Notowano także inne niezwykłe objawy i zachowania, takie jak nadwrażliwość i zmiany percepcji. Zdarza się czasem, że nowicjusz stwarza zagrożenie, nawet śmiertelne, dla otoczenia. Przeżycia te mogą być bardzo dramatyczne. Nazywa się je wtedy szamańskim kryzysem inicjacyjnym. Objawy ustępują dopiero wtedy, gdy przyszły szaman staje się szamanem.

Słynny jakucki szaman Tusput (czyli „z nieba upadły") zachorował w wieku dwudziestu lat. Zaczął jednak śpiewać i poczuł się lepiej. W wieku sześćdziesięciu lat, kiedy spotkał go Sieroszewski, wykazywał się niespożytą energią: „mógł uderzać w bęben, tańczyć, skakać całą noc". Był to człowiek, który wiele podróżował, pracował nawet w syberyjskich kopalniach złota. Ale odczuwał potrzebę bycia szamanem i jeśli przez dłuższy czas nie praktykował, nie czuł się dobrze[12].

Pewien szaman goldyjski opowiadał podobną historię: „Do dwudziestego roku życia miałem się bardzo dobrze. Potem zachorowałem. Moje ciało było obolałe, miałem straszliwe bóle głowy. Szamani starali się mnie uzdrowić, ale bez skutku. Kiedy sam zacząłem uprawiać szamanizm, mój stan się poprawił. Zostałem szamanem przed dziesięciu laty".

Mamy wreszcie niezwykle ciekawą historię Buriata, który w młodości odrzucał szamanizm, ale zachorował. Daremnie szukał uzdrowienia, także u lekarzy medycyny zachodniej, aż w końcu spróbował zostać szamanem. Od razu wyzdrowiał i był nim przez resztę swoich dni[13].

Czasami wezwanie inicjacyjne nie przejawia się nagłą chorobą, ale stopniową zmianą zachowania. Przyszły szaman może stać się refleksyjny, często się zamyślać, wycofywać się ze wspólnoty albo izolować od ludzi lub też bardzo długo spać. Może się wydawać rozkojarzony, roztargniony, miewać znaczące, prorocze sny, a nawet ataki. Takie przeżycia dramatycznie zakłócają dotychczasowe życie przyszłego szamana, prowadzą do utraty równowagi psychicznej, aż wreszcie rodzi się nowa, szamańska świadomość.

ŚMIERĆ I ODRODZENIE

Wiemy już, że szaman może otrzymać wezwanie od duchów różnymi na różne sposoby. Czasami pierwsze wezwanie (lub kryzys w postaci choroby, snów czy wizji) jest tylko wskazówką, że duchy chcą, by dana osoba została szamanem. Zwykle jednak to pierwsze wezwanie samo w sobie jest już inicjacją i zapewnia moc sprawczą potrzebną do rozpoczęcia przemiany zwykłego człowieka w szamana. Przeżycia inicjacyjne z zasady są odbiciem struktury każdej ceremonii inicjacyjnej: cierpienie, symboliczna śmierć i wskrzeszenie. Dlatego powołanie przez chorobę jest typowym przeżyciem inicjacyjnym, dzięki cierpieniu, jakiego doznaje przyszły szaman.

Wiele razy opisywano inicjacje naprawdę przerażające. Dramatyczna relacja australijskiego szamana plemienia Yaralde znakomicie ukazuje lęki, jakie przeżywają adepci podczas inicjacyjnej podróży do świata duchów:

> Kiedy się położysz, aby mieć te wizje, i kiedy się wreszcie pojawią, będą straszliwe, ale niczego się nie bój... Zobaczysz, jak płonie twoje obozowisko, wzbierają strumienie krwi. Będzie burza, błyskawice i deszcz. Ziemia będzie się trzęsła, wzgórza chwiały... Wcale się nie lękaj. Jeśli wstaniesz, nie zobaczysz tego, ale gdy położysz się z powrotem, zobaczysz. Ale tylko jeśli nie będziesz się bać za bardzo. Wielki strach bowiem zerwie płótno (lub nić), na którym te obrazy są zawieszone. Możliwe, że ujrzysz idących ku tobie zmarłych i usłyszysz klekot ich kości. Jeśli usłyszysz i zobaczysz to bez lęku, nie będziesz się już nigdy więcej obawiał (...) Staniesz się wtedy potężny, ponieważ zobaczysz umarłych[14].

Motywem powtarzającym się w relacjach pochodzących z rozmaitych wspólnot plemiennych jest śmierć i odrodzenie. Nowicjusz, będąc w odmiennym stanie świadomości, przeżywa rozcinanie swego ciała na kawałki lub zostaje odarty z ciała do szkieletu. Podczas inicjacyjnych podróży szamanów jakuckich kończyny kandydatów są odrywane i rozdzierane żelaznym hakiem, kości oczyszczane, ciało zeskrobywane, płyny wypuszczane z ciała, a oczy wyrywane z oczodołów. Po tym zabiegu kości są zbierane i spajane żelazem. Ceremonia ta trwa od trzech do siedmiu dni. W tym czasie kandydat, niczym martwy, niemal nie oddycha, pozostając w odosobnieniu[15].

Popow tak opowiada o pewnym szamanie Samojedów awamskich. Chory na wietrzną ospę przez trzy dni był nieprzytomny, prawie martwy. Trzeciego dnia o mało go nie pogrzebano. W tym czasie przeszedł inicjację. Pamięta, że został zaniesiony na środek morza. Tam usłyszał głos choroby (to znaczy wietrznej ospy): „Otrzymasz dar szamanienia od Panów Wód. Twym szamańskim imieniem będzie Huottarie [Nurek]". Następnie spotkał się z kilkoma duchami, po czym zszedł do świata podziemnego, gdzie spotkał duchy rozmaitych chorób. W ten sposób dowiedział się, jak w rzeczywistości leczyć te choroby. Pod koniec podróży ciało szamana zostało pokawałkowane, obcięto mu głowę, a kończyny przez trzy lata gotowano w kociołku. Następnie dopasowano mu nową głowę i poskładano kości. Miał teraz nowe oczy, którymi potrafił wejrzeć w świat duchów i nowe uszy, dzięki którym rozumiał język roślin. Huottarie był gotów wziąć na siebie obowiązki szamana[16].

Kandydat na szamana może przeżyć symboliczną śmierć, doświadczając podczas inicjacji skrajnego wyczerpania, tortur, długotrwałego postu i doznając okaleczeń. Członek plemienia Jivaro, który pragnie zostać szamanem, musi pokonać poważne przeszkody, aby dostąpić pierwszej „duchowej wizji". Wiele dni pości i wypija ogromne ilości soku tytoniowego. Kiedy w końcu staje przed nim duch, szaman mistrz zaczyna go bić, póki kandydat nie padnie nieprzytomny na ziemię[17]. Ból, jaki odczuwa po przebudzeniu, dowodzi, że duch nim zawładnął. Cierpienie, ból, odurzenie i bicie, które doprowadziły do utraty przytomności, można uważać za rytualną śmierć.

Doświadczenie śmierci i odrodzenia ma zasadnicze znaczenie dla duchowego rozwoju szamana. Zanim adept sztuki szamańskiej zostanie szamanem, musi symbolicznie umrzeć. Ten symboliczny akt w miejsce rzeczywistej śmierci zapewnia szamanowi ogromną moc. To, co zabiłoby każdego innego człowieka, sprawia, że prawdziwy szaman staje się odporny i potężny, pozwala mu przekroczyć próg śmierci. Szaman nie jest zwykłym człowiekiem; zwykły człowiek musi zatem w nim umrzeć, by mógł narodzić się szaman.

Nie tylko kultury szamańskie uważają, że doświadczenie śmierci ma potencjalną moc transformacyjną. Wiele religii i współczesnych teorii psychologicznych wyraża podobny pogląd. „Konfrontacja z własną, osobistą śmiercią (...) przynosi potężną przemianę w sposobie życia i patrzenia na świat (...). Śmierć działa jak katalizator, przenosząc człowieka z niższego poziomu bytu na wyższy"[18]. Motyw śmierci i odrodzenia pojawia się w różnych kulturach, mitach, religiach i praktykach duchowych, w których człowiek konfrontuje się nie tylko ze śmiercią fizyczną, ale także ze śmiercią swego ja. Jest to proces zrzucania starej tożsamości, która już nam nie służy, i przybierania nowej.

Roger Walsh[19] odnajduje ten powracający pradawny motyw w słowach Jezusa:

> Dwa tysiące lat temu Jezus mówił o znaczeniu tej przemiany, używając metafory, która odbijała się echem przez następne stulecia: „Jeżeli ziarno pszenicy wpadłszy w ziemię nie obumrze, zostanie tylko samo, ale jeżeli obumrze, przynosi plon obfity" (Biblia Tysiąclecia, J 12,24). Doświadczenie śmierci-odrodzenia może przynieść bogaty plon. Szamani jako pierwsi rozpoznali to doświadczenie - podobnie jak wiele innych przemian psychologicznych i duchowych - i zebrali jego plon.

CZY SZAMANI SĄ CHORZY PSYCHICZNIE?

Zdrowie psychiczne szamanów od wielu lat jest przedmiotem dyskusji zachodnich badaczy i naukowców. Twierdzono, że cierpią oni na zaburzenia psychiczne, przypuszczano, że w rzeczywistości wielu z nich jest schizofrenikami. Choć ten pogląd ostatnio traci na popularności, niektórzy współcześni autorzy wciąż go podtrzymują. W szczególności dwa aspekty zachowania szamanów interpretowane były przez zachodnich badaczy jako patologiczne. Pierwszym jest podróż szamańska, a drugim kryzys inicjacyjny.

Podróż ma kilka cech, które wzbudzają podejrzenia zachodnich badaczy. Zmiana percepcji i stanu świadomości, wizje i doświadczenia zmysłowe szamana, nagłe zmiany w zachowaniu i wiara w możliwość kontaktowania się z istotami z innego świata – wszystko to wydaje się obce i dziwaczne przedstawicielom współczesnej zachodniej cywilizacji, a zatem skłania ich do wyciągnięcia wniosku, że szamani są chorzy psychicznie. Kryzys inicjacyjny jest zjawiskiem budzącym jeszcze więcej wątpliwości, ponieważ towarzyszą mu objawy przypominające psychozę oraz drastyczne zmiany zachowania.

Kwestię tę obszernie omawia Richard Noll[20]. Dochodzi on do wniosku, że przypisywanie szamanom schizofrenii bierze się z podstawowej niemożności rozróżnienia między charakterystyczną naturą szamańskiego stanu świadomości a stanem świadomości chorego na schizofrenię. Wskazuje też na najistotniejszą różnicę, jaką jest kwestia woli: szaman jest „mistrzem ekstazy – na własne życzenie wkracza w odmienny stan świadomości i opuszcza go; schizofrenik zaś zupełnie nad tym nie panuje, jest bezradną ofiarą urojeń, ze znacznym osłabieniem funkcjonowania w rolach społecznych"[21]. Szaman może skutecznie pełnić swoją rolę społeczną tylko pod takim warunkiem, że zajmuje wysoką pozycję we wspólnocie i jest przez nią szanowany. Jest zatem niesłychanie istotne, aby szaman potrafił się kontrolować zarówno w rzeczywistości zwykłej, jak i wtedy, kiedy przebywa w świecie duchów. Ta zdolność do samokontroli wyrasta z umiejętności rozróżniania dwóch rzeczywistości – schizofrenik nie byłby do tego zdolny.

Noll w swoim opracowaniu dowodzi, że podróż szamańska to niepowtarzalne przeżycie, którego absolutnie nie wolno mylić ze stanem świadomości chorego na schizofrenię. A co począć z szamańskim kryzysem inicjacyjnym? W moim przekonaniu kryzys inicjacyjny, który przechodzą niektórzy szamani, także daje się odróżnić od schizofrenii. Przede wszystkim nie u wszystkich szamanów kryzys ten przejawia się zaburzeniami równowagi psychicznej. Po drugie, tylko nieliczni szamani przechodzą pełny epizod psychotyczny. Ale nawet wtedy, kiedy nie może być wątpliwości co do tego, że mamy do czynienia z objawami psychozy, rozpoznanie schizofrenii jest wysoce nieprawdopodobne z tego powodu, że epizod psychotyczny u szamana trwa krótko, a po nim następuje powrót do pełni władz fizycznych i umysłowych. Większość schizofreników przeciwnie – nigdy nie wraca całkowicie do zdrowia i często potrzebuje pomocy psychiatrycznej do końca życia.

Czym zatem można wytłumaczyć popularność „teorii schizofrenii"? W moim przekonaniu jest ona wynikiem niesłusznego stosowania naszych zachodnich norm kulturowych przy próbach zrozumienia zupełnie innych kultur. Obciążenia kulturowe wpływają na sposób, w jaki antropolodzy oceniają, a nawet dewaluują kultury, którym się przyglądają i które badają. W literaturze antropologicznej roi się od terminów takich jak „prymitywny", „barbarzyński"czy „dziki".

Widać to szczególnie wyraźnie w przypadku badania stanów świadomości. Tradycyjna zachodnia psychologia każde zachowanie, które nie mieści się w normie przez nią przyjętej, zazwyczaj klasyfikuje jako „odchylenie". Noll[22] podkreśla, że „stany świadomości w jakiś sposób odmienne są z zasady traktowane jako patologiczne, tylko z tej przyczyny, że odbiegają od (...) stanu przyjętego za normę, do którego porównuje się wszystkie inne stany". W ten sposób Noll jasno wykazuje, dlaczego kryzys inicjacyjny i podróż szamańska mogą być postrzegane przez zachodnich naukowców jako zjawiska odbiegające od normy, a nawet mające cechy psychozy. Jednakże obecnie większość psychologów zgadza się z nowymi teoriami osobowości, zaproponowanymi między innymi przez Kena Wilbera[23] i Jamesa Hillmana[24], które mówią, że to, co uważa się za „normalne" nie stanowi wcale granic możliwości ludzkiej psychiki.

Dyskutując o szamanizmie i schizofrenii, trzeba zwrócić uwagę na jeszcze kilka spraw. Po pierwsze, większość badaczy nigdy sama nie doświadczyła szamańskiego stanu świadomości, A co za tym idzie, jest im niesłychanie trudno w pełni pojąć prawdziwą naturę tego stanu i w konsekwencji prawdziwą naturę szamanizmu[25]. Niektórzy zachodni antropolodzy, którzy tego stanu doświadczyli, po przejściu treningu szamańskiego twierdzą, że dzięki temu lepiej zrozumieli szamanizm i jego praktyki.

Kolejne ograniczenie, które należy wziąć pod uwagę, ma związek z językiem. Wielu antropologów, zarówno w odległej przeszłości, jak i całkiem niedawno, opierało się głównie na relacjach informatorów i tłumaczy. A ponieważ zachowania, wierzenia i światopogląd badanych przez nich wspólnot tak bardzo nie przystają do naszej kultury, kwestie językowe mogą prowadzić do poważnych nieporozumień i błędnych interpretacji praktyk szamańskich.

W roku 2001 uczestniczyłam w zebraniu w niewielkim gronie, prowadzonym przez palestyńskiego derwisza. Ponieważ nie znał angielskiego, jego mądrości tłumaczono mi z hebrajskiego – mówił w tym języku, by uhonorować gości z Izraela. Pod koniec fascynującej nocy, kiedy żegnaliśmy się nad ranem, ten niezwykły człowiek podszedł do mnie i przeprosił, że nie mógł mówić w moim języku. Metafora, której wówczas użył, na zawsze utkwiła mi w pamięci. Ubolewał, że nie zna angielskiego i wyznał, że bardzo nie lubi tłumaczeń. „Kiedy przekłada się potrawy z jednego talerza na drugi, jedzenie stygnie, traci po drodze ciepło. Tak samo jest, kiedy przekłada się z jednego języka na inny – po drodze część znaczeń umyka".

Na koniec trzeba zauważyć, że nie wszyscy antropolodzy widzą w szamanach schizofreników lub ludzi z zaburzeniami psychicznymi i że rdzenne społeczności plemienne same potrafią dostrzec różnicę między kryzysem szamańskim a chorobą psychiczną. Co więcej, stwierdzono, że szamani są nie tylko zdrowi, ale na ogół wydają się nawet zdrowsi od innych członków społeczności.

W istocie szamani są najlepiej funkcjonującymi członkami społeczności i, jak uważa Eliade, „dowodzą czegoś więcej niż normalnej kondycji psychicznej: potrafią się koncentrować z intensywnością niedostępną laikom, są odporni na wyczerpujący wysiłek, kontrolują swe ruchy ekstatyczne, i tak dalej". Eliade przytacza przykład szamana kazacho-kirgiskiego, który „chociaż w transie rzuca się na wszystkie strony z zamkniętymi oczami, znajduje wszystkie potrzebne przedmioty"[26].

Podsumowując, należy stwierdzić, że literatura dostarcza przekonujących dowodów na poparcie tezy, iż szamani z różnych stron świata nie wykazują oznak dezintegracji umysłowej, a pod względem pamięci i zdolności poznawczych przewyższają innych członków swoich wspólnot. Po kryzysie inicjacyjnym szamani nie tylko wracają do zdrowia, ale ich kondycja fizyczna i psychiczna jest na ogół lepsza od przeciętnej.

TRANSFORMACYJNA MOC KRYZYSU

Skoro kryzys inicjacyjny szamana nie jest po prostu zwiastunem zaczynającej się choroby psychicznej lub somatycznej, jakie naprawdę ma znaczenie? Wydaje się, że zadanie adeptowi rany w postaci choroby lub kryzysu jest koniecznym etapem jego dążenia do opanowania sztuki szamańskiej. Powstaje zatem pytanie: jakie jest znaczenie choroby i kryzysu w kontekście praktyki szamańskiej?

Przeciwności życiowe i załamanie psychiczne często sprawiają, że w człowieku budzi się nowa jaźń, że wkracza on na zupełnie nową drogę.

Niektóre zaburzenia psychiczne można uznać raczej za kryzys rozwojowy niż za patologię. Kryzysy rozwojowe można określić jako „okresy silnego napięcia i trudności psychicznych, które towarzyszą przemianom i punktom zwrotnym w życiu. Charakteryzują się one znacznym zamętem psychicznym, czasami nawet o niebezpiecznym dla życia nasileniu”[27]. Wielu współczesnych psychiatrów i naukowców przyznaje, że zaburzenia psychiczne, łącznie z psychozami, niejednokrotnie dają początek postępowi w rozwoju osobistym i dobrze służą zdrowiu psychicznemu i duchowemu. Wydaje się zatem, że choroby i kryzysy psychiczne mogą czasami pełnić rolę transformacyjną, sprzyjać rozwojowi i uzdrowieniu.

Osobiście posunęłabym się nawet do stwierdzenia, że kryzys jest czasami k o n i e c z n y dla rozwoju duchowego i osobistego. Jak zauważył psycholog jungowski John Perry[28]:

> Duch nieustannie dąży do wyzwolenia się z pułapki rutyny i konwencjonalnych schematów myślowych (...). Jeżeli w procesie rozwojowym jednostki takie uwolnienie ducha staje się nieodzowne, ale nie zostaje podjęte z własnej woli (...), psychika przejmuje to zadanie i bierze górę nad świadomą osobowością (...). Psychika dążąca do indywiduacji nie znosi zastoju, tak jak natura nie znosi próżni.

Z punktu widzenia Perry'ego zatem, kiedy dusza lub psychika są zdławione, tkwią w impasie, generują kryzys, aby się uwolnić. Innymi słowy, kiedy zbaczamy z właściwej drogi, nasza dusza, wyższe „ja” lub wewnętrzna inteligencja kieruje nas na nią z powrotem, doprowadzając do sytuacji kryzysowej. Dzięki temu jesteśmy zmuszeni spojrzeć w głąb siebie, znaleźć sposób na uzdrowienie i dotarcie do pokładów swojej wewnętrznej siły.

W roku 1978 zdiagnozowano u mnie chorobę zwyrodnieniową kręgosłupa. Pracowałam wówczas w szpitalu jako położna i nie byłam zadowolona ze swojej pracy. Nie wiedziałam jednak, co mogłabym robić innego. Z biegiem czasu mój stan się pogarszał, aż w końcu nie mogłam dłużej pracować. Nie byłam w stanie podtrzymywać pacjentek, niewiele mogłam zrobić rękami. Usiłując się wyleczyć, poddałam się praktycznie wszystkim dostępnym zabiegom i kuracjom.

Po długim zwolnieniu lekarskim wróciłam do pracy w kołnierzu ortopedycznym. Moje możliwości wciąż były bardzo ograniczone i nie mogłam wykonywać swoich obowiązków w sposób w pełni satysfakcjonujący, ale nie miałam innego zawodu i nie wiedziałam, co ze sobą zrobić. Postanowiłam wówczas zapisać się na uniwersytet otwarty, ale godziny pracy nie pozwalały mi na rzetelną naukę i w końcu przerwałam studia.

Pewnego dnia znajoma powiedziała mi, że przeczytała w gazecie ogłoszenie o uniwersyteckich kursach socjologii stosowanej i możliwości zostania pracownikiem socjalnym oraz o tym, że zachęca się do studiów osoby dorosłe. Choroba doprowadzała mnie do rozpaczy. Nie mogłam pracować, bałam się, że będę musiała przejść na rentę inwalidzką. Postanowiłam zapisać się na te studia i zostałam przyjęta.

Ta brama otworzyła się przede mną jakby znikąd. Przecież nie szukałam takiej możliwości, nie myślałam wcale o studiowaniu. Wierzę, że zwyrodnienie kręgosłupa sprowadziło mnie z powrotem na drogę, która była mi przeznaczona. Ale był to dopiero pierwszy krok. Poszłam na uniwersytet, zostałam pracownikiem socjalnym, ale z choroby się nie wyleczyłam. Wprawdzie bóle mniej mi doskwierały, ponieważ nie musiałam już wykonywać ciężkiej pracy fizycznej, ale moje możliwości wciąż były ograniczone.

Kilka lat po studiach, kiedy przybyłam do Nowego Jorku, żeby rozpocząć pracę w ośrodku społecznym, zetknęłam się z systemem *reiki*. Dzięki *reiki* nie tylko wyleczyłam kręgosłup, ale także przekroczyłam bramę do zupełnie nowego, nieznanego świata. W moim umyśle otwierały się nowe przestrzenie, o których istnieniu dotąd nie wiedziałam. Zdobyłam pokaźną wiedzę o medycynie alternatywnej i innych formach terapii. *Reiki* otworzyło przede mną bramy do alternatywnych metod uzdrawiania i skierowało na drogę, która w końcu doprowadziła mnie do szamanizmu. Do dziś jestem wdzięczna za te lata, kiedy cierpiałam z powodu bólów kręgosłupa, a to dlatego, że wraz z chorobą przyszły zmiany, które zaprowadziły mnie tam, gdzie jestem teraz. W ostatecznym rozrachunku to choroba przetarła mi drogę do szamanizmu i nowego życia.

Trzeba jednak zdawać sobie sprawę, że kryzysy niekoniecznie są początkiem rozwoju. Końcowy rezultat kryzysu zależy w wielkim stopniu od tego, jak go postrzegamy i co w związku z nim robimy. W moim przekonaniu istnieją dwa podejścia, a wybór zależy od interpretacji. Jeżeli chorobę czy kryzys postrzegamy jako coś złego lub po prostu niepożądanego, prawdopodobnie będziemy próbowali nad nim zapanować lub jakoś się go pozbyć. W ten sposób rozwój może zostać zatrzymany lub opóźniony. Jeśli zaś spojrzymy na kryzys lub chorobę jak na początek przemian i odnowy w naszym życiu, potraktujemy go inaczej.

Społeczeństwa szamańskie kryzys inicjacyjny uważają za bramę do nowo wybranego powołania i początek pouczającej drogi rozwoju. Adepta wspiera i otacza opieką cała społeczność, a szkoli go praktykujący szaman – prowadzi go, pomaga mu odbywać magiczne podróże, uczy, jak kontaktować się z duchami i zdobywać niezbędną do pełnienia nowej roli wiedzę o uzdrawianiu. Nowicjusz zaczyna uważać swój kryzys za coś zdrowego i pozytywnego. Pomaga mu to nie tylko samemu odzyskać zdrowie, ale również stać się zdrowym i silnym uzdrowicielem całej społeczności. Jak trafnie zauważa Joan Halifax[29], „choroba staje się wehikułem przenoszącym [szamana] na wyższy poziom świadomości".

Pięknym przykładem jest historia Savone, kobiety z plemienia Enet, która jako mała dziewczynka wybrała się do lasu na jagody. Znaleziono ją zabłąkaną trzy dni później. Opowiadała, że została napadnięta przez boga lasu. Ponieważ okazało się, że jest w ciąży, a potem urodziła martwe dziecko, można było przyjąć, że została zgwałcona przez nieznajomego. Szaleństwo wywołane traumą utrzymywało się, dopóki rodzina nie powierzyła jej opiece szamana Ketów. Szaman przekonał ją, że została wybrana przez duchy i ma zostać szamanką, a atak boga lasu był pierwszą tego oznaką. Zrozumiawszy to, zaczęła wracać do zdrowia. Pod okiem starego szamana stopniowo stawała się jedną z najsłynniejszych szamanek swojego plemienia początku dwudziestego wieku 30. Historia ta dowodzi, że znaczenie nadane traumatycznym przeżyciom może być potencjalnie uzdrawiające, a co więcej, doświadczenie traumy przemienia się w moc.

SZAMAN JAKO RANNY UZDROWICIEL

Szamani często są ludźmi mocno naznaczonymi przez cierpienie. Doświadczają nagłych, niespodziewanych, traumatycznych przeżyć, jak Savone, lub rozmyślnie poszukują cierpienia na długiej drodze inicjacji do szamanizmu. Często szamanowi udaje się pokonać traumę i wraca do zdrowia w momencie, kiedy sam zaczyna służyć innym. Czasami dopiero wtedy, gdy sam całkowicie wyzdrowieje, jest w stanie leczyć innych. Szamani, z racji własnego cierpienia, są pierwszymi „rannymi uzdrowicielami" świata.

Psycholog C.G. Jung powiedział kiedyś: „tylko zraniony lekarz naprawdę leczy". Według niego, uzdrowiciel, znachor, lekarz lub terapeuta, który chce dobrze wypełniać swoją rolę, musi najpierw sam doświadczyć zranienia. Obserwacje kliniczne potwierdzają, że ludzie, którzy cierpieli, są najlepiej przygotowani do pomagania innym i niesienia ulgi w cierpieniu. Koncepcja zranionego uzdrowiciela pojawia się jednak nie tylko w dziełach psychologów, ale także w mitach i praktykach wielu różnych kultur z całego świata, szamańskich i nieszamańskich.

Szamani powiadają, że aby móc kogoś wyleczyć, trzeba najpierw p o z n a ć jego chorobę. Sereptie, szaman syberyjskich Nieńców (Samojedów), podczas podróży inicjacyjnej został poprowadzony przez swego opiekuńczego ducha na spotkanie z duchami pewnej groźnej choroby. Powiedziano mu, że aby mógł zostać potężnym szamanem, „musi przyjrzeć się wszystkim mechanizmom chorób"[31]. W podróży inicjacyjnej innego szamana Samojedów pojawia się podobna idea: spotyka on „Pana Szaleństwa i Panów wszystkich chorób nerwowych, a także duchy ospy i syfilisu"[32].

Przyglądając się tym szamańskim koncepcjom z innej perspektywy, można powiedzieć, że aby uzdrowiciel mógł być skuteczny, musi dobrze poznać i umieć wczuć się w stan pacjenta. Zatem uzdrowiciel, który nigdy nie doświadczył cierpienia, może mieć trudności ze zrozumieniem cierpienia swoich pacjentów. Rozsądek podpowiada, że jeśli uzdrowiciel osobiście nie doświadczy emocjonalnego zamętu, nie będzie umiał okazać wystarczająco dużo empatii ani zapanować nad cierpieniem. Doświadczenie zranionego uzdrowiciela jest ważnym aspektem drogi szamana: dzięki swej uleczonej ranie uzyskuje zdolność diagnozowania, współodczuwania i, w końcu, leczenia.

Przypadki, kiedy osobiste kryzysy skłaniają do profesjonalnego zajęcia się różnymi sztukami uzdrowicielskimi i terapeutycznymi, są bardzo liczne, i to nie tylko w kulturach szamańskich, ale także wśród współczesnych lekarzy. Jakże często ludzie, którzy wyszli z rozmaitych uzależnień, zostają terapeutami pomagającymi pacjentom walczącym z alkoholizmem lub narkomanią. Rodzice dzieci niepełnosprawnych fizycznie lub intelektualnie często zakładają grupy lub ruchy społeczne niosące pomoc innym rodzinom w podobnej sytuacji. Wielu ludzi związanych z medycyną przeszło poważne choroby, inni zaś doświadczyli zranienia w postaci cierpienia lub kryzysu emocjonalnego.

Jeanne Achterberg[33] przytacza przykład kobiety chorej na raka, która trafnie ujęła koncepcję rannego uzdrowiciela. Według niej: „Najważniejsze jest nie to, co robią lekarze i terapeuci, ale to, kim są".

Zarówno szamanom, jak i współczesnym uzdrowicielom i terapeutom dzięki własnym uleczonym ranom łatwiej odczuwać empatię i rozumieć ludzi, którzy zwracają się do nich o pomoc. Sama wiem najlepiej, w jak wielkim stopniu sprawdziło się to w moim przypadku, jak własne cierpienie pomogło mi stać się lepszą terapeutką i uzdrowicielką. Mój własny ból i wszystko, co przeszłam, by sobie z nim poradzić, nie tylko wzbogacił mnie, ale też umożliwił współodczuwanie i rozumienie innych. Wydobycie własnych mocy uzdrowicielskich pomogło mi nie tylko dostrzegać i rozpoznawać słabości u innych, ale także ułatwiać im kontakt z ich własną twórczą mocą.

Z drugiej strony trzeba zdawać sobie sprawę, że cierpienie samo w sobie nie czyni jeszcze uzdrowiciela, ważne jest wyleczenie się z własnego cierpienia. To najważniejsza różnica między identyfikowaniem się z cierpiącym a prawdziwą empatią. Jeśli ktoś odniósł ranę, ale nie zdołał jej uleczyć, mało prawdopodobne, by mógł uzdrawiać innych. Jeśli uzdrowiciel doznawał tych samych dolegliwości co chory, ale nie wyleczył się, będzie się z chorym identyfikował i zamiast mu pomóc, zostanie wciągnięty w chorobę i spróbuje jej raczej unikać lub ją lekceważyć. Jeśli zaś doświadczył bólu i zdołał sobie z nim poradzić, jest bardziej prawdopodobne, że okaże empatię. Będzie mu łatwiej udzielać wskazówek choremu i pomagać mu nawiązać kontakt z jego wewnętrznymi mocami.

Dzięki temu, że udało mi się wyleczyć, zrozumiałam, że moją rolą nie jest uzdrawianie ani naprawianie ludzi, ale raczej umożliwianie im samoleczenia. Sokrates (którego matka także była akuszerką) porównał rolę nauczyciela i terapeuty do roli akuszerki. O sobie samym powiadał, że jest „intelektualną akuszerką". Jako była położna mogę stwierdzić, że także w odniesieniu do roli uzdrowiciela czy szamana metafora ta jest wyjątkowo trafna. Tak, jak akuszerka jedynie ułatwia kobiecie wydanie na świat dziecka, sama nie rodząc, tak – głęboko w to wierzę – prawdziwą rolą znachora czy szamana nie jest leczenie ludzi, lecz raczej asystowanie im przy spotkaniu z ich własnymi duchami pomocniczymi i własną mocą.

OKRES TERMINOWANIA

Odpowiedziawszy na pierwsze wezwanie duchów, przyszły szaman ma przed sobą długi okres terminowania. Ten okres treningu, który przechodzi prawie każdy szaman, jest do pewnego stopnia podobny w różnych kulturach. Musimy jednak pamiętać, że istnieją także wyraźne różnice. Członków niektórych plemion naucza stary szaman, u innych oczekuje się, że adept będzie pobierał nauki bezpośrednio u duchów.

Podczas pobierania nauk adept otrzymuje wskazówki od mistrza w realnym świecie (praktykującego szamana) oraz nauczycieli ze świata nadzwyczajnego (duchów). Podobnie jak student medycyny na Zachodzie, adept otrzymuje od szamana-mistrza wiedzę teoretyczną i praktyczne umiejętności. Na nauki te składa się kosmologia świata duchów, legendy i mity plemienne, rozmaite rytuały oraz szamańskie techniki uzdrowicielskie. Kandydat uczy się, jak interpretować obrazy, wizje i przekazy otrzymywane podczas lotu w zaświaty, w kontekście własnej tradycji kulturowej i szamańskiej.

Obok teoretycznej i praktycznej wiedzy, którą dzieli się z nim stary szaman w realnym świecie, adept sztuki szamańskiej pobiera także nauki bezpośrednio od duchów-nauczycieli. Dzieje się to podczas rytuału poszukiwania wizji, marzeń sennych i magicznych podróży w zaświaty. Nauki pobierane u szamana i duchów mają pomóc kandydatowi wydobyć własne wewnętrzne moce i zdolności, i uczynić go silnym, skutecznym szamanem. Pod koniec nauki adept jest gotów służyć swojej społeczności jako uzdrowiciel i pośrednik między światem duchów a codzienną rzeczywistością.

Okres terminowania jest różny w różnych kulturach. Może trwać kilkanaście dni, tygodni, miesięcy, a nawet dwadzieścia, trzydzieści lat. Kandydat na szamana musi się nauczyć rozpoznawać i leczyć choroby, poznać mity i opowieści plemienne, nabrać wprawy w poszerzaniu swojej świadomości i w magicznych podróżach. Musi także spotykać się z duchami pomocniczymi i nawiązać z nimi zdrowe i silne relacje, a także zdobyć pokaźną wiedzę o ich wielowarstwowym świecie. Musi się dowiedzieć, jak dotrzeć do różnych rejonów światów duchów, a także jak zapewnić sobie ochronę podczas magicznej podróży w poszukiwaniu wiedzy i uzdrowienia.

Przyszły szaman nie ma łatwego zadania. Ponieważ jego oczy nie nauczyły się jeszcze widzieć duchów, dużo czasu poświęca na naukę nawiązywania łączności z duchami-nauczycielami, rozpoznawania ich i porozumiewania się z nimi. Różne kultury, w celu wywołania „wizji duchów", stosują różne techniki.

Szaman Konibów, aby zainicjować kontakt z duchami, „wypija wywar z tytoniu i pali, ile może w zamkniętej chacie"[34]. Antoine Biet, autor XVII-wieczny, przytacza opowieść o pewnym szamanie południowoamerykańskim i jego pierwszej próbie zobaczenia duchów:

> Każą mu tańczyć, aż osłabiony długim postem zaczyna się słaniać i pada z wycieńczenia na ziemię. Aby przywrócić mu siły, okładają go rojami wielkich czarnych mrówek. Ich ukąszenia są bardzo bolesne. Siłą otwierają mu usta i wkładają do nich lejek, przez który podają mu sok wyciśnięty z liści tytoniu. To dziwne lekarstwo wywołuje zawroty głowy

i krwawe wymioty. Skutki działania tego specyfiku utrzymują się przez kilka dni. Po potraktowaniu go tak silnymi lekami i tak rygorystycznym postem, obwołują go piaye (szamanem). Odtąd ma moc uzdrawiania i przywoływania Diabła[35].

Kolejny dość drastyczny przykład dotyczy plemienia Enetów z północno-zachodniej Syberii. Dwaj starsi szamani po prostu zawiązali nowicjuszowi oczy, po czym bili go po głowie, aż zaczął widzieć duchy [36].

Kiedy kończy się wstępny okres terminowania, nowy szaman musi pokonać trzecią i ostatnią przeszkodę na drodze do stania się pełnoprawnym, samodzielnym szamanem. Chodzi oczywiście o akt przyjęcia nowego szamana do wspólnoty. Ta ostatnia faza może być najtrudniejsza ze wszystkich. Szaman mógł zostać w pełni zaakceptowany przez duchy, mógł nauczyć się wszystkich pieśni, ceremonii, obrzędów i poznać ustną tradycję, a mimo to członkowie plemienia mogą go odrzucić, jeżeli nie czują się z nim związani. Ten etap może trwać nawet kilka lat, jak u Indian Tapirape:

> Sam fakt, że młody szaman miał kilka dramatycznych snów, nie czyni go jeszcze sprawdzonym, potężnym szamanem. Żeby dowieść swoich mocy, musiał wziąć udział w bitwie z „dziećmi Pioruna" i dokonywać uzdrowień u boku swego mentora. Jeśli mu się powiedzie, będzie od czasu do czasu wzywany do chorych. Kiedy kilkoma uzdrowieniami i częstymi snami, w których przebywa w zaświatach wyrobi sobie reputację, czeka go jeszcze wiele lat starań, zanim zapewni sobie solidną pozycję[37].

* * *

W dzieciństwie otarłam się o śmierć, ale to, co przeszłam już jako osoba dorosła, posunęło mnie o kolejny krok dalej. Mieszkałam już w Anglii i byłam pracownikiem socjalnym, kiedy pewne niezwykle traumatyczne i bolesne zarazem wydarzenie odcisnęło silne piętno na moim dalszym życiu. W tym naznaczonym cierpieniem okresie miewałam częste napady lęku połączone z hiperwentylacją.

Pewnego dnia podczas spotkania z dwiema koleżankami dostałam napadu tak silnego lęku, że niemal nie mogłam oddychać. Moje towarzyszki wystraszyły się i wezwały karetkę. Zabrano mnie do szpitala, a koleżanki pojechały za nami samochodem. Pamiętam, że leżałam w karetce i miałam sen.

Śniłam, że lecę nad bardzo wysoką górą, szybuję. Za górą roztaczał się najpiękniejszy krajobraz, jaki zdarzyło mi się widzieć. Błękitne wody, zielone pastwiska, drzewa. Unosiłam się w powietrzu. Spoglądając z góry, widziałam siedzących nad rzeką ludzi. Przyglądali mi się i gestykulowali, machali, żebym wracała. Postanowiłam nie lądować przy nich, zawróciłam i poleciałam z powrotem.

Potem poczułam, jak coś uderza mnie w piersi, i znowu byłam w karetce. Moje przyjaciółki widziały błysk reflektorów i wycie syreny. Kiedy dojechaliśmy do szpitala, lekarz powiedział mi: „Straciliśmy panią na chwilę. Witamy z powrotem". Spytałam, o co mu chodzi, a on odpowiedział: „Sanitariusze kontaktowali się z nami przez radio. Sądzili, że pani umarła". Ja jednak wierzę, że rzeczywiście wtedy umarłam i wróciłam z zaświatów. To wydarzenie zmieniło moje życie i mój stosunek do śmierci. Kiedy zdałam sobie sprawę, że to nie był sen, w jakiś sposób pozbyłam się przemożnego strachu przed śmiercią, który dotąd bezwiednie skrywałam.

* * *

ROZDZIAŁ 3

BRAMY DO ŚWIATA DUCHÓW: SZMAŃSKIE ŚWIATY I SZAMAŃSKIE PODRÓŻE

Świat jest taki, jakim go śnisz.

SZAMAN PLEMIENIA NUMI

Podróż szamańska jest sednem wszystkich szamańskich praktyk, jakie znamy. Rolą szamana jest uzdrawianie, niesienie pomocy i wspieranie członków wspólnoty plemiennej. Zadania szamana są rozmaite – od zapewnienia udanego polowania po leczenie depresji, epilepsji czy nawet nowotworu. Szaman jest także tym, który poszukuje zagubionych lub utraconych dusz, przeprowadza dusze zmarłych na miejsce spoczynku i sprowadza moc ze świata duchów. Szukając pomocy i rady duchów, szaman odbywa lot do ich świata – wyrusza w szamańską magiczną podróż.

Doświadczenia różnych szamanów z pewnością mocno się od siebie różnią. Są odmienne w zależności od natury ich misji i tego, jakie duchy pomocnicze spotykają w różnych rejonach szamańskiej przestrzeni. Podczas tych przypominających marzenia senne wypraw szaman może doświadczać krańcowo różnych przeżyć – od dramatycznych i niebezpiecznych po błogie i ekstatyczne. Mogą one wywoływać uczucia tak różne, jak przerażenie, rozkosz, silna miłość lub smutek, radość, podniecenie, lęk, spokój i całkowita ufność.

Magiczną podróż można podzielić na trzy etapy. Etap pierwszy to przygotowania i oczyszczanie poprzedzające podróż. Na tym etapie szaman zaczyna zmieniać stan świadomości, podejmując rozmaite działania i wykonując czynności rytualne. Może wtedy przebywać w odosobnieniu, dokonywać specyficznych obrzędów, pościć, żyć w celibacie. Druga faza to wywołanie odmiennego stanu świadomości i właściwa szamańska podróż. Trzecią i ostatnią fazą jest powrót do rzeczywistości i przekazanie potrzebującym mocy i wiedzy zdobytej w krainie duchów.

Podróż szamańska jest zjawiskiem bardzo złożonym. W niniejszym rozdziale zagłębimy się w jej wielorakie aspekty i fascynujące oblicza. Przyjrzymy się podróżom szamanów tradycyjnych, czyli rdzennych społeczeństw szamańskich, jak również samej podróży i doświadczeniom praktyków i terapeutów związanych ze współczesnym neoszamanizmem. Zanim jednak zaczniemy mówić o podróży szamańskiej i rządzących nią mechanizmach, musimy zbadać i zrozumieć naturę świata duchów, do którego szamani podróżują.

KRAJOBRAZ SZAMANA

Szamani przemierzają światy zamieszkane przez duchy w poszukiwaniu wiedzy, mocy lub uzdrowienia. W rozdziale pierwszym krótko omówiłam kosmologię świata duchów. W niniejszym rozdziale posuniemy się nieco dalej, aby zbadać i poznać ją na głębszym poziomie.

Jak wcześniej wspomniałam, wszechświat szamana składa się z trzech poziomów lub światów – świata górnego, środkowego i dolnego. Część kultur uważa, że świat górny i dolny dzielą się jeszcze na wiele poziomów. Niektóre plemiona syberyjskie wierzą, że najwyższy władca świata, Bai Ulgen, żyje na najwyższym z poziomów górnego świata. Świat dolny zaś często uważa się za zamieszkany przez dusze zmarłych. Te dwa światy – dolny i górny – są jednocześnie podobne i różne od naszej swojskiej, codziennej rzeczywistości, na przykład krajobrazy w dolnym świecie mogą być identyczne jak w świecie realnym, natomiast pora dnia może być inna. Kiedy w naszej rzeczywistości jest noc, w dolnym świecie może świecić słońce. Prawa fizyki rządzące zwykłą rzeczywistością nie stosują się do świata szamańskiego. Tam ludzie mogą latać, przemierzać ogromne odległości, chodzić po wodzie i pływać pod wodą bez żadnego sprzętu. Na niebie mogą pojawić się dwa słońca, góry mogą się przemieszczać, a morze bywa czerwone. Ponieważ wszystko żyje i ma swoje duchy, podczas magicznej podróży szaman może rozmawiać i porozumiewać się dosłownie ze wszystkim – z drzewami, rzekami, ptakami, zwierzętami, a nawet skałami i kamieniami.

Owe trzy światy, jak się na ogół wierzy, łączy przechodząca przez ich środek oś świata – *axis mundi*. Przechodzi ona przez otwór, przez który dusza szamana w ekstazie może przenosić się do niebios i piekieł, do świata górnego lub dolnego. To symboliczne połączenie między różnymi światami przybiera według Eliadego[1] trzy główne formy. Pierwsza to „filar świata" – wszechświat porównuje się do namiotu lub domostwa, w którym niebo wspiera się na umieszczonym pośrodku słupie. Drugi obraz to „kosmiczna góra" symbolizująca środek świata. Trzeci to „drzewo świata" rosnące w centralnym punkcie Ziemi – symbolizujące życie, dzieło stworzenia, płodność, odrodzenie i nieśmiertelność. Ciekawe, że te symbole spotyka się w mitach wielu różnych kultur, nie tylko szamańskich. Drzewo życia odnajdujemy na przykład w żydowskiej Kabale.

Niektórzy sądzą, że świat duchów to po prostu wytwór umysłu czy wyobraźni albo świat istniejący tylko w naszej podświadomości. Szamani jednak uznają go za tak samo realny jak życie na jawie. Dla szamana świat ten istnieje niezależnie od umysłu, chociaż to za pośrednictwem umysłu do niego docieramy. Prem Das, szaman Huicholów, tak opowiada o szamańskiej podróży:

> W umyśle jest brama, która zazwyczaj pozostaje ukryta i niepoznana, aż do chwili śmierci. Huichole nazywają ją nierika. Nierika jest czymś w rodzaju miejsca przesiadki między tak zwanym światem zwykłym i rzeczywistością niecodzienną. Stanowi jednocześnie przejście i granicę między dwoma światami[2].

Świat duchów nie jest zatem miejscem znajdującym się w innej przestrzeni, ale raczej światem umiejscowionym w innym stanie świadomości, istniejącym równolegle z codzienną rzeczywistością. Jedną z podstawowych umiejętności potrzebnych szamanowi jest zmienianie stanu świadomości z własnej woli. Dzięki temu może wejść w ową alternatywną rzeczywistość.

DOSTĘP DO ŚWIATA DUCHÓW

Dotychczas badaliśmy różne rejony, które można odwiedzić podczas podróży szamańskiej. Głównym narzędziem, którego używa szaman, by przedostać się do tych niewidzialnych sfer jest zmiana stanu świadomości. Przez stulecia szamani różnych społeczności rozwinęli i stosowali przeróżne techniki zmieniania stanu świadomości (ASC). Trzeba jednak zauważyć, że nie oni jedni poszukiwali dostępu do takich stanów. Mistycy i adepci praktyk duchowych z całego świata również koncentrują się na poszukiwaniu drogi do odmiennej, poszerzonej świadomości. Tradycje mistyczne uczą, że w tym właśnie stanie człowiek osiąga głęboką mądrość i przenikliwość.

Szamański stan świadomości (SSC) ma niepowtarzalne cechy, które różnią go od innych zmienionych stanów świadomości, właściwych różnym praktykom duchowym i mistycznym. Ponadto, chociaż przypomina inne stany świadomości, takie jak marzenia senne i hipnozę, jednocześnie znacznie się od nich różni. Po przeanalizowaniu praktyk szamańskich czterdziestu dwóch kultur, Peters i Price-Williams[3] doszli do wniosku, że SSC jest jedynym w swoim rodzaju typem ASC i że można go odróżnić od innych podobnych stanów, takich jak marzenie senne, medytacja, hipnoza i halucynacje wywołane narkotykami. Wnikliwą analizę przeprowadza Roger Walsh[4].

Cokolwiek by jednak powiedzieć o stopniu podobieństwa SSC do innych pokrewnych stanów świadomości, jedno jest pewne: przebywając w SSC, szaman ma dostęp do wewnętrznych zasobów psychicznych, które nie są dostępne w inny sposób, w normalnym stanie świadomości (na jawie). W moim przekonaniu, będąc w zwykłym stanie świadomości, tkwimy w pułapce logicznego rozumu. Kiedy próbujemy osiągnąć zrozumienie bądź uzdrowić siebie lub innych, dostępne środki ogranicza rozum. Szaman, wchodząc w odmienny stan świadomości, przekracza granice logicznego rozumowania i może polegać na innych zasobach wewnętrznych, czerpać z nich wiedzę o sposobach uzdrawiania – z zasobów, które leżą poza naszym rozumem.

Szaman, rzecz jasna, nazwie te zasoby duchami, inni mogą nazwać je podświadomością. Terminologia nie jest jednak w tym przypadku najważniejsza. Nie ma większego znaczenia, czy wierzymy, że dusza wkracza w świat duchów, czy też schodzi do głębokich pokładów nieświadomości. Istotne jest raczej to, że te wewnętrzne zasoby są nam nieznane i leżą poza zasięgiem krytycznego rozumu, funkcjonującego na jawie. Szamani potrafią przedostawać się przez szczeliny w ścianie świadomego umysłu, przez bariery między „ja" i „nie-ja", potrafią wejść w dziedzinę ducha, która leży poza intelektem. To przejście umożliwia zmiana stanu świadomości.

Stwierdziliśmy już, że aby szaman mógł odbyć magiczną podróż i uzdrawiać, musi najpierw zmienić swój zwykły stan świadomości, ten w którym funkcjonuje na jawie. Aby lepiej zrozumieć, jak się osiąga szamański stan świadomości, przyjrzyjmy się teorii zaproponowanej przez Charlesa Tarta[5]. Jest ona próbą wyjaśnienia różnych etapów procesu wywoływania odmiennych stanów świadomości.

Tart wyróżnia trzy takie etapy: destabilizacja pierwotnego (wyjściowego) stanu świadomości, faza przejściowa, w której dokonuje się zmiana schematów oraz końcowa faza stabilizacji w nowym stanie.

Podczas pierwszej fazy normalne wzorce umysłu i mózgu zostają zakłócone przez różne siły destabilizujące – szaman stosuje różne techniki, by osiągnąć zmieniony stan świadomości. Może to być szczególny rodzaj muzyki lub bębnienie, pozbawianie się snu, głodówka lub przyjmowanie środków psychodelicznych.

Kiedy siły destabilizujące osiągną dostateczną intensywność, uniemożliwiają funkcjonowanie zwykłej świadomości i umożliwiają przejście do odmiennego stanu. Jakość i cechy tego odmiennego stanu zależą w dużym stopniu od działania na mózg i umysł kilku czynników. Niektóre z tych czynników to: narzędzia używane do wywołania ASC, intencje i systemy wierzeń osób wchodzących w zmieniony stan świadomości oraz ich kondycja psychiczna. Kiedy etap przechodzenia do nowego stanu świadomości dobiegnie końca, zaczyna się trzecia faza: świadomość stabilizuje się w nowym, zmienionym stanie.

Wchodzenia w odmienny stan świadomości można się nauczyć i można tę umiejętność doskonalić. Im więcej doświadczenia i wprawy ma szaman we wchodzeniu w ów stan, tym łatwiej i szybciej potrafi go osiągnąć. Z czasem techniki ułatwiające szamanowi przejście do ASC stają się coraz mniej potrzebne. Ponadto im większe szaman ma doświadczenie, tym bardziej świat duchów jest dla niego otwarty, nawet w zwykłym stanie świadomości. To znaczy, że wizje i przekazy, które mógł odbierać tylko w zmienionym stanie świadomości, częściowo mogą stać się dostępne nawet na jawie.

Kilka lat temu dostąpiłam przywileju odbycia podróży bez pomocy dźwięku bębna. Podczas pobytu w Izraelu wybrałam się na poranny spacer do gaju, niedaleko miejsca, gdzie mieszkałam. Chociaż spacerowałam tam nie po raz pierwszy, z jakiegoś powodu zgubiłam drogę. Zdawało mi się, że jakikolwiek kierunek wybieram, wchodzę w las coraz głębiej. Mijałam pieczary, co było wskazówką, że wcale nie idę w kierunku domu. Zgubiłam się. Po godzinie błąkania się po leśnych ścieżkach postanowiłam skontaktować się z duchem opiekuńczym i poprosić go o pomoc. Przymknęłam oczy i zaczęłam głęboko oddychać, próbując się przenieść w inny stan świadomości. Wyobraziłam sobie, że jestem w swoim miejscu mocy i wezwałam ducha opiekuńczego. Jak zwykle czekał na mnie. Roześmiał się i kazał iść za sobą. Otworzyłam oczy, wyprostowałam się: duch szedł przede mną, prowadził mnie. Wkrótce znów znalazłam się na znajomej ścieżce, prowadzącej do domu.

W rozdziale pierwszym wspomniałam o rozmaitych środkach, za pomocą których szaman wchodzi w odmienny stan świadomości i podróżuje do świata duchów. Teraz przyjrzyjmy się bliżej tradycyjnym procedurom stosowanym przez szamanów.

WYWOŁYWANIE ODMIENNYCH STANÓW ŚWIADOMOŚCI

Technik i obrzędów, służących osiąganiu pożądanych zmian świadomości, jest całe mnóstwo. Na ogół polegają one albo na bardzo intensywnej stymulacji zmysłów, albo na deprywacji sensorycznej (pozbawianiu się bodźców). Techniki te wykorzystują mechanizmy fizjologiczne i psychologiczne, w celu wytworzenia ASC. Techniki bazujące raczej na psychice najczęściej stosuje się przed podróżą. Należą do nich: dłuższe odosobnienie, kontemplacja, modlitwa, a także wywoływanie odpowiedniego nastawienia umysłu i przygotowanie otoczenia tak, by podróż mogła być owocna. Przytoczę tu kilka przykładów technik najczęściej stosowanych przez różne społeczeństwa szamańskie.

Deprywacja fizyczna i sensoryczna

Szamani z całego świata wykorzystują deprywację fizyczną lub sensoryczną. Jedną z technik jest długotrwały post, połączony nawet z unikaniem picia wody. Czas trwania postu jest różny, w zależności od kultury. Może to także zależeć od stanu pacjenta. Czasami pościć musi nie tylko szaman, ale również osoba potrzebująca pomocy.

Kolejną techniką jest pozbawianie się snu. Szaman przez kilka nocy przed magiczną podróżą nie zasypia. Popularnym środkiem służącym zmianie stanu świadomości i zachowaniu energii, stosowanym przez wiele szamańskich społeczeństw, jest powstrzymywanie się od uprawiania seksu. Zachowując energię seksualną, szaman nowicjusz zdobywa dodatkową moc, którą może przekierować na naukę i uzdrawianie. Z praktyką tą spotykamy się także w wielu nieszamańskich tradycjach, na przykład w hinduizmie i buddyzmie. Na całym świecie od młodych, początkujących szamanów często wymaga się długotrwałego celibatu. Dopiero wtedy mogą skutecznie praktykować szamanizm.

Szaman zmienia również swoją świadomość za pośrednictwem deprywacji sensorycznej. Magiczna podróż i inne obrzędy odbywają się w ciemności. Podróż ma się odbywać o zmroku, w nocy lub w sztucznie zaciemnionym pomieszczeniu. Szaman ma mieć zamknięte oczy. Można powiedzieć, że odgradzając się zasłoną ciemności od zewnętrznego świata, szaman wyczula wewnętrzne zmysły i dzięki temu wyraźniej widzi i słyszy duchy. Inne formy deprywacji sensorycznej to pozostawanie w bezruchu i uporczywe wpatrywanie się w płomienie.

Temperatura

Kolejnym środkiem stosowanym przez niektóre kultury szamańskie dla osiągnięcia ASC jest wystawianie się na skrajnie niską lub wysoką temperaturę. Dwie najpowszechniejsze techniki to wystawianie się na mróz i gorąco. Wśród zachodnich szamanów popularność zdobyła technika zwana „szałasem potów" (ang. *sweat lodge*)[22]. Typowy „szałas potów" to niewielka budowla z drewna przykryta ciężkim wodoodpornym materiałem, aby ciepło nie uciekało. Na środku układa się rozpalone do czerwoności kamienie i od czasu od czasu polewa je zimną wodą, aby powstała para. Zwykle pali się także zioła mające działanie oczyszczające.

Technikę tę stosują głównie indiańskie plemiona Ameryki Północnej. Wejście do „szałasu potów" poprzedzają specjalne rytuały. Inne odprawia się, będąc w nim. Przebywając w szałasie, szaman recytuje specjalne pieśni i pali zioła, wsłuchując się w dźwięk bębna. Może to być fizycznie wyczerpujące i czasem wywołuje mdłości, przyspieszenie pulsu, zawroty głowy, a nawet omdlenia.

Rośliny halucynogenne

Rośliny halucynogenne są kolejnym popularnym narzędziem stosowanym przez szamanów do wchodzenia w odmienny stan świadomości. Wielu osobom szamanizm kojarzy się ze stosowaniem halucynogenów. Ale środki wywołujące halucynacje wcale nie są najważniejszym z narzędzi szamana. Rośliny halucynogenne stosuje się przede wszystkim w Ameryce Południowej i w niektórych regionach Syberii. Liczba środków halucynogennych używanych przez szamanów na całym świecie jest naprawdę imponująca. Dotychczas wyróżniono około stu typów halucynogenów, a szamani używają ich od ponad trzech tysięcy lat.

Szczególnie często wykorzystuje się w Ameryce Południowej i Środkowej *yage* (znane także jako *ayahuasca*) – napój z pnączy z rodzaju *Banisteriopsis*. Wypija go nie tylko szaman, ale także osoba potrzebująca pomocy i członkowie plemienia asystujący przy obrzędzie. Powszechnie używany w obu Amerykach jest kaktus *peyote*, pejotl (przez Don Juana zwany *mescalito*, zawierający aktywny alkaloid – meskalinę). Huichole wyruszają w podróż do świętej ziemi pejotlu i rytualnie zbierają go na pustyni. Szaman żuje kawałki kaktusa, dopóki nie osiągnie pożądanego efektu. Silnie działający i niebezpieczny bieluń (*datura*) oraz różne gatunki grzybów halucynogennych stosowane są w obu Amerykach i w Europie. Ludy syberyjskie stosują grzyby, najczęściej muchomora czerwonego (*Amanita muscaria*). Grzyb *psilocybe*, zwany „ciałem bogów", znany jest powszechnie w Meksyku. Szamanka Mazateków Maria Sabina słynie z odbywanych pod wpływem grzybów halucynogennych podróży, podczas których przemawia głosami samych grzybów. Zapytana, czyimi słowami przemawia, odpowiada: „Nie ja to powiedziałam, ale grzyby". Chociaż skłonni jesteśmy sądzić, że to aktywne związki zawarte w roślinach halucynogennych odpowiadają za niezwykłe przeżycia podczas podróży, sami szamani wierzą, że to święte duchy roślin pomagają im osiągnąć odmienny stan świadomości. To duch rośliny przemawia do nich za pośrednictwem wizji, jakie im się ukazują[6].

Dzięki użyciu świętych roślin szaman poszerza granice wewnętrznej przestrzeni, doznaje silnego poczucia jedności wszystkiego, co żyje, doświadcza grozy i zadziwienia, które umożliwiają mu wykroczenie poza granice rozumu i zmysłów. Ale w odróżnieniu od mistyków innych praktyk duchowych, szamani nie szukają oświecenia dla niego samego. Jest ono dla nich raczej środkiem pozwalającym uzdrawiać i wspomagać wspólnotę. Czczą rośliny halucynogenne jako narzędzia pomagające uzdrawiać.

Rośliny halucynogenne uważane są przez społeczeństwa szamańskie za święte, ponieważ stanowią bramę otwierającą przed szamanem świat duchów. Szamani rozumieją moc roślin, znają duchy roślin i szanują je. Tak więc wykorzystywanie ich w praktykach szamańskich ma służyć wyłącznie wchodzeniu w niecodzienną rzeczywistość i przemierzaniu jej. Żaden szaman nie używa roślin halucynogennych dla rozrywki, jak to robią ludzie Zachodu. Co więcej, szamani dobrze wiedzą, jaką ilość danego środka należy przyjąć i pod jaką postacią, aby zapamiętać przebieg podróży i wskazówki przekazane przez duchy, a jednocześnie zachować pewną świadomość miejsca, w którym przebywają.

Stymulacja słuchu

Świat duchów ma ścisłe związki z muzyką. Pobudzanie słuchu za pomocą monotonnych rytmów jest jednym z najpowszechniejszych i najstarszych środków używanych przez szamanów na całym świecie. Ma za zadanie ułatwić przejście do odmiennego stanu świadomości. Najbardziej znane techniki to bębnienie, grzechotanie, taniec, śpiew, deklamacje i jednostajne ruchy ciała. Jednym z najczęściej stosowanych narzędzi są pieśni mocy. Są to pieśni, których szamana uczą duchy pomocnicze na początku okresu odosobnienia, podczas podróży magicznej lub magicznego snu. W niektórych kulturach pieśń nie należy wyłącznie do szamana, ale jest własnością plemienia. Podobnie jak dźwięki bębna, pieśni mocy mają charakter powtarzalny i monotonny, co sprzyja wchodzeniu w odmienny stan świadomości.

Techniką stosowaną od niepamiętnych czasów przez różne kultury, nie tylko szamańskie, jest taniec. Typowe przykłady to tańczący derwisze i szamani syberyjscy. Ci ostatni odprawiają rytualne tańce przed rozpoczęciem magicznej podróży, aby ułatwić sobie przejście do ASC. Dzwonki i inne metalowe przedmioty przyszyte do obrzędowego stroju szamana pobrzękują, nadając ruchom tańczącego rytm. Najważniejszymi i być może najbardziej uniwersalnymi narzędziami są jednak szamański bęben i grzechotka.

Szamański bęben

Bęben i grzechotka są nieodłącznymi towarzyszami szamana *par excellence*. Ułatwiają mu przenoszenie się do niecodziennej rzeczywistości. Wydaje się, że bicie w bęben, w rytmie około dwustu do dwustu dwudziestu uderzeń na minutę, szczególnie skutecznie wywołuje odmienne stany świadomości. Równy, monotonny rytm pozwala szamanowi nie tylko wejść w SSC, ale także pozostać w tym stanie podczas całej magicznej podróży. Aby wejść w SSC, szaman sam zaczyna bębnić. Potem zadanie to przejmuje pomocnik, podczas gdy szaman rozpoczyna podróż (tak jest u wielu plemion syberyjskich). Czasem pomocnik bębni od początku do końca ceremonii. Symboliczne znaczenie bębna szamana to coś o wiele więcej niż jego dźwięk, na przykład północne ludy syberyjskie używają do wyrobu bębnów skóry reniferów – szaman symbolicznie dosiada renifera, by na jego grzbiecie dotrzeć do świata duchów.

Wpływ dźwięków bębna na ludzką świadomość można wytłumaczyć na kilka sposobów. Po pierwsze, dźwięk bębna może blokować zmysły, nie dopuszczając zewnętrznych bodźców, pomagać podróżującemu szamanowi skupić się na podróży i związanej z nią misji. Przypuszcza się, że monotonny rytm bębna rzeczywiście może na poziomie neurologicznym blokować mózg, odfiltrowując ze świadomości wiele bodźców zmysłowych, takich jak ból. W tym stanie umysł szamana jest wolny od zakłóceń i może bez przeszkód penetrować świat duchów. Pogląd ten potwierdzają także moje własne doświadczenia w pracy z ludźmi. Ci z moich klientów, którzy mają trudności z wyruszeniem w magiczną podróż i nie potrafią się oderwać od umysłu, mają też problemy z osiągnięciem stanu ASC. Ludzie ci często mówią: „Dźwięk bębna powinien być bardzo wysoki, żeby nie przeszkadzały mi myśli".

Inne wyjaśnienie związku dźwięku bębna z ASC proponuje Tart[7]. Twierdzi on, że bębnienie, i w ogóle każdy hałas, zmieniają zwykły stan świadomości po prostu przez zakłócenie zachodzących na bieżąco procesów psychicznych, które utrzymują nas w zwykłym stanie. Odpowiednio silne uderzenia w bęben mogą podziałać jak czynnik destabilizujący i dość łatwo i szybko zmienić stan świadomości. Można to porównać do nagłego przestrachu – wtedy też dochodzi do zmiany stanu świadomości.

Panuje wreszcie powszechne przekonanie, że dźwięk bębna zmienia wzorce fal mózgowych. Neher[8] sugeruje, że bębnienie z pewną częstotliwością może pobudzać fale *theta* w niektórych rejonach mózgu. Te same częstotliwości fal mózgowych kojarzy się z kreatywnością, twórczą wyobraźnią i niestandardowym rozwiązywaniem problemów.

MIEJSCE MOCY

Aby szaman mógł odbyć magiczną podróż do świata duchów, musi wyruszyć ze specjalnego miejsca – miejsca, z którego będzie mógł albo zanurzyć się w ziemię, albo wznieść ku niebiosom. W terminologii neoszamańskiej takie miejsce nazywamy miejscem mocy.

Miejsce mocy jest bramą łączącą zwykłą rzeczywistość z rzeczywistością niecodzienną. Może to być miejsce znane z dzieciństwa, młodości lub nawet poznane w wieku dorosłym. Najważniejsze, żeby nie było to miejsce wyobrażone ani takie, o którym tylko czytaliśmy lub które widzieliśmy w filmie. Musi to być rzeczywiste miejsce w zwykłej rzeczywistości, takie, z którym wiążą się jakieś nasze przeżycia. Na ogół miejsce mocy znajduje się gdzieś na łonie przyrody, gdzieś, gdzie czujemy się dobrze i swobodnie. Na myśl o nim przepełnia nas uczucie mocy, siły, radość i pewność siebie. Powinno to być miejsce, z którego łatwo można się przedostać zarówno do świata dolnego, jak i do górnego. Ludzie, z którymi się zetknęłam, praktykując szamanizm, najczęściej wybierali drzewa, morze, góry, jaskinie, czasami nawet otwory będące dziełem człowieka, na przykład szyby kopalniane lub studnie.

Miejsce mocy musi istnieć w rzeczywistości z dwóch powodów. Po pierwsze, musi się kojarzyć z osobistym poczuciem prawdziwej mocy i siły. Po drugie, wyprawiając się do świata duchów z miejsca, które istnieje w rzeczywistości, czynimy to przejście łatwiej zrozumiałym dla naszej psychiki i w pełni doświadczamy wyjścia z jednego rodzaju rzeczywistości i wkroczenia do innego.

PODRÓŻE PO DOLNYM ŚWIECIE

Większość ludzi Zachodu, dzięki popularnej książce *Alicja w Krainie Czarów*, ma jakieś pojęcie o podróżowaniu po dolnym świecie. Bohaterka przedostaje się do innego świata, wpadłszy przypadkiem do króliczej nory. Szaman lub inny podróżnik, aby przenieść się do dolnego świata, zwykle wizualizuje otwór w ziemi w miejscu mocy i zanurza się weń.

Otwory te mogą być różne, w zależności od kultury, a nawet od człowieka, który wyrusza w podróż. Na przykład dla szamanów Indian kalifornijskich wejściem do dolnego świata jest często gorące źródło lub pusty, wydrążony pień drzewa. Z wydrążonych pni korzystają także australijscy Aruntowie, natomiast Indianie Konibo przechodzą do dolnego świata po korzeniach drzew. Inne wejścia to nory królików, lisów lub węży, jaskinie, oczka wodne, studnie lub inne ukształtowane przez naturę otwory i szczeliny w powierzchni ziemi. Szamani niektórych plemion północnoamerykańskich sami wykopują dołki, aby ułatwić sobie zejście do dolnego świata.

Sereptie, szaman syberyjskich Nieńców (Samojedów), opowiada o tym, jak po raz pierwszy zstąpił do dolnego świata podczas inicjacji. Kiedy zrąbał drzewo, spomiędzy korzeni wyskoczył mężczyzna i poprosił go, by udał się za nim w głąb ziemi.

> Kiedy się rozejrzałem, zauważyłem dziurę w ziemi. Mój towarzysz zapytał: „Co to za dziura? Dowiedz się, czy twoim przeznaczeniem jest zrobić z tego drzewa bęben". Odparłem: „To przez ten otwór przychodzi do szamana duch jego głosu". Otwór robił się coraz większy. Zeszliśmy przezeń w dół i znaleźliśmy się nad rzeką o dwóch, płynących w przeciwnych kierunkach nurtach[9].

Ludzie odbywający magiczną podróż najpierw widzą samych siebie, jak przechodzą przez dziurę w ziemi. Potem zwykle znajdują się w czymś w rodzaju tunelu lub rury, które prowadzą w głąb. Choć tunel jest ciemny, podróżnik widzi przed sobą drogę. Z doświadczeń własnych i znanych mi osób wynika, że podróż w dół tunelu za każdym razem przebiega inaczej. Czasami tunel prowadzi wprost do krajobrazów podziemnego świata. Innym razem można natrafić na przejście po lewej lub prawej stronie, prowadzące do innego tunelu, który w końcu otwiera się na krajobraz. Krajobrazy dolnego świata bywają rozmaite i przypominają te, które widujemy w zwykłej rzeczywistości. Można się znaleźć w lesie, na dnie morza, na pustyni, w dżungli z wodospadami, górami, rzekami i jeziorami. W tym świecie człowiek nawiązuje kontakt z duchami natury – duchami zwierząt, roślin, ludzi, a nawet żywiołów, gwiazd, księżyca i słońca.

Szamańskie światy wyglądają różnie i zamieszkują je różne rodzaje duchów i przewodników, różne pełnią także funkcje. Szaman podróżuje do jednego z tych światów, zależnie od celu misji i intencji. Chociaż w dolnym świecie mogą go czekać różne wyzwania, duchy, jak wspomniałam w poprzednim rozdziale, mogą go poddawać próbom, może w nim również znaleźć uzdrowienie i moc. W dolnym świecie szaman spotyka się ze zwierzętami mocy i może otrzymać instrukcje dotyczące leczenia. Jest to zarazem miejsce, gdzie często odnajdują się zagubione dusze i szaman może je stamtąd wyprowadzić. Szaman i każdy inny człowiek wyrusza w magiczną podróż do dolnego świata po to, aby uzyskać moc i zdolność uzdrawiania, siebie samego albo innych.

Według mnie na jeden aspekt należy zwrócić szczególną uwagę. Po wielu latach doświadczeń szamańskich stwierdziłam, że wielu ludzi spotykających się z pojęciem dolnego świata po raz pierwszy kojarzy go z piekłem lub światem umarłych. W konsekwencji często obawiają się zstąpienia do niego. Pewna kobieta, z którą pracowałam, wyjątkowo wzbraniała się przed podróżą do dolnego świata, choć wyjaśniałam i zapewniałam, że to najzupełniej bezpieczne. Dopiero po kilku próbach zdołała w końcu zstąpić pod ziemię. Pewien mężczyzna z kolei widział pod stopami tunel, ale rozpaczliwie chwytał się korzeni drzewa rosnącego w miejscu mocy, żeby nie wpaść w otwór wiodący do dolnego świata. Potem wyjaśnił mi, że bał się, iż znajdzie się w krainie umarłych. Bardzo istotne jest, by rozumieć, że dolny świat, mimo skojarzeń z piekłem, jakie może budzić u ludzi Zachodu, nie jest miejscem ani niebezpiecznym, ani nawet strasznym. Wszyscy, z którymi zdarzyło mi się pracować, po powrocie z dolnego świata zawsze stwierdzali, że jest piękny i bezpieczny.

Podróże uzdrawiające

W podróż do dolnego świata wyrusza się po to, by znaleźć rozwiązanie konkretnego problemu życiowego. Może chodzić o dolegliwość duchową, emocjonalną lub fizyczną. Chociaż w niektórych przypadkach uzdrowicielska podróż może nie wystarczyć i szaman musi się uciec do innych technik, czasami już ona sama może przynieść potrzebną zmianę.

Kiedyś zwykle paliłam papierosy towarzysko, ale bywało, że służyły mi za wsparcie psychiczne. W ciężkich czasach odpalałam jednego od drugiego. Kiedy kłopoty mijały, wracałam do starych zwyczajów i znów paliłam tylko na spotkaniach towarzyskich. Pewnego dnia postanowiłam, że przestanę się wspomagać papierosami. Było to prawie dziesięć lat temu. Postanowiłam wybrać się w magiczną podróż i poprosić o radę, jak przestać podpierać się papierosami w stresujących sytuacjach. Oto co się wydarzyło:

> Mój duch opiekuńczy i ja udaliśmy się do dolnego świata. Szliśmy tą samą co zwykle drogą, ku plaży. Zazwyczaj właśnie tam odbywa się uzdrawianie. Stara kobieta, moja uzdrowicielka, czekała na mnie przy ogniu. Był tam również drugi z moich duchów uzdrowicieli, młody mężczyzna. Ponieważ stosunkowo niedawno zaczęłam się uczyć szamanizmu, nie byłam pewna, czy to miejsce nie jest tylko wytworem mojej wyobraźni. Ilekroć wyruszałam w podróż po uzdrowienie, zawsze lądowałam na tej samej plaży. Zapytałam uzdrowicielkę, dlaczego tak jest. Spojrzała na mnie smutnym wzrokiem i zapytała: „Ile szpitali jest w twoim mieście, dziecko?". Spokorniałam i ze łzami w oczach poprosiłam, by wybaczyła mi brak zaufania. Uzdrawianie było dość brutalne. Kiedy patrzyłam w ogień, moja uzdrowicielka usiadła za mną i bardzo ostrym nożem rozcięła mi plecy wzdłuż kręgosłupa. Ostrożnie odsunęła skórę i mięśnie, odsłaniając płuca. Widziałam je, były pokryte grudkami jakby skrzepłej krwi. Uzdrowicielka zaczęła je czyścić. Kiedy skończyła usuwać skrzepy,

zabrała się za puszek, który ukazał się pod spodem. Młody uzdrowiciel położył ręce nad moimi płucami. Z jego dłoni do moich płuc zaczęła przepływać kolorowa energia. Moje ciało trzęsło się i mrowiało. Potem stara kobieta pozamykała rany. Otoczył mnie kokon białego światła. Uzdrowiciele tchnęli we mnie swój oddech przez czubek głowy. Płakałam, aż nadszedł czas, by wracać.

Chociaż paliłam wiele lat, natychmiast po tej podróży zerwałam z nałogiem. Od tamtej pory nie wzięłam papierosa do ust. Muszę jednak zaznaczyć, że uzdrowienia w dolnym świecie mogą wyglądać inaczej, niż opisałam. Niektórzy doświadczają kawałkowania ciała, są paleni lub gotowani, wymienia im się narządy wewnętrzne. Inni po prostu mają wizje, otrzymują wskazówki lub przeżywają jeszcze coś innego – na przykład pewien człowiek, z którym kiedyś pracowałam podczas podróży uzdrowicielskiej, widział migawki fotografii i scen z dzieciństwa. Forma leczenia może być zatem różna, w zależności od osoby i konkretnego problemu.

Czasami, zwłaszcza kiedy trzeba się uporać ze szczególnie trudnym problemem lub przewlekłą chorobą, szaman wybiera się w podróż uzdrowicielską w imieniu osoby potrzebującej pomocy. Przez dwadzieścia lat cierpiałam na nawracające zapalenia płuc i opłucnej. Sześć lat temu zapisałam się na kurs szamanizmu. Nauczyciel, który go prowadził, pod koniec zwykle uzdrawiał. W tym czasie chorowałam dość poważnie. Duchy nauczyciela kazały mu mnie uzdrowić. Obrzęd został odprawiony pod koniec kursu i brali w nim udział wszyscy uczestnicy. Przed ceremonią każdy z uczestników, łącznie ze mną, odbył podróż magiczną, by poprosić o szczegółowe instrukcje, jak się przygotować i ubrać. Podczas obrzędu musiałam leżeć na podłodze, podczas gdy reszta uczestników stała wokół mnie w kręgu. Nauczyciel energicznym grzechotaniem zamknął krąg, po czym zaczął grzechotać nade mną. Reszta grupy także grzechotała i bębniła. Kiedy już nie miał siły grzechotać, położył się obok mnie i wyruszył do świata duchów. Zamierzał poprosić, by mnie uzdrowiły. Reszta grupy nadal stała w kręgu. Wszyscy mieli zamknięte oczy i kontaktowali się z własnymi duchami pomocniczymi. Dowiadywali się, jak mogą mi pomóc powrócić do zdrowia. Oto jak wyglądała podróż mojego nauczyciela:

> Zszedł do dolnego świata i znalazł się na pustyni. Spotkał tam swoich uzdrowicieli i nauczycieli. Widział, jak leżę na ziemi. Jego uzdrowiciele kazali mu usiąść obok i obserwować, jak stado dzikich psów rozszarpuje i zjada moje ciało. Psy pożarły najpierw moje narządy wewnętrzne, począwszy od płuc, po czym objadły mięso z kości. Nauczyciel cały czas musiał siedzieć spokojnie i patrzeć. Wreszcie psy pożarły moje ciało. Został tylko szkielet. Wówczas pozwolono mu do mnie podejść. Obok mnie zobaczył białego ptaka. Duchy poleciły mu włożyć go do mojej klatki piersiowej. Moje ciało odrosło i znów byłam taka jak dawniej. Wtedy poszliśmy na plażę i weszłam do morza. Pływałam i przyłączyło się do mnie stadko morświnów. Duchy powiedziały memu nauczycielowi, że od morświnów powinnam się uczyć, jak żyć. Morświny pływają, odpoczywają i żywią się rybami – i ja także miałam dużo pływać, wypoczywać, dbać o siebie i zacząć jeść ryby.

Od tej podróży minęło sześć lat. Od tamtej pory nigdy nie zachorowałam na płuca.

DUCH OPIEKUŃCZY

Pierwszą podróżą neoszamańską jest podróż do dolnego świata w poszukiwaniu ducha opiekuńczego. Aby się zapuścić w nieznaną krainę duchów, szaman potrzebuje przewodnika. Funkcję tę pełni zwykle duch zwierzęcia lub jakiegoś innego wytworu natury, na przykład słońca, drzewa lub kwiatu. Wprawdzie najczęściej duch opiekuńczy objawia się pod postacią zwierzęcia, ale udokumentowano także ciekawe przypadki szamanów, których duchy opiekuńcze przybierają formy bardziej abstrakcyjne. Don Handelman[10] wspomina o Henrym Rupercie, szamanie północnoamerykańskiego plemienia Washo, którego duchem opiekunem był duch wody. Uzdrawiając, zwykle otrzymywał przekazy i miewał wizje związane w jakiś sposób z wodą lub jej brakiem. Czerpał z nich informacje o stanie zdrowia osoby, którą miał leczyć.

Czasami duch opiekuńczy lub duch sprzymierzeniec może nawet przejść metamorfozę i objawić się w postaci istoty ludzkiej. Niektórzy szamani mieli za duchy opiekuńcze ludzi, którzy żyli w tym czasie na ziemi. Jednym z takich przypadków była „chirurg psychiki" Dona Pachita. Jej duchem opiekunem był ostatni wielki władca Azteków Cuauhtemoc (mówiła o nim „brat Cuauhtemoc"). Wstępował w ciało Dony Pachity, kiedy odprawiała swoje niezwykłe, mające wielką moc rytuały uzdrawiania[11].

Jonathan Horwitz, od którego uczyłam się neoszamanizmu, nazywa ducha przewodnika duchem opiekuńczym. Wielu innych ludzi praktykujących szamanizm określa go mianem zwierzęcia mocy. Plemiona Ameryki Północnej w zasadzie używają tych terminów zamiennie. W literaturze antropologicznej spotykamy też inne nazwy duchów opiekuńczych. Antropolodzy badający plemiona syberyjskie mówili o duchu strażniku, natomiast w piśmiennictwie dotyczącym plemion australijskich spotykamy termin „totem pomocniczy". Duch opiekuńczy bywa też nazywany znajomym lub towarzyszem. W praktykach neoszamańskich duch strażnik czy duch opiekuńczy pełni jednak nieco inną funkcję niż zwierzę mocy. Pojęcie zwierzęcia mocy szerzej omawiam w rozdziale piątym.

Dość zawiła jest odpowiedź na pytanie, kiedy duch zaczyna się nami opiekować. Podczas pierwszej podróży, mającej na celu spotkanie z nim, ludzie otrzymują na to pytanie rozmaite odpowiedzi. Czasami duch opiekuńczy wyjaśnia, że towarzyszy danej osobie od chwili narodzin, innym razem przypomina człowiekowi o traumatycznych lub trudnych przeżyciach z przeszłości i tłumaczy, że pomagał mu w tamtym konkretnym okresie. Przedstawiciele kultur szamańskich z całej kuli ziemskiej wierzą, że czy jesteśmy tego świadomi, czy nie, wszyscy mamy ducha opiekuńczego, który towarzyszy nam od wczesnego dzieciństwa. Indianie Jivaro na przykład wierzą, że bez asysty tych duchów dzieci nie dożyłyby dorosłości. Na pierwszy rzut oka te koncepcje mogą się nam wydawać obce, lecz idea posiadania ducha opiekuńczego nie jest wcale tak osobliwa, jak może się wydawać. Wielu współczesnych ludzi Zachodu wierzy, że ma swojego anioła stróża lub że jakaś moc albo boska istota opiekuje się nimi z góry.

Dla szamana jednak duch opiekuńczy jest czymś więcej niż mocą, która chroni. U północnoamerykańskich Saliszów w tajniki rzemiosła wprowadza szamana duch zwierzęcia, który później staje się jego duchem opiekuńczym. W czasie inicjacji kandydat musi przejść przez wiele rytuałów oczyszczenia i odosobnienia, dopóki zwierzę, które ma zostać jego duchem opiekuńczym, nie ukaże mu się we śnie, obiecując pomoc. Mówi się, że kiedy zwierzę inicjuje szamana, uczy go swojego języka i daje mu w darze pieśń, którą szaman ma zachować w tajemnicy. Kultury szamańskie Ameryki Południowej wierzą, że dusza szamana może się przemienić w zwierzę lub ptaka. Pozwala to szamanowi zachować łączność z przyrodą i potęguje jego moc.

Plemię Kalinia, żyjące w Wenezueli nad rzeką Orinoko, wierzy, że wszystkie ludzkie dusze mają aspekt animistyczny. Nazywa go sobowtórem lub przyjacielem. Zwierzęca dusza każdego człowieka cały czas utrzymuje kontakt ze swoją zwierzęcą rodziną (to znaczy z innymi przedstawicielami tego samego gatunku lub rodzaju), dopóki rezyduje w człowieku. Dzięki temu każdy człowiek poza ludzką rodziną ma także niewidzialnych krewnych wśród zwierząt. Ta zwierzęca rodzina to potężny duch natury, który człowieka strzeże i chroni[12].

Żaden szaman nie może pełnić swojej funkcji bez ducha opiekuńczego. Podobnie żaden współczesny przedstawiciel neoszamanizmu nie wyruszy bez niego w magiczną podróż. W każdej takiej podróży duch opiekuńczy odgrywa wiele niezwykle ważnych ról. Dobrze zna świat duchów, dzięki czemu jest godnym zaufania przewodnikiem. Towarzyszy szamanowi lub podróżnikowi i chroni ich podczas ekspedycji do świata duchów, pomaga znaleźć przejścia do niego, pilnuje, żeby nie zgubili drogi i pod koniec podróży wrócili do miejsca mocy. Użyłam tu słowa „chroni", które mogłoby sugerować, że przestrzeń duchowa jest miejscem niebezpiecznym. Ale ten rodzaj ochrony, o którym tu mówię, to nie ochrona przed krzywdą lub złośliwymi istotami, które mogą się czaić w świecie duchów. Ochrona ta to raczej pomoc przewodnika: duch opiekuńczy prowadzi podróżnika do właściwych miejsc, dzięki czemu możliwe jest wypełnienie misji.

Duch opiekuńczy chroni także wędrowca w drodze powrotnej z krainy duchów do rzeczywistości, zwłaszcza jeśli doświadczenie niecodziennej rzeczywistości jest tak oszałamiająco cudowne, że wraca on niechętnie. Zdarza się, kiedy zajdzie taka potrzeba, że duch opiekuńczy przyjmuje rolę duchowego nauczyciela. Wreszcie, niezależnie od funkcji, jaką może pełnić duch opiekuńczy, zawsze odgrywa kluczową rolę podczas uzdrawiania. Z moich doświadczeń wynika, że więź, jaka tworzy się między człowiekiem a jego duchem opiekuńczym, sama w sobie może mieć ogromną moc uzdrawiającą.

Chociaż, jak wcześniej wspomniałam, duch opiekuńczy może się objawiać pod wieloma postaciami, jeżeli przybiera postać zwierzęcia jest to zawsze zwierzę dzikie, nieudomowione. Społeczeństwa szamańskie uważają, że zwierzęta udomowione utraciły moc, nie mogą zatem być zwierzętami mocy ani duchami opiekuńczymi. Z drugiej strony trudno mi uwierzyć, że jedne zwierzęta mogą być potężniejsze niż inne. Symboliczna reprezentacja ducha opiekuńczego jest u każdego człowieka inna, a moc ducha opiekuńczego nie zależy od rozmiarów ani gatunku zwierzęcia, na przykład duch opiekuńczy w postaci lwa nie musi być wcale potężniejszy niż ten ukazujący się pod postacią myszy. To same duchy decydują, pod jaką postacią nam się ukazać. Jestem przekonana, że duch opiekuńczy przybiera postać zwierzęcia, którego esencja i siła duchowa jest w jakiś sposób związana z daną osobą na głębszym poziomie jej bytu.

Ciekawe było moje własne spotkanie z duchem opiekuńczym. W roku 1987 uczęszczałam na kurs hipnozy. Przeszłam przez bardzo dramatyczny seans, podczas którego przeniosłam się do czasów dzieciństwa. Pod koniec zapytano mnie: „Gdybyś mogła wybrać zwierzę, które będzie ci pomagało i wspierało w chwilach słabości, co by to było?". I chociaż nigdy nie czułam ani specjalnej sympatii do słoni, ani jakiegoś szczególnego związku z nimi, to właśnie obraz słonia natychmiast pojawił się w mojej głowie. Dokładnie dziesięć lat później, podczas pierwszych warsztatów szamańskich, kiedy tańczyłam z grzechotką, to właśnie słoń przyłączył się do mnie w tańcu. Później, na tych samych warsztatach, kiedy odbywałam pierwszą podróż, aby odnaleźć swojego ducha opiekuńczego, spotkałam tego samego słonia, który wtedy ze mną tańczył. Przedstawił się i opowiedział o czymś, co się wydarzyło, kiedy byłam niemowlęciem. Moje życie było zagrożone i wtedy po raz pierwszy pojawił się w moim życiu, by zostać moim duchem opiekuńczym. Wiele podobnych historii słyszałam od ludzi, z którymi przez lata pracowałam jako doradca szamański. Okazuje się, że wcale nie jest rzadkością, że duch opiekuńczy pytany, jak długo jest z nami, wspomina o punktach zwrotnych lub nawet sytuacjach zagrożenia życia. Ludzie wzruszają się i reagują bardzo emocjonalnie, kiedy dowiadują się o swoich pierwszych spotkaniach z duchami opiekuńczymi.

Bywa jednak i tak, że pierwsze spotkanie z duchem opiekuńczym budzi w ludziach zaskoczenie, a nawet rozczarowanie. Czasem są zaskoczeni, że ich duch opiekuńczy nie objawił się pod postacią ich ulubionego zwierzęcia ani choćby takiego, z którym czują się najbardziej związani. Jeżeli zaś duch opiekun objawi się pod postacią ulubionego zwierzęcia, niektórzy są zawiedzeni, sądząc, że podróż się nie udała, że po prostu wyobrazili sobie to zwierzę. Bywa i tak, że duch opiekuńczy okazuje się zwierzęciem, którego człowiek nie lubi lub którego się boi. Niektórzy twierdzą nawet, że dane zwierzę nie nadaje się na ich ducha opiekuńczego.

Kolejne magiczne podróże i pogłębianie więzi z duchem opiekuńczym sprawiają, że te początkowo mieszane uczucia wkrótce ustępują innym. Kluczem do sukcesu szamana jest nawiązanie głębokiej, solidnej relacji z duchem opiekuńczym. Szaman nie może istnieć bez duchów, a duch opiekuńczy jest pierwszym, najważniejszym mentorem i przewodnikiem, który pomaga mu przemierzać niecodzienną rzeczywistość.

PODRÓŻE DO GÓRNEGO ŚWIATA

Szaman nurkuje w głąb ziemi, by dotrzeć do dolnego świata, i unosi się ku niebiosom, by wejść do świata górnego. Koncepcja okienka lub otworu w sklepieniu niebieskim, który ma prowadzić do górnego świata, jest motywem często pojawiającym się w mitach i opowieściach wielu społeczeństw szamańskich. Jakuci wierzą, że gwiazdy na nocnym niebie są dziurami w „wielkim namiocie" nieba, a Droga Mleczna stanowi centralny „szew" tego namiotu. Amazońskie plemię Warao wierzy, że Gwiazda Poranna jest bramą do górnego świata. Samych otworów nie można zobaczyć gołym okiem, ale szaman lub podróżnik, wspomagany przez ducha opiekuńczego i będąc w stanie zmienionej świadomości, może je dostrzec i przejść przez nie.

Szaman może rozpocząć podróż w górę, wspinając się po drabinie, po linie, po drzewie, zboczu góry lub tęczy. Może też unieść się z porywem wiatru, jak Dorota, bohaterka *Czarownika z Krainy Oz* – opowieści, którą bez trudu da się zinterpretować jako podróż do górnego świata. Wszystkie te obrazy symbolizują oś świata (*axis mundi*), o której wspomina Eliade. Czasami szaman podróżuje do górnego świata, przemieniając się w ptaka i ulatując ku niebu.

U rdzennych ludów australijskich szaman wspina się po linie lub powrozie, który prowadzi go do nieba. Mit stworzenia świata plemienia Warao mówi o *Bahanarotu* („szamanie światła"), który w wieku zaledwie czterech lat dotarł do siedziby dymu w górnym świecie. Aby móc wzlecieć ku niebu, poprosił ojca, by zapalił ogień pod hamakiem, po czym (po pięciu dniach ścisłego postu) wzniósł się do górnych sfer, unoszony dymem i gorącymi oparami ognia[13].

Do świata dolnego wchodzi się przez otwór na końcu podziemnego tunelu, w drodze zaś do świata górnego szaman przechodzi przez otwór w sklepieniu niebieskim, przez ścianę lub bramę. Zawsze jest to coś w rodzaju symbolicznej bramy, która wprowadza podróżującego w magiczne rejony górnego świata. Może to być przejście przez gwiazdę, zasłonę chmur, drogę lub podniebny tunel. Jedna ze znanych mi osób używała wysokiej, sięgającej nieba drabiny, która stopniowo zamieniała się w spiralę i w końcu tworzyła coś w rodzaju rury, z której wychodziło się w podniebne rejony. Ktoś inny dostał się do górnego świata, przechodząc przez ciemny tunel, na którego końcu widać było światło. Tunel wydawał się nie mieć końca, oświetlały go małe, świecące nikłym światłem lampki, ale kiedy ów człowiek dotarł wreszcie do wylotu, ogarnęło go jasne światło, a przed nim stał nauczyciel.

Podróżując do górnego świata, poszukujemy informacji, wiedzy i mądrości, możemy szukać rozwiązania problemu psychologicznego, duchowego lub fizycznego. Wszystko to otrzymujemy od duchów. Górny świat jest również dziedziną mocy twórczej, inspiracji i ideałów. Różni się zasadniczo od światów dolnego i środkowego. Tutaj szaman spotyka się ze swoimi przewodnikami i nauczycielami, którzy objawiają się jako przywódcy religijni, postaci historyczne lub starożytni bohaterowie. Szaman pobiera nauki także od obłoków, gwiazd, księżyca, słońca, a także od rozmaitych fantastycznych i mitycznych zwierząt.

Podobnie jak świat dolny, świat górny jest wielopoziomowy, a szaman może się przemieszczać pomiędzy poziomami zgodnie ze swoją wolą. Czasami pomagają mu specjalni pomocnicy duchowi. Ażeby spotkać się w górnym świecie z pewnym moim duchem-nauczycielem, który doradza mi w kwestiach związanych z psychologią, muszę przejść na wyższy poziom. Dokonuję tego na grzbiecie Pegaza, który zawsze czeka na mnie w tym samym miejscu. Tam z kolei dostaję się na grzbiecie mojego ducha opiekuńczego.

Krajobrazy górnego świata nie przypominają naturalnej ziemskiej scenerii, są bardziej niebiańskie. Dominują barwy pastelowe, można się natknąć na zamki, pałace i ogrody. Jakuci wierzą, że górny świat ma swoje osobne słońce i księżyc, domy są tam zbudowane z żelaza, a duchy mają głowy kruków i ludzkie ciała. Dotarłszy do górnego świata, szaman ludu Warao, *Bahanarotu*, ujrzał most z lin skręconych z dymu i całe łany kołyszącego się na lekkim wietrze kwitnącego tytoniu w kolorze tęczy. Tamtędy dotarł do domu skonstruowanego z dymu.

Podróże do górnego świata współczesnych praktyków neoszamanizmu są równie urozmaicone i pełne niespodzianek. Nie ma jednej, stałej formuły takiej podróży. Oto opis podróży pewnej dwudziestoczteroletniej kobiety o imieniu Dian, która potrzebowała nauk i informacji:

Wyruszyłam w podróż, by zapytać duchy opiekuńcze z górnego świata, co powstrzymuje mnie przed mówieniem prawdy o sobie i jak mogę to zmienić. Jestem w miejscu mocy. Mój duch opiekuńczy – Tiki, przyłącza się do mnie. Pozdrawiamy się i wzbijamy do lotu. Trzymam go za rękę i wystrzelamy w niebo. Widzę gwiazdę. Tiki wskazuje ją palcem i nagle puszcza moją dłoń. Stoimy teraz na czarnym kamieniu, który unosi się na czekoladowych wodach rzeki. Widzę ubranego na czarno mężczyznę. „Witaj", mówię do niego. Ściskamy sobie dłonie, pomaga mi zejść z czarnego kamienia. Stoję przed nim na trawie. „Kim jesteś? Czy jesteś tu, by mi pomóc?". Chwyta mnie za kołnierz i mówi: „Chodź". Ruszamy. „Pokażę ci drogę". Mówi, że ma na imię Tom. Wskazuje na niebo, które całe płonie. „Dokąd mnie zabierasz?", pytam. „Pomożemy ci znaleźć drogę. Zabieram cię gdzieś. Bądź cierpliwa i chodź za mną". Dochodzimy do szerokiej brukowanej drogi. Na jej końcu widać bramę. Tom każe mi do niej podejść. Stoję przy bramie. Pojawia się kobieta-anioł. Jest ubrana w złotą szatę i mówi, że nazywa się Sarah. Trzyma w dłoni magiczną różdżkę i odlatujemy razem. Docieramy do urwiska i stajemy na samym jego skraju, jakbyśmy miały zaraz spaść. Patrzymy w dal. Widzę miasto, szare, osnute mgłą. Ledwo je widzimy. „Gdzie jesteśmy?" pytam. „Patrzysz w przyszłość. Chodź ze mną". Lecimy przez chmury i w końcu lądujemy na lodowcu. Jest bardzo zimno, siedzę na lodowcu z nogami w wodzie. Marznę. Tiki ujmuje mnie za rękę i wzbijamy się do lotu, Sarah magiczną różdżką wskazuje nam drogę. W końcu dolatujemy do mego nauczyciela. Stoimy w jakimś nieznanym mi miejscu, patrzymy na świat. Otacza nas ciemność i gwiazdy. „Jestem tu, by prosić cię o pomoc...". „Wiem. Podejdź i usiądź". Siadam obok niego, spoglądam na świat. „Potrzebuję pomocy. Chcę wiedzieć, jak mam wyrażać prawdę o sobie i lepiej porozumiewać się z ludźmi". Nauczyciel wskazuje na gwiazdy. „Widzisz?". Siedzimy teraz w kinie, oglądamy *Czarnoksiężnika z Krainy Oz*. „Wszystko zaczęło się, kiedy byłaś dzieckiem. Musisz się temu przyjrzeć i dobrze wszystko zrozumieć". Film zatrzymuje się, w kinie robi się ciemno. „Musisz się temu przyjrzeć i zrozumieć, że wszystko jest jak w filmie". Mam w głowie zamęt. Nie wiem, o co chodzi. W tle film rusza dalej. „Musisz zobaczyć". Pokazuje mi Czarnoksiężnika z Krainy Oz. „Musisz zobaczyć i zrozumieć". Bierze na ręce pieska Toto i głaszcze go. „Musisz zobaczyć i zrozumieć, że jesteś ważna i że o ciebie chodzi. Musisz zobaczyć i poczuć, musisz poczuć miłość i szczęście". Na ekranie widać Judy Garland na żółtej kamiennej drodze. Mój nauczyciel wciąż głaszcze psa. „Czy ten film ma dla mnie jakieś znaczenie?", pytam.

„Tak, o, tak. Musisz zrozumieć, że prawda jest w tobie i że musisz iść tą żółtą kamienną drogą. Rozejrzyj się". Teraz i my jesteśmy na żółtej kamiennej drodze. Ja jestem ubrana tak samo jak Dorota. Wokół nas pełno kwiatów. Patrzę na nauczyciela. Wygląda teraz jak mój wujek, który umarł piętnaście lat temu. Wujek mówi: „Pomóż ojcu, twój ojciec potrzebuje pomocy. Chce coś powiedzieć, ale nie może. Odejdź, musisz mu pomóc. Porozmawiaj z nim, możesz mu pomóc. Nie możesz pozwolić, żeby to się z nim działo, musisz z nim porozmawiać. Nie powinien żyć tak, jak żyje". Teraz jesteśmy w jaskini, jest jasno, wujek ma ze sobą mapę. Wygląda jak profesor, pisze na tablicy: POROZMAWIAJ Z NIM. „Teraz idź", mówi. „Jesteś wolna". Wracam z Tikim i trafiamy do miejsca mocy, tam, gdzie mieszkałam, kiedy studiowałam na uniwersytecie. Trwa impreza, przyjęcie. Wujek pojawia się znowu. „Trzeba przerwać tę zabawę, a ty naucz się skupiać na tym, co ważne. To wszystko stanie się kiedyś, kiedy jego już nie będzie. Musisz z nim porozmawiać. A ja muszę już iść". Tiki pyta: „Czy zrozumiałaś, co się stało? Rusz głową, otwórz się, mów, co czujesz, mów swoją prawdę i nie pozwól, żeby cię ktokolwiek zastraszył". Schodzimy w dół, po schodach, potem idziemy ulicą. Stoi tam stary powóz z woźnicą. Okrąża nas, po czym odjeżdża w dal. Żegnam się z Tikim i on też odchodzi. Wracam z podróży. Jej najważniejszy przekaz jest taki, że mam się nie bać, otworzyć się i szczerze rozmawiać z tymi, z którymi powinnam rozmawiać.

Ta relacja jest przykładem, jak wielką moc transformacyjną i jak wielki wpływ na życie człowieka może mieć pojedyncza wyprawa do górnego świata. Kiedy zapytałam Dian, jak ta podróż wpłynęła na jej życie, napisała:

Była to moja trzecia i najbardziej dramatyczna ze wszystkich podróży. Dzięki dwóm pierwszym zrozumiałam, że mam problem z porozumiewaniem się z ludźmi. Trudno mi było w to uwierzyć, ponieważ studiowałam komunikację społeczną i wiązałam z tym przyszłość. Byłam przekonana, że jestem w tym świetna. Ale w głębi duszy wiedziałam, że nie potrafię wyrażać prawdziwych myśli i uczuć. Podróż dosłownie otworzyła mi oczy. Byłam wstrząśnięta, kiedy zobaczyłam, z iloma problemami życiowymi powinnam się była zmierzyć, i nie robiłam tego, bo nie umiałam mówić o swoich prawdziwych uczuciach. Szczególnie znaczące było dla mnie spotkanie z wujkiem, który zmarł, kiedy byłam mała. Chociaż nie znałam go dobrze, jego śmierć bardzo odbiła się na moim życiu. Dla mnie było to pierwsze doświadczenie śmierci w rodzinie. Wujek polecił mi porozmawiać z ojcem, co mnie wtedy zaskoczyło, ponieważ wydawało mi się, że z ojcem wszystko jest w najlepszym porządku. Dopiero później dowiedziałam się, że kiedy odbywałam tę podróż, zaczynał się w jego życiu trudny okres, może nawet groziła mu śmierć. Inną ważną sceną, która miała na mnie wielki wpływ, była ta z czasów studenckich, kiedy wiodłam beztroskie życie. Zdałam sobie sprawę, że w głębi serca chciałabym wrócić do tych czasów i że tak naprawdę wcale nie chciałam dorosnąć. Podróż pokazała mi, że czas się zmienić i wziąć odpowiedzialność za swoje życie. Ujawniło się ogromnie dużo emocji, które tłumiłam przez wiele lat. Od tamtej pory swobodniej wyrażam siebie, nie wstydzę się przyznawać do swoich uczuć. Chociaż wtedy było mi bardzo trudno zrozumieć znaczenie tego, czego się dowiedziałam, z biegiem czasu pojęłam, o co chodziło. Muszę przyznać, że zdarzają się chwile, kiedy tłumię prawdziwe myśli i emocje, ale codziennie uczę się je wyrażać. Wprowadzam zmiany, dzięki którym moje życie stopniowo staje się pełniejsze.

PODRÓŻE DO ŚWIATA ŚRODKOWEGO

Przemierzany przez szamana świat środkowy jest w istocie naszym własnym, dobrze znanym światem, tyle że postrzeganym przez szamana w zmienionym stanie świadomości. Podróże do środkowego świata odbywa się po to, by rozwiązać ziemskie problemy, a także uzyskać pomoc i praktyczne porady. W kulturach szamańskich celem podróży do tej sfery jest zwykle zebranie informacji na temat pogody, polowania, połowu ryb lub możliwych konfliktów z sąsiednimi plemionami. Szaman wyprawia się w podróż do środkowego świata i pokonuje ogromne odległości, aby zlokalizować wędrujące stada zwierząt, sprawdzić warunki atmosferyczne lub dowiedzieć się, jakie niebezpieczeństwa grożą plemieniu ze strony sąsiednich ludów lub żywiołów. Podróże po środkowym świecie bardzo często odbywają ludy zamieszkujące Syberię i Amerykę Północną, zapewne z powodu niedostatku pożywienia w tych regionach[14].

Żyjąc w świecie Zachodu, nie musimy śledzić wędrówek stad bawołów. Mamy jednak całe mnóstwo innych przyziemnych, praktycznych problemów, a ich rozwiązanie najłatwiej znaleźć podczas podróży do środkowego świata. Miewamy problemy z szefami i kolegami z pracy, kłócimy się z innymi ludźmi, wchodzimy w konflikty z przyjaciółmi i członkami rodziny. Powinniśmy zdać sobie sprawę, że nasze ziemskie problemy tak naprawdę nie są ważne, to po prostu kłopoty związane ze zwykłym, codziennym życiem.

Jedna z kobiet, z którymi pracowałam, właśnie się rozwodziła. Sprawa była bardzo przykra. Wraz z mężem sprzedali dom, ale on odkładał podpisanie dokumentów, przez co ona nie mogła otrzymać pieniędzy ze sprzedaży swojej części. W międzyczasie zdążyła już kupić nowy dom i spłacała wysokie raty kredytu. Była zdecydowana „wydrzeć" mu pieniądze, ale mąż uporczywie odmawiał złożenia podpisu. Sytuacja była patowa i nie mogła sobie z nią poradzić. Udała się wówczas w podróż do środkowego świata i porozmawiała z duszą męża. Po powrocie powiedziała mi, że podczas tej magicznej podróży rozmawiali o wszystkim, czego sobie nie powiedzieli, i że wreszcie poczuła się pogodzona z sytuacją. Następnego dnia dostała od męża e-mail, w którym poinformował ją, iż podpisał dokumenty i odesłał je do prawnika.

Podróże do środkowego świata sprawdzają się wtedy, kiedy pragniemy spojrzeć z dystansu i zrozumieć swoje życie lub jakiś aspekt rzeczywistości. Umożliwiają one wnikliwe przyjrzenie się życiu, sobie i innym. Można powiedzieć, że podczas podróży do środkowego świata dystansujemy się od codzienności i spoglądamy na nią z punktu widzenia zmienionej świadomości, z zupełnie innej perspektywy. Dzięki temu oglądamy sytuację oczami duszy, bez zakłóceń wywoływanych przez ego i umysł. Potrafimy zobaczyć prawdę bez oceniania i wydawania wyroków.

Trzeba sobie jednak uświadomić, że podróże do środkowego świata nie są doświadczeniami wychodzenia z ciała. Jak już wspomniałam, jednym z kluczowych aspektów podróży szamańskiej jest akt woli. Wyjścia z ciała, chociaż czasem przypomina podróż do środkowego świata, nie doświadczamy na własne życzenie.

Spotkanie z duszą kogoś, kto żyje

Jedną z najdziwniejszych rzeczy, jakie mogą nas spotkać podczas podróży do środkowego świata jest spotkanie z duszą kogoś, kto wciąż żyje. Taka podróż ma na celu uzdrowienie relacji z ważną dla nas osobą, z którą jesteśmy skłóceni. Celem jest porozumienie na poziomie dusz i wysłuchanie się nawzajem.

Bardzo ważne jest wówczas, żeby nie walczyć, nie dążyć do kłótni i nie zmuszać drugiej osoby do przyjęcia naszego punktu widzenia. Rzecz polega raczej na tym, aby dojść do porozumienia, w którym nie będzie przeszkadzał umysł ani emocje. Możemy poprosić ducha-nauczyciela o wsparcie lub interwencję, jeśli to będzie konieczne. Taka podróż jest źródłem wielkiej mocy. W ciągu wielu lat pracy szamańskiej raz po raz się przykonywałam, że jest bardzo skuteczna i owocna.

Przychodzi mi do głowy przypadek pewnej Argentynki, która zapisała się na mój kurs szamanizmu dla początkujących. Kobieta ta podróżowała bardzo sprawnie i wydawała się być w dobrym kontakcie ze swoimi duchowymi nauczycielami-przewodnikami. Z łatwością wchodziła w odmienny stan świadomości i świetnie porozumiewała się z duchami. Pod koniec kursu podeszła do mnie i zwierzyła się z problemu z córką, który bardzo ją dręczył. Powiedziała, że pół roku wcześniej jej córka wyprowadziła się z domu rodzinnego i zerwała kontakt ze wszystkimi członkami rodziny. Wiedzieli, że jest w kraju, ale nie wiedzieli dokładnie gdzie.

Wiedząc, że z łatwością odbywa magiczne podróże i nawiązała więź ze swoimi duchami-nauczycielami, zapytałam, czy czuje się gotowa wyruszyć do środkowego świata i spotkać się z duszą córki. Z radością postanowiła to uczynić. Jej podróż okazała się prawdziwym objawieniem. Po powrocie powiedziała mi: „Boże, ja zupełnie nie znałam swojej córki!". Dopiero wtedy zrozumiała, jak rzadko jej słuchała. Dopiero podczas tej magicznej podróży poczuła, że rozumie, na czym polega jej związek z córką i konflikt, jaki między nimi narósł. Dzień po zakończeniu kursu zadzwoniła do mnie. Płacząc z radości, powiedziała mi, że jeszcze tej samej nocy jej córka niespodziewanie zadzwoniła do niej i umówiły się na spotkanie.

Chociaż komunikacja podczas takiej podróży odbywa się na poziomie dusz, jest bardzo ważne, żeby zostawić za sobą gniew, pragnienie odwetu lub obwiniania drugiej osoby. Jeśli wyruszymy w podróż z takim obciążeniem, nie dojdziemy do porozumienia z drugą osobą i nie osiągniemy upragnionych rezultatów.

Inną ważną sprawą dotyczącą tego rodzaju podróży jest to, że jej skutki mogą być rozmaite. Niekoniecznie ktoś zadzwoni, nie zawsze da się odbudować związek. Jeśli jednak dołożymy wszelkich starań, żeby wyruszyć w podróż bez z góry powziętych założeń, powinniśmy znaleźć satysfakcjonujące nas rozwiązanie.

Sama kilka lat temu przeżyłam bolesne zerwanie przyjaźni. Wyruszyłam w podróż do środkowego świata, aby porozmawiać z duszą dawnej przyjaciółki. Chociaż ani nie zadzwoniła do mnie później, ani nie napisała, coś we mnie się zmieniło. Kiedy o niej myślałam, już nie było mi smutno, nie miałam w głowie zamętu, nie czułam intensywnych emocji. Spokojnie patrzyłam na nią i na łączące nas relacje. Wcześniej, kiedy tylko o niej pomyślałam, miałam głębokie poczucie straty i krzywdy, czułam ból. Po podróży te uczucia przestały mną targać. Kiedy o niej myślałam, przepełniały mnie spokój i miłość.

Gdy podróżujemy do środkowego świata, by się z kimś spotkać i porozmawiać, wchodzimy w kontakt z jego duszą lub duchowym aspektem. Osoba ta nie musi być świadoma, co zaszło podczas podróży. Często nawet nie wie, że taka podróż miała miejsce. Ale jeśli jej dusza chce wejść z nami w kontakt, zmiany w łączącej nas relacji zachodzą jakby w cudowny sposób.

Podróż oglądana oczami ducha opiekuńczego

Podróżować do świata środkowego możemy również po to, by, przyjrzeć się swojemu życiu oczami ducha opiekuńczego. Bywa, że jakiś ważny problem nadmiernie nas absorbuje, jesteśmy zaangażowani tak bardzo, że nie potrafimy zobaczyć w lesie drzew. Podczas tego rodzaju podróży podróżnik prosi ducha opiekuńczego, aby użyczył mu swoich oczu, by ten mógł spojrzeć na sprawę z dystansu. Podróż rozpoczyna się od wejścia w ducha opiekuńczego i całkowitego z nim zespolenia. Przeżycia, jakich się doznaje, są najróżniejsze, ale zawsze dają świeży, inspirujący ogląd problemu. Podczas takiej podróży, mówiąc językiem psychologii, następuje swego rodzaju dysocjacja. Zdystansowanie się od problemu i obserwowanie go z innej perspektywy (oczami ducha opiekuńczego) daje jaśniejszy obraz i umożliwia głębsze zrozumienie. Lecz z punktu widzenia szamanizmu moc tej podróży nie wynika z dysocjacji, ale raczej z faktu, że patrzymy na sytuację mądrymi oczami ducha-opiekuna.

PODRÓŻE BEZ UDZIAŁU WOLI

Szamani poświęcają dużo czasu i wysiłku, by nauczyć się odbywać magiczne podróże. Wiadomo jednak, że doświadczenia przypominające podróż szamańską, bardzo często i bez udziału woli miewają osoby, które nic wspólnego z szamanizmem nie mają. Są dwa rodzaje takich doświadczeń: doświadczenie bliskie śmierci oraz doświadczenie wyjścia z ciała, kiedy człowiek stwierdza, że on sam lub jego dusza opuszcza ciało i przenosi się w inne miejsce. Z relacji wielu osób wynika, że doświadczenia te wzbogaciły ich życie i pozwoliły wiele zrozumieć.

Doświadczenia przypominające podróż szamańską są nawet częstsze, niż moglibyśmy sądzić. Wszystkim nam chyba zdarza się śnić o dziwnych miejscach, w których nigdy w normalnym życiu nie byliśmy. Większość z nas śni o zmarłych, czasami sny rozgrywają się w przepięknej scenerii. Wszystko to we śnie wydaje się całkowicie realne. W kulturach szamańskich sny utożsamia się czasem z magicznymi podróżami – ich przedstawiciele wierzą, że podczas snu dusze podróżują do świata duchów. Zatem sny są przez ludy szamańskie uważane za przeżycia głębokie i pouczające. Wiele religii, praktyk duchowych i teorii psychologicznych opiera się na przekonaniu, że sny dają wnikliwy wgląd w życie i pozwalają na nowo je zrozumieć.

Szczególny rodzaj snu, bardziej nawet przypominający podróż szamańską, to tak zwany sen świadomy. Śniący zdaje sobie sprawę, że śni, i jest w stanie do pewnego stopnia kontrolować to, co się dzieje. Buddyści od dawien dawna dostępują w ten sposób oświecenia. Wszystkie wspomniane doświadczenia można uznać za podróże bez udziału woli.

Możemy wyciągnąć wniosek, że doświadczenia zbliżone do podróży szamańskiej są uniwersalne. Co więcej, skoro wszyscy jesteśmy do nich zdolni i przeżywamy je bez udziału woli, możemy pokusić się o stwierdzenie, że zdolność do magicznego podróżowania jest zdolnością wrodzoną. Można tego argumentu użyć dla potwierdzenia stawianej przez wielu badaczy tezy, że szamanizm nie rozprzestrzenił się po świecie dzięki migracjom ludów, ale rozwijał się w sposób naturalny i spontaniczny we wszystkich ludzkich społecznościach, niezależnie od siebie. Jeśli doświadczenia zbliżone do szamańskich podróży miewamy wszyscy i bez udziału woli, mogły one skłonić ludzi do rozwijania umiejętności magicznego podróżowania, co w końcu doprowadziło do narodzin pierwszych praktyk szamańskich. Tłumaczyłoby to, jak szamanizm powstawał w różnych rejonach świata, wyjaśniałoby także, skąd się wzięły podobieństwa między kulturami szamańskimi i dlaczego przetrwały aż do współczesności.

NEOSZAMANIZM

Czy ludzie Zachodu mogą odbywać szamańskie podróże?

Nasuwa się pytanie, czy w szamańską podróż może wyruszyć człowiek Zachodu, niezakorzeniony w plemiennej tradycji szamańskiej i nie znający jej nauk. Odpowiedź Michaela Harnera[15] brzmi: zdecydowanie tak. Według niego dziewięć na dziesięć osób jest zdolnych do odbywania szamańskich podróży. Również z moich doświadczeń wynika, że szamańska podróż może się udać prawie każdemu, chociaż jej głębia i intensywność, podobnie jak głębia jej zrozumienia, może być różna. Większość współczesnych ludzi Zachodu potrafi, a nawet naprawdę podróżuje do świata duchów z własnej woli, aby szukać pomocy, uzdrowienia i wiedzy – zupełnie jak pradawni szamani.

Trzeba jednak zaznaczyć, że odbywanie szamańskich podróży (szamanienie) to nie to samo, co bycie szamanem. Członkowie wielu wspólnot szamańskich czasami podróżują do świata duchów na własną rękę, bez asysty szamana. Każdy północnoamerykański Indianin może się udać w magiczną podróż i każdy ma swego ducha opiekuńczego. Zapewnia sobie jego opiekę tak samo, jak szaman zjednuje sobie duchy pomocnicze. Różnica między szamanem a laikiem jest różnicą tylko ilościową: szaman ma wiele duchów pomocniczych i dysponuje większą szamańską mocą. Jak twierdzi Eliade[16], każdy rdzenny Amerykanin jest zdolny do szamanienia, chociaż nie wszyscy mają aspiracje, by zostać szamanami.

Inna istotna różnica między szamanieniem a prawdziwą praktyką szamańską wiąże się z kwestią odpowiedzialności. Wprawdzie szamanić i odbywać podróże magiczne w swoich sprawach może każdy, ale tylko szaman bierze na siebie odpowiedzialność za zdrowie całej wspólnoty. Funkcja szamana łączy się z ogromną odpowiedzialnością i trudem, wymaga dużego doświadczenia, umiejętności i wprawy. Jak wspominałam w poprzednich rozdziałach, szaman często przechodzi kryzys inicjacyjny lub chorobę inicjacyjną, po czym wiele lat terminuje pod okiem doświadczonego praktykującego szamana, a także pod opieką duchów. Dopiero potem może zacząć służyć wspólnocie. To samo można oczywiście powiedzieć o praktykowaniu neoszamanizmu w dzisiejszych czasach. W moim przekonaniu ludzie, którzy podejmują się uprawiania neoszamanizmu, zwłaszcza prowadzenia kursów i warsztatów, powinni pamiętać o wielkiej różnicy między praktykowaniem szamanizmu dla siebie a pełnieniem roli doradcy lub terapeuty szamańskiego. Nie można zostać szamanem ani doradcą szamańskim po weekendowych warsztatach, ani po przeczytaniu książki o szamanizmie.

Neoszamańska pomoc terapeutyczna – poradnictwo szamańskie

Neoszamańska pomoc terapeutyczna to metoda uzdrawiania, która opiera się na zasadach klasycznych praktyk szamańskich. Metodę tę rozwinął początkowo Michael Harner, który jako pierwszy włączył szamanizm do terapeutycznych praktyk Zachodu. Szamańskie doradztwo terapeutyczne czerpie zarówno ze współczesnych, jak i z archaicznych tradycji uzdrawiania, ale pod wieloma względami różni się i od jednych, i od drugich.

Podczas gdy w tradycyjnych kulturach szamańskich zwykle to sam szaman podróżuje do świata duchów w imieniu chorej osoby, w terapii neoszamańskiej proporcje rozkładają się odwrotnie. Osoba szukająca pomocy podróżuje najwięcej i wykonuje najwięcej pracy szamańskiej, bezpośrednio kontaktując się z duchami-nauczycielami. Wynika to głównie z faktu, że terapeutyczna praktyka neoszamańska kładzie szczególny nacisk na czerpanie z własnych zasobów wewnętrznych i samouzdrawianie. Pewne aspekty tradycyjnych praktyk szamańskich wciąż jednak są w terapiach neoszamańskich żywe. Kiedy trzeba odzyskać utraconą duszę, sprowadzić zwierzę mocy, uzdrowić lub postawić diagnozę, doradca bierze na siebie tradycyjną rolę szamana i odbywa podróż w imieniu osoby potrzebującej pomocy. Wspomniane metody uzdrawiania szamańskiego omówione zostaną w rozdziale piątym.

Spory na temat doradztwa neoszamańskiego i praktyk szamańskich w ogóle dotyczą najczęściej tego, czy można je uznać za rodzaj psychoterapii. Jest to ważne pytanie, ponieważ między psychoterapią a neoszamańską praktyką uzdrowicielską można znaleźć wiele podobieństw i analogii. Jerome Frank[17], jeden z wybitnych badaczy zajmujących się psychoterapią, tak opisuje jej podstawowe cechy:

> Psychoterapia jest planową, emocjonalnie naładowaną, interakcją opartą na zaufaniu między wykształconym, społecznie uznanym uzdrowicielem/ terapeutą a cierpiącym. Wszedłszy w tę interakcję, terapeuta stara się przynieść cierpiącemu ulgę w jego rozterkach i problemach przez

symboliczne komunikaty, przede wszystkim słowne, czasami również przez aktywność fizyczną. Uzdrowiciel może, choć nie musi, zaangażować w rytuały uzdrawiania krewnych i bliskich pacjenta.

W świetle tej definicji uzdrawianie szamańskie można uznać za psychoterapię. Pasuje ona do szamanizmu jak ulał. Można powiedzieć, że wiele technik stosowanych przez szamanów na całym globie jest uderzająco podobnych do metod psychoterapeutycznych. W istocie wielu ludzi twierdzi, że interwencje szamańskie opierają się na mechanizmach psychologicznych. Zagadnienie to omówię szerzej w rozdziale szóstym. Na razie pozostańmy przy stwierdzeniu, że między pracą szamana a psychoterapią daje się zauważyć liczne podobieństwa. W moim przekonaniu jednak należy również podkreślić zasadnicze różnice między praktykami szamańskimi a zachodnią psychoterapią. Wynikają one głównie z roli, jaką odgrywa szamański doradca terapeutyczny. W miarę formowania się relacji pomiędzy doradcą szamańskim a osobą poszukującą pomocy (pacjentem) – a charakter tej relacji ma wielkie znaczenie w procesie uzdrawiania – rolą doradcy staje się w coraz większym stopniu ułatwianie uzdrowienia, nie samo leczenie. Inaczej mówiąc, praca doradcy szamańskiego polega przede wszystkim na ułatwianiu pacjentowi nawiązania bezpośredniego kontaktu z duchami opiekuńczymi. W ten sposób pacjent pobiera nauki bezpośrednio od swoich duchów i przez nie jest uzdrawiany, bez pośrednictwa doradcy. Jest to jedna z podstaw doradztwa szamańskiego, która służy jednocześnie odfiltrowaniu fałszywych założeń i uprzedzeń terapeuty (takich jak przeniesienie i przeciwprzeniesienie), które mogłyby źle wpływać na proces terapeutyczny.

Doradca szamański, ułatwiając pacjentowi nawiązanie kontaktu ze światem duchów, pełni kilka ważnych funkcji. Jego głównym zadaniem jest pomóc mu sprecyzować, jakiej konkretnie pomocy oczekuje od duchów i sformułować cel misji. Kolejne zadanie doradcy polega na wyjaśnieniu pacjentowi, jak wejść w niezwyczajną rzeczywistość, aby odbyć podróż, a także jak poruszać się po świecie duchów i skutecznie się z nimi porozumiewać.

Kiedy pacjent wróci z podróży, doradca nie powinien udzielać mu rad ani interpretować symboli, które ujrzał. Choć takie metafory i symbole są omawiane podczas kolejnych sesji, rolą doradcy jest poprowadzenie klienta tak, by sam był w stanie intuicyjnie wyczuwać i interpretować znaczenie podróży. Wprawdzie doradca może podsunąć pewne sugestie, ale doradztwo szamańskie główny nacisk kładzie na własną interpretację podróży. Opieramy się na założeniu, że osobą, która ma największe kompetencje, by zrozumieć te przekazy, jest sam podróżujący. Siła doradztwa szamańskiego tkwi w tym, że uwalnia klienta od zależności od terapeuty i kieruje go ku zasobom własnych wewnętrznych sił.

Co prawda głównym źródłem mocy i wiedzy nie jest szamański doradca, jest jednak niezwykle ważne, aby nie dopuścił do nadmiernej zależności klienta od duchów przewodników i odradził mu zbyt częste podróże. Niektórzy są skłonni przenosić swoją potrzebę zależności z ludzkiego doradcy na duchy. Kończy się to tak, że w każdej błahej sprawie chcą wyruszyć w podróż i prosić duchy o radę. Stają się w rezultacie tym, kogo mój nauczyciel Jonathan nazywa „ćpunami podróży".

Prawda jest taka, że aby zmienić swoje życie, nie trzeba podróżować zbyt często. To tutaj najlepiej widać, jaką rolę w uzdrowieniu odgrywają *intencje* podróżującego. Jeśli potrafimy się otworzyć, naprawdę wysłuchać rad duchów i zastosować je w praktyce, nie potrzebujemy częstych podróży, żeby doświadczyć transformacji. Wielu osobom, które spotkałam na swojej drodze, udało się doznać głębokiej przemiany już po pojedynczej podróży.

Co do pytania, czy doradztwo szamańskie jest, czy nie jest psychoterapią, skłaniałabym się ku odpowiedzi, że nie. Jestem jednak przekonana, że doradztwo szamańskie jest formą interwencji terapeutycznej. Celem pracy szamana jest przede wszystkim niesienie ulgi w cierpieniu, a także działanie na rzecz zdrowia, równowagi i uzdrowienia. Wszystkie terapie w jakiś sposób uzdrawiają. W tym sensie praktyki szamańskie i doradztwo szamańskie uważam za formę terapii. Terapia stosowana przez szamana jest jednak o wiele starsza od współczesnej psychologii i znacznie się od niej różni. Sądzę, że błędem byłoby uznanie szamanizmu za formę psychoterapii, ale jednocześnie żywię głębokie przekonanie, że jest on godnym uwagi poprzednikiem współczesnych terapii.

OBRZĘDY SZAMAŃSKIE

Jak już wspomniałam, podróż szamańska to coś więcej niż tylko podróż. Przygotowanie do niej, a także obrzędy odprawiane po jej zakończeniu, są równie ważne jak ona sama. Podróż szamana plemiennego, podobnie jak podróż praktykującego neoszamanizm człowieka Zachodu, dzieli się na trzy etapy: przygotowanie, podróż i powrót. Przyjrzyjmy się niektórym z tych rytuałów.

Moc rytuału

Rytuał jest nieodłącznym towarzyszem człowieka. Niezależnie od kultury rytuały odprawiamy na każdym kroku, we wszystkich sferach życia. Jean Piaget[18], jeden z praojców psychologii rozwojowej dziecka, wskazał na fakt, że codzienne przyziemne rytuały, związane z ubieraniem się, jedzeniem i snem zaczynają odgrywać ważną rolę w życiu dziecka, kiedy ma około trzech lat. Zaledwie trzyletnie dziecko zaczyna przejawiać zachowania rytualne, podejmując próby zrozumienia, jak zorganizowane jest życie. Rytuały społeczne pojawiają się dopiero na późniejszych etapach życia.

Chociaż w pierwszej chwili rytuał kojarzy nam się z egzotycznymi kulturami indiańskimi, w których młodzi mężczyźni poddawani są niebezpiecznym próbom podczas obrzędu inicjacji w wiek męski, nie trzeba szukać tak daleko: od rytuałów roi się w naszym codziennym życiu. Wszyscy je odprawiamy – poczynając od codziennych rutynowych czynności, które pieczołowicie wykonujemy co rano (jak mycie zębów lub wypijanie filiżanki kawy), po różne rodzaje rytuałów przejścia na wielu etapach życia (ukończenie uniwersytetu, bar micwa, Pierwsza Komunia Święta). Rytuał nigdy nie znika z naszego życia – zmienia tylko formę.

Sformułowano już wiele teorii wyjaśniających znaczenie rytuału, jego naturę i funkcję. Jak każde złożone zjawisko społeczne rytuał można rozpatrywać z różnych perspektyw. Nie będę tu zatem proponować jednej definicji rytuału, nie podejmę też próby objęcia definicją całego spektrum funkcji, które rytuały pełnią w naszym codziennym życiu.

Jestem przekonana, że wszystkie rytuały, od tych przyziemnych po uświęcone, od odprawianych przez współczesne społeczeństwa przemysłowe po te odprawiane w ubogich wioskach Ameryki Południowej, mają tę samą funkcję i te same dwa skutki: po pierwsze służą stworzeniu ram i struktury, po drugie pomagają przejść od jednego stanu świadomości do innego.

Rytuały szamańskie są bardzo liczne i zróżnicowane, a ich symbolika i natura zależy od kultury. Jak już wspomniałam, tradycyjny szaman przechodzi specjalne rytuały przygotowawcze przed i po podróży. Także praktykujacy neoszamanizm odprawiają rytuały przed podróżą i po niej. Jedną z funkcji tych rytuałów jest stworzenie takich samych, powtarzalnych wzorców, które pozwalają wyzwolić się z pęt umysłu.

Jeszcze ważniejszą funkcją rytuałów szamańskich jest jednak zmienianie stanu świadomości. Rytuał jest początkiem przejścia od codziennego, zwykłego stanu świadomości do stanu świadomości szamańskiej, przygotowuje nas do kontaktu ze światem duchów. Rytuał, w sensie prawie dosłownym, tworzy wokół nas inną rzeczywistość, a to pomaga nam wśliznąć się w odmienny stan bytu. Krótko mówiąc, rytuał szamański jest przede wszystkim katalizatorem zmiany.

W następnych częściach tego rozdziału przedstawiam niektóre rytuały szamańskie odprawiane przez praktykujących neoszamanizm przed i po podróży. Bez wątpienia wielu rytuałów odprawianych obecnie, powszechnie w celu wywołania szamańskiego stanu świadomości, nie uwzględnię – nie dlatego, by były nieistotne, ale raczej dlatego, że mniej mam z nimi do czynienia w swojej codziennej praktyce. Trzeba pamiętać, że to nie szczegóły tych rytuałów nadają im moc, ale raczej treść i znaczenie, które kryją się za konkretnymi działaniami, ruchami, słowami i narzędziami. Większość symboli i rytuałów jest wytworem konkretnej kultury. Są skonstruowane tak, by wyjść naprzeciw potrzebom konkretnej populacji, a nawet konkretnej osoby, ale i tak wszystkie są skuteczne. To nie szczegóły rytuału przynoszą zmianę lub uzdrowienie. To moc, jaką nadajemy rytuałowi, czyni go skutecznym.

Rytuały odprawiane przed podróżą

Przygotowanie umysłu

Pierwszy etap przygotowań do podróży zaczyna się mniej więcej na dwie godziny przed wyruszeniem. Podróżujący najpierw przygotowuje się psychicznie. Jeśli ma odbyć podróż w sprawie kogoś innego, zaczyna od pomyślenia o tej osobie i o misji, jaką ma do wypełnienia. Jeśli we własnej sprawie, skupia się na misji lub na perspektywie wejścia w dziedzinę duchów. Następnym krokiem jest wsłuchiwanie się w powolne, rytmiczne bębnienie. Słuchając bębna, odprawia się dodatkowe rytuały, takie jak oczyszczanie pomieszczenia, narzędzi i samego siebie szałwią, kadzidłem lub innymi ziołami, zapalanie świecy i przygotowywanie pomieszczenia do podróży. Niektórzy dostają konkretne wskazówki od duchów opiekuńczych.

Celem wspomnianych obrzędów jest odcięcie się od zwykłej rzeczywistości i mentalne przygotowanie do wejścia w zmieniony stan świadomości – pozostawienie za sobą świadomości zwykłej, aby wejść w inną. Dzieje się to na poziomie umysłu i zmysłów. Rytuał oczyszczania pomieszczenia, narzędzi i samego podróżnika przez palenie ziół pomaga też energetycznie oczyścić akcesoria szamańskie i otoczenie przed podróżą. Służy zatem także skupieniu uwagi na zadaniu i mentalnemu oderwaniu się od umysłu, pozostawieniu za sobą codziennych trosk.

Grzechotanie

Grzechotka jest instrumentem powszechnie używanym przez szamanów do przyzywania duchów. Jest też pierwszym narzędziem używanym przez wszystkich praktykujących neoszamanizm przed wyruszeniem w podróż. Grzechotka, podobnie jak bęben, jest potężnym narzędziem, które pomaga szamanowi wejść w zmieniony stan świadomości. Pozwala przekroczyć granice własnego ja i oderwać się od umysłu, lub – słowami Don Juana – „przestać skupiać się na sobie". Dopiero wtedy można przejść do szamańskiego stanu świadomości. Grzechotanie przed podróżą magiczną inicjuje kontakt z duchami pomocniczymi.

Niektóre kultury uważają, że bęben zrobiony jest z Drzewa Świata. W przypadku grzechotki uchwyt symbolizuje drzewo, a wydrążona tykwa wszechświat. Kamyki lub nasiona umieszczone wewnątrz grzechotki są duchami lub duszami przodków szamana. Potrząsając grzechotką, szaman przywołuje moc tych potężnych duchowych sprzymierzeńców.

Specyfika rytuału grzechotania jest różna w różnych kulturach, rozmaicie stosują go także konkretni praktykujący. Przedstawię jedną z bardziej rozpowszechnionych wersji rytuału grzechotania przed podróżą. Posługują się nią praktykujący neoszamanizm.

Celem rytuału grzechotania odprawianego przed podróżą jest zaproszenie duchów z czterech stron świata, by przyłączyły się do szamana lub podróżnika. Przyzywa się także duchy ze świata górnego, dolnego i środkowego oraz wszystkie inne duchy pomocnicze, które mogłyby pomóc. Odprawiając obrzęd, patrzy się po kolei w każdym z kierunków i czterokrotnie potrząsa grzechotką. Jest to równoznaczne z zaproszeniem duchów z każdej strony świata i poproszeniem ich o pomoc. Spoglądamy na wschód, cztery razy potrząsamy grzechotką i cały czas grzechocząc, prosimy duchy wschodu, by przyłączyły się do nas. Powtarzamy to, patrząc na południe, zachód i północ, a potem ku światu górnemu, dolnemu i środkowemu. Po tym początkowym wezwaniu duchów należy grzechotać dalej, podczas gdy podróżujący kontaktuje się z duchami pomocniczymi, tańcząc, śpiewając lub odprawiając inne rytuały zalecone przez te duchy. Obrzęd grzechotania jest właściwie wstępem do podróży, ale podróżujący może otrzymać ważne przekazy lub mieć wizje jeszcze przed rozpoczęciem właściwej podróży.

Obrzęd grzechotania może wyglądać różnie, różne mogą też być kierunki i kolejność, w jakiej się ku nim zwracamy. Ja zaczynam zwykle od wschodu i posuwam się zgodnie z kierunkiem ruchu słońca. Inni mogą zaczynać od wschodu, potem spojrzeć ku północy, i tak dalej. Rytuał odprawiany po pierwszym wezwaniu duchów także może wyglądać różnie. Jeśli chodzi o mnie, duch mojej grzechotki często przyłącza się do mnie natychmiast i razem tańczymy. Może mieć mi coś do powiedzenia – osobistego albo dotyczącego tego, co mam zrobić. Odprawiam także inne osobiste rytuały, które opisały mi moje duchy i które kazały mi zachować je w tajemnicy.

Dla mnie grzechotka jest jak telefon do świata duchów. Jak ujął to kiedyś mój nauczyciel Jonathan: „Często nazywam grzechotkę potężną anteną mocy. Czasami, kiedy stoję i przyzywam duchy, czuję, jakbym trzymał się błyskawicy. Płynie przeze mnie moc". Grzechotka to nie tylko narzędzie – najważniejsze są duchy, które w niej mieszkają. Dlatego bardzo ważne jest, by nie starać się kontrolować grzechotki ani nie sterować jej ruchami, ale by poddać się głosom jej duchów i wyczuć przepływ ich mocy, pozwolić im nią kierować. Ważne jest też, żeby się ze swoją grzechotką zaprzyjaźnić. Tak jak na dźwięku bębna możemy jechać jak na koniu, tak samo możemy wzlatywać na skrzydłach grzechotki.

Grzechotka ma dla szamana wiele innych ważnych zastosowań. Wielka jest jej moc uzdrawiająca, można użyć jej do rozpoznawania i leczenia chorób somatycznych, psychicznych lub blokady duchowej. Uzdrawiająca moc grzechotki zostanie dokładniej omówiona w rozdziale piątym.

Zaciemnienie i wyznaczanie misji

Kolejnym etapem przygotowań do podróży jest zaciemnienie pomieszczenia i zakrycie oczu, tak aby wokół zapanowała całkowita ciemność. Następnie wybierający się w podróż musi czterokrotnie powiedzieć, co jest jej celem. Ten rytuał odprawia się bezpośrednio przed właściwą podróżą i wejściem w zmieniony stan świadomości. Wyruszający w podróż wsłuchuje się przy tym w monotonny dźwięk bębna (z nagrania lub na żywo). Większość praktykujących neoszamanizm mówi o celu podróży dwukrotnie, zanim odezwie się bęben i dwukrotnie przy jego dźwiękach.

Szamani tradycyjnych kultur plemiennych podróżują w nocy lub o zmierzchu, z oczami zamkniętymi lub półprzymkniętymi. Robią tak dlatego, że w ciemności wizje są o wiele wyraźniejsze. Poza tym w stanie koncentracji uwaga nie rozprasza się za sprawą bodźców wzrokowych z otoczenia i łatwiej wejść w zmieniony stan świadomości. W ciemności lepiej także widać duchy.

U Eskimosów z Alaski kandydat na szamana może zwrócić się do starszego szamana z prośbą: „Przychodzę do ciebie, bo pragnę widzieć". Koncepcja wewnętrznego widzenia jako źródła mądrości jest dość szeroko rozpowszechniona w wielu kulturach szamańskich. Utrata zwykłego wzroku jest znakiem, że człowiek został wybrany przez duchy, by być szamanem. Ta koncepcja pojawia się również w kulturach nieszamańskich, a także w mitologii greckiej. Terezjasz, oślepiony przez boginię Herę, dostaje od Zeusa dar innego wzroku – jasnowidzenia.

Nadprzyrodzony dar widzenia w wielu kulturach jest uważany za najważniejszą moc i narzędzie szamana. Szaman syberyjskich Samojedów (Nieńców), Huottarie, podczas podróży inicjacyjnej został pozbawiony przez ducha oczu, po czym dostał w zamian nowe, przystosowane do widzenia innej rzeczywistości[19]. Kiedy podróżujemy, zakrywamy oczy, by wewnętrzny wzrok mógł ukazać nam rejony leżące poza tym światem, rejony świata duchów.

Misja

Ogromne znaczenie ma jasne określenie celu podróży. Odprawienie rytuałów przygotowawczych ułatwia wejście w zmieniony stan świadomości i pozwala nawiązać kontakt z duchami pomocniczymi. Czterokrotne powtórzenie celu misji pomaga umysłowi skoncentrować się zarówno na zadaniu, jak i na podróży.

Sprawdza się to szczególnie u ludzi Zachodu, którzy mają mniej doświadczenia w podróżowaniu i z większym trudem odrywają się od świadomego umysłu. Dlatego nie wystarczy po prostu pomyśleć o celu misji lub powiedzieć o nim tylko raz. Intencja, z jaką wybieramy się w magiczną podróż, jest kluczem do jej rezultatów.

Sprecyzowanie celu misji popycha podróżnika na właściwą drogę i ułatwia trzymanie się celu. Krążąc po świecie duchów i kontaktując się z duchami przewodnikami, podróżujący mogą skupić się na pytaniach, które chcą zadać i na wiedzy, której poszukują. Wypowiedzenie celu misji cztery razy na początku podróży daje jasność na poziomie świadomym i nieświadomym. Kiedy mamy przed sobą jasno sformułowany cel, łatwiej nam oderwać się od umysłu i pozostać w zmienionym stanie świadomości, zagłębić się w świat duchów.

Rytuały odprawiane po podróży

Po powrocie z podróży powinno się zapisać lub nagrać, to co się wydarzyło, po czym odczytać lub wysłuchać nagrania. Chodzi o to, by sobie wszystko przypomnieć i spróbować odczytać symbolikę i przekazy, zwłaszcza te związane z celem misji. To ważne, ponieważ dzięki temu wprowadzamy nowe przekazy w codzienne życie. Próbując zrozumieć symbolikę i znaczenie podróży, pogłębiamy jej dobroczynne skutki, które na głębszym poziomie naszej świadomości już nastąpiły.

Nawet jeżeli relacja z podróży została nagrana, dobrze jest mieć ją zapisaną. Gorąco polecam odczytywanie jej co jakiś czas. Po ponownym odczytaniu większość ludzi dostrzega nowe znaczenia i lepiej rozumie symbolikę. Ważne jest także, aby obserwować i uświadamiać sobie, jak podróż wpłynęła na nasze życie – czy i w jaki sposób doświadczamy jej skutków.

Te rytuały odprawia się po każdej podróży. Ale podróżujący może otrzymać polecenie odprawiania przez jakiś czas po powrocie innych szczególnych rytuałów, na przykład uzdrawiających albo terapeutycznych, które mogą być częścią procesu uzdrawiania. Zilustruję to przykładem pewnej kobiety:

> Shira straciła drugiego męża. Zmarł na raka trzy miesiące po rozpoznaniu choroby. Był to dla niej ogromny wstrząs – od dłuższego czasu budowali dom, wkrótce mieli się do niego wprowadzić. Tragiczny los sprawił, że tydzień po śmierci męża zamieszkała w nim sama. Chociaż na co dzień jakoś funkcjonowała, miała ogromne problemy emocjonalne.

Nie wiedziała nic o szamanizmie, ale ponieważ znałyśmy się wcześniej, dwa miesiące po śmierci męża postanowiła szukać pomocy u duchów.

Udałam się w podróż diagnostyczną, aby się dowiedzieć, jakiej pomocy Shira potrzebuje. Ona sama podczas podróży otrzymała wiele bezpośrednich wskazówek i przekazów. Mój duch-nauczyciel powiedział, że chociaż żałoba jest stanem naturalnym, Shira nie powinna pogrążać się w bólu i ku memu zaskoczeniu polecił jej codziennie odprawiać rytuał. Przez miesiąc co rano miała zanosić na grób męża świecę i czerwoną różę, zapalać świecę, zostawiać na grobie różę w wazonie, siedzieć chwilę spokojnie i iść do domu, zostawiając płonącą świecę. Następnego dnia powinna to powtarzać, a różę z poprzedniego dnia zabierać do domu. Po upływie miesiąca miała wziąć wszystkie trzydzieści zeschłych róż, pójść nad morze, stanąć na skraju urwiska, pokruszyć suche płatki w rękach i rozsiać je na wietrze.

Ten rytuał okazał się mieć potężną moc uzdrawiającą i bardzo jej pomógł. Później powiedziała mi, że chociaż była skrępowana i nie było jej łatwo, odprawiała go niejako automatycznie, z „religijną gorliwością". Czuła, że zmuszał ją do okazywania żalu i bólu po stracie męża. Nie mogła już przed nimi uciekać, do czego miała skłonność. Rytuał, jak mi wyjaśniła, sprawił, że zarówno śmierć męża, jak i czas żałoby stały się dla niej bardziej realne.

Symbolika tego rytuału także była dla niej przekonująca. Zbieranie kwiatów, zapalanie świecy na mogile i wreszcie rozsypanie kwiatów nad morzem bardzo ją wzruszyły. Ale przede wszystkim zrozumiała, że żałoba ma swój czas i swoje miejsce. Ma początek, ale też i koniec. Rytuał pozwolił jej przeżyć ból i poradzić sobie z nim. Taki był też jeden z bezpośrednich przekazów, jakie dostała od ducha nauczyciela w czasie podróży: nie powinna zatracać się w żałobie. Czuła, że rytuał bardzo jej w tym pomógł.

W innych przypadkach, na przykład kiedy chodzi o odzyskanie duszy lub zwierzęcia mocy, szaman może otrzymać od duchów instrukcje dla osoby szukającej pomocy – jakie rytuały powinna odprawiać, by przyjąć duszę lub zwierzę mocy. Wyjaśniam to szerzej w rozdziale piątym.

* * *

Udałam się na poszukiwanie miejsca, z którego mogłabym wyruszyć po wizję. Przyszłam nad jezioro. Na brzegu leżały dwa wielkie głazy. Przed sobą miałam góry.

Dotknęłam skały. „Jesteś taka ciepła".

„Jestem tobą".

Dotknęłam jej znowu – była miękka jak aksamit. „Jesteś taka mocna, chociaż delikatna".

„Jestem tobą".

„Masz kształt serca...".

„Tak, jesteś w domu".

Zaczęłam wątpić w swój wybór. Czy to miejsce naprawdę mnie wezwało, czy to tylko gra mojej wyobraźni? Mimo wszystko nie musiałam chodzić zbyt daleko, by je znaleźć.

„Nie musisz szukać daleko, nie musisz jeździć po świecie, żeby znaleźć swoje serce, swój dom. Nieważne, jak daleko pójdziesz. Do twojego serca, do twojego domu jest blisko".

W końcu ruszyłam z powrotem, wciąż nie wiedząc, czy dobrze wybrałam miejsce. Ale dokądkolwiek poszłam, słyszałam wezwanie skał znad jeziora. Kiedy wróciłam i spojrzałam na nie z pewnej odległości, jedna wyglądała jak krokodyl, druga miała kształt barana. Patrzyły na siebie, jakby rozmawiały. Nagle zauważyłam szczelinę między nimi, coś jakby okno, okno w kształcie serca.

„Tak, patrz na wszystko oczami serca", usłyszałam głos skały.

„Jakie znaczenie mają te zwierzęta?", zapytałam.

„Dowiesz się w swoim czasie. Kiedy nauczysz się patrzeć przez okno serca".

Spojrzałam na jezioro. Było spokojne, kaczki pływały po nim leniwie. Usłyszałam: „Arvick, one się nie martwią, czy jutro w jeziorze będzie woda. Cieszą się chwilą obecną, nawet nie dniem, ale chwilą".

* * *

ROZDZIAŁ 4

POZA EGO: DUCHY I ŚWIAT DUCHOWY

Jesteśmy kluczami do różnych drzwi i różnych okien waszych umysłów.

DUCH-NAUCZYCIEL

Miałam siedem lat. Mój ojciec pracował z dala od domu, jak zawsze. Był kucharzem, a w Isfahanie, gdzie mieszkaliśmy, nie mógł znaleźć dobrej pracy. Wyjeżdżał do pracy na dłużej. Przyjeżdżał tylko na krótkie odwiedziny, ale zawsze troszczył się o mamę i o mnie, regularnie przysyłał pieniądze. Wiele dla nas poświęcił. Byłam jego jedynym dzieckiem i cierpiał z powodu rozłąki, ale uważał, że musi zapewnić nam utrzymanie. Kilka miesięcy po jego ostatniej wizycie straciłyśmy z nim kontakt. Nie wiedziałyśmy, gdzie jest. Ostatnie wieści były takie, że jest kucharzem u jakichś Rosjan w Teheranie. Pamiętam, że był to jeden z najtrudniejszych okresów w naszym życiu.

Moja mama miała trzech braci. Jeden z nich mieszkał na południu Iranu, dwaj pozostali w Isfahanie, tam gdzie się urodziłam. Mama, jako siostra, wzięła ich wszystkich pod swoje skrzydła, a ponieważ ojca przeważnie nie było, postanowili zamieszkać razem. Ojciec zapewniał nam dostatnie życie. Niczego nam nie brakowało, pieniądze stale napływały. Najstarszy z moich wujów zaręczył się, ale narzeczona odkładała ślub. W końcu powtórzył mamie słowa narzeczonej: „Wyjdę za ciebie dopiero wtedy, kiedy nie będziesz już mieszkał z siostrą". Zaproponował więc, żeby mama na jakiś czas mnie zabrała i zamieszkała gdzie indziej.

Właśnie wtedy straciliśmy kontakt z ojcem. Moja mama, zbyt dumna, by prosić o pomoc, pewnego dnia zdała sobie sprawę, że nie ma pieniędzy nawet na to, żeby następnego dnia kupić chleb.

Pokój, w którym mieszkałyśmy, był mały. Schodziło się do niego po schodkach, jak do piwnicy. Znajdował się w najdalszej części ogromnego domu otoczonego ogrodem. Na środku podwórza rosły winorośle, jabłonie i inne drzewa owocowe. Była też ogromna drewniana brama, staromodna i mocna, z ciężkim zamkiem. Tej nocy, nie mając pieniędzy, nie wiedząc, czym mnie nakarmić, mama modliła się do swoich surp hoki, świętych duchów. Prosiła je o pomoc. O czwartej nad ranem z głębi podwórza przez sen usłyszała, że ktoś puka do bramy. Zastanawiała się, kto to może być, a ponieważ nikt nie otwierał, a pukanie nie ustawało, podeszła do bramy. Otworzyła. Nikogo nie było, ale na platformie przy bramie leżało dziesięć tumanów. W tamtych czasach większość domów w Iranie miała wielkie drewniane bramy z drewnianymi platformami po obu stronach. W chłodne wieczory ludzie siadali tam, rozmawiali, dzielili się jedzeniem. Dziesięć tumanów to mnóstwo pieniędzy, więc mama zawołała w ciemność, pytając, czy ktoś tam jest. Nikt nie odpowiedział. Bała się, ale ponieważ nikogo nie było, wzięła pieniądze i wróciła do domu. Dzięki temu przeżyłyśmy kolejne dziesięć dni. Potem jakimś cudem dostałyśmy wiadomość od ojca i pieniądze zaczęły znowu przychodzić. Mama zawsze mi powtarzała, że kiedy ma się kłopoty, kiedy potrzebuje się rady i pomocy, wystarczy porozmawiać z surp hoki.

DUCHY POMOCNICZE

Aby zrozumieć, czym jest szamanizm, trzeba zrozumieć świat szamana. Omówiliśmy już szamańską kosmologię, praktyki i pogląd na świat. Jak się dowiedzieliśmy, we wszechświecie szamana roi się od różnych form życia i duchów. To właśnie duchy są najważniejsze w kulturach szamańskich, a więc i w naszej opowieści. Szaman nie mógłby istnieć bez duchów. Ale czym one są? Przygotowując się do napisania tej książki, odbyłam wiele podróży. Podczas jednej z nich duch opiekuńczy powiedział mi:

Duchy są głównymi bohaterami twojej książki i odgrywają najważniejszą rolę, Arvick. Przychodzisz do duchów, by prosić o pomoc, więc to właśnie o nas będziesz pisać. Jesteśmy kluczami do różnych drzwi i różnych okien waszych umysłów. Otwieramy je, aby pomóc wam wniknąć głębiej, abyście potrafili pomóc samym sobie i byli szczęśliwi. Służymy wszystkim, którzy chcą wziąć odpowiedzialność za swoje zdrowie i szczęście. Nie dyskryminujemy nikogo.

Kiedy przyjrzymy się rozmaitym kulturom szamańskim z całego świata, stwierdzimy, że duchy objawiają się pod rozmaitymi postaciami. Zawsze grają one ważne role w mitach, wierzeniach i legendach. Szamanom rdzennych Amerykanów duchy mogą się ukazywać pod postacią zwierząt o szczególnym kulturowym znaczeniu, takich jak niedźwiedzie, orły czy wilki, natomiast duchy-nauczyciele szamana japońskiego mogą przybierać postać któregoś z wcieleń Buddy.

Z mojego doświadczenia wynika, że duchy mogą pojawiać się pod postacią nie tylko ludzi i zwierząt, ale także roślin, ciał niebieskich, a nawet zjawisk takich jak kolory i światło. Duchem opiekuńczym pewnej kobiety był mały kwiatek – fiołek, a mężczyzna, który uczestniczył w moim kursie, wśród swoich duchów-nauczycieli miał słońce. Prawdziwej postaci czy esencji duchów nie musimy jednak postrzegać bezpośrednio. W moim przekonaniu duchy to skupiska światła lub energii, które objawiają się nam pod postaciami, które znamy i rozumiemy. Posługując się kategoriami jungowskimi, moglibyśmy powiedzieć, że mamy wspólne archetypy, które manifestują się w naszym życiu w rozmaitych formach, takich, które jesteśmy w stanie pojąć.

Szamani nawiązują więź z duchem opiekuńczym, ale zazwyczaj także z kilkoma duchami pomocniczymi. Ich liczba zależy od konkretnego szamana i jego kultury. Według niektórych społeczności, na przykład rdzennych plemion zamieszkujących Alaskę, szaman jest tym potężniejszy, im więcej ma duchów pomocniczych. Musi minąć dobrych kilka lat, zanim zbierze wystarczająco dużą gromadę duchów-sprzymierzeńców, które będą mu pomagać w uzdrawianiu. Wymaga to wielu lat praktyki, ciężkiej pracy i poświęcenia, nawiązywania relacji z duchami pomocniczymi i uczenia się, jak się poruszać po ich świecie z ufnością i pewnością siebie.

Duchy nie tylko przybierają różne postaci i kształty, ale także mają rozmaite cechy i mogą służyć szamanowi na różne sposoby. Szaman potrzebuje wielu różnych duchów pomocniczych – nie są one identyczne. Każdy duch służy szamanowi inaczej i pomaga mu w innych aspektach uzdrawiania.

Kiedy ja sama zaczynałam się zajmować szamanizmem, przez kilka lat miałam jedynie ducha opiekuńczego oraz jednego ducha-nauczyciela. Stopniowo zdobywałam kolejnych nauczycieli, którzy pomagali mi w konkretnych przedsięwzięciach. Niektóre z moich duchów dbają tylko o to, żeby mnie przeprowadzać na różne poziomy duchowego świata. Pojawiają się pod postacią mitycznych zwierząt i aniołów. Inne z moich duchów pomocniczych są nauczycielami, a inne uzdrowicielami. Mam nauczyciela, który zajmuje się problemami związanymi z psychiką oraz takiego, który pojawia się, kiedy ten, z kim pracuję, przeszedł w dzieciństwie poważny wstrząs. Inny uaktywnia się, ilekroć zajmuję się problemami moich klientów związanymi z religią i wiarą.

Mam duchy-uzdrowicieli, które towarzyszą mi w konkretnych przedsięwzięciach szamańskich: nauczyciela odzyskiwania duszy i nauczyciela uzdrawiania, który daje mi wskazówki podczas uzdrawiających podróży. Część z moich uzdrowicieli ma postać ludzką, a inni zwierzęcą. Moje szamańskie narzędzia także mają swoje duchy: duch grzechotki i duch bębna wspierają mnie, kiedy używam tych instrumentów. Są wreszcie duchy pomagające mojemu nauczycielowi uzdrawiania. Doradzają mi w kwestiach medycznych.

CZYM SĄ DUCHY?

Nie ulega wątpliwości, że duchy pełnią najważniejszą rolę w praktykach szamańskich. Nie do końca jednak odpowiedzieliśmy sobie na pytanie, czym właściwie są duchy. Na ten temat można by napisać kilka tomów, a zrozumienie natury duchów nie jest bynajmniej zadaniem łatwym. Historia dowodzi, że jest to wielkie wyzwanie dla teologii i psychologii.

W tradycyjnym szamańskim sensie słowo „duch" zazwyczaj jest używane w dwóch znaczeniach. Kiedy szamani mówią o duchach, mają przeważnie na myśli esencję czegoś, siłę życiową, która do nich przemawia i pomaga im. Jednakże „duch" może być także postrzegany jako byt świadomy: zwierzęta, drzewa, skały, a nawet pozornie nieożywione przedmioty mogą mieć świadomość podobną do naszej, ludzkiej. Większość kultur plemiennych wierzy, że dusza człowieka po jego śmierci staje się duchem. W chwili śmierci dusza może stać się duchem zmarłego przodka lub częścią większego nieśmiertelnego duchowego bytu.

Samo słowo „duch" (ang. *spirit*) pochodzi od łacińskiego *spiritus*, co dosłownie oznacza „oddech". Słownik oksfordzki definiuje ducha jako „nadprzyrodzony, bezcielesny, obdarzony rozumem byt, zwykle uważany za niedostrzegalny dla ludzkich zmysłów, ale mogący się ukazać ludzkim oczom z własnej woli; duch często postrzegany jest jako niepokojący, przerażający, wrogi człowiekowi". Ta definicja odzwierciedla w dużym stopniu zachodnie wyobrażanie na temat duchów. Uczestnicy moich warsztatów, pytani o duchy, często mówią, że kiedyś się ich bali – albo że wciąż się boją. Ktoś uważał je za bezcielesne dusze zmarłych. Początkowo bał się ich, ponieważ wierzył, że dusze zmarłych są potępione.

Przez całe lata spotykałam się z podobnymi przekonaniami. Zazwyczaj duchy uważa się za budzące strach zjawy. Niektórzy widzą w nich nawet błąkające się dusze ludzi zmarłych w tragicznych okolicznościach, wracające na ziemię, by szukać sprawiedliwości lub zemsty. Ktoś powiedział mi:

> I w dzieciństwie, i kiedy dorosłem, duchy, zjawy i demony były dla mnie synonimami strachu. Strachu przed czymś nieznanym, obcym. Kiedy myślę o duchach czy zjawach, natychmiast przypominają mi się opowieści z dzieciństwa i lęk przed tym, co będzie po śmierci. Przez całe życie wolałem unikać myślenia o tych sprawach. Mój racjonalny, praktyczny umysł wolał ignorować to, czego nie dało się wyjaśnić rozumowo i naukowo.

Wydaje się, że ludzie Zachodu skłaniają się albo ku całkowitemu odrzuceniu wiary w istnienie duchów, albo, jeśli już w nie wierzą, uważają je za straszliwe zjawy i boją się spotkania z nimi. Tłumaczy to dominujący w naszej kulturze światopogląd. Jestem przekonana, że interpretacja koncepcji duchów wyrasta głównie z zaplecza kulturowego. Nawet z definicji słownikowej wynika, że w naszej kulturze często postrzega się duchy jako twory do pewnego stopnia złośliwe i wrogie.

Łatwiej nam będzie zrozumieć, dlaczego tak właśnie postrzegamy duchy, kiedy zastanowimy się nad ich wizerunkiem w środkach masowego przekazu. Duchy często i pod wieloma postaciami pojawiają się w telewizji i w filmach, a także w powieściach, opowiadaniach i legendach, których słuchamy w dzieciństwie. Duchem występującym w filmach i literaturze najczęściej jest duch zmarłej osoby. Przykładami mogą być *Szósty zmysł, Duch, Casper, Hamlet* i wiele innych. Rzadziej spotykamy inne postaci duchów, na przykład w filmie *Harvey* i legendzie o królu Arturze, gdzie pojawia się Pani Jeziora.

Podczas warsztatów wiele osób pyta mnie, czy istnieją „złe duchy" i czy mogą być niebezpieczne podczas szamańskiej podróży. Przez wiele lat ani ja, ani nikt z tych, z którymi zdarzyło mi się pracować, nigdy nie spotkał podczas podróży „złego ducha". Pewien szaman eskimoski powiedział kiedyś, że Sila, „dusza wszechświata ma głos tak piękny i delikatny, że nawet dziecko nie mogłoby się przestraszyć"[1]. Kiedy ktoś mnie pyta, czy złe duchy istnieją, czy nie, zwykle radzę mu wybrać się w podróż szamańską i zapytać duchów-nauczycieli. Kiedy ja sama zadałam to pytanie swoim duchom, otrzymałam prawdziwie oświecającą odpowiedź:

> Jesteśmy nauczycielami i uzdrowicielami. Naszym zadaniem jest nieść pomoc. Ty tak to widzisz. Czasami ludzie skupiają się na lęku, który w nich wywołujemy. Robimy to po to, aby obudzić ich świadomość. Jeśli nie potrafią tego zrozumieć, mają wrażenie, że jesteśmy złe. Tak widzą to oni. A my jesteśmy tu po prostu po to, żeby pomagać i doradzać. Arvick, nigdy nie przydawaj niczemu mocy, nazywając to złym.

Pewna kobieta wyruszyła w podróż, aby zapytać, czym są duchy. Jej nauczycielem był Abraham. Oto czego się dowiedziała:

– Spójrz na gwiazdy. Duchy mrugają jak gwiazdy na niebie, jak iskry wiedzy, iskry życia. – Czy te iskry mogą mnie skrzywdzić? Czy to złe duchy? – Poczuj, jak ziemia daje ci oparcie, poczuj wsparcie niebios. To, co cię wspiera, nie może cię skrzywdzić. – Boję się. Co to znaczy? – To twoja wyobraźnia. To twój umysł. Ludzie sami dokonują wyboru. Strach jest w tobie. My niesiemy tylko dobro. Właściwie to nie jest ani dobro, ani zło. Niesiemy iskry wiedzy, a jeśli się wsłuchasz w tę wiedzę, możesz ją przyswoić.

CZY DUCHY ISTNIEJĄ NAPRAWDĘ?

Dochodzimy wreszcie do najważniejszego pytania: czy duchy istnieją niezależnie od naszej świadomości? Czy są po prostu wytworem umysłu?

Z szamańskiego punktu widzenia odpowiedź na to pytanie jest bardzo prosta: duchy są żywymi bytami, istniejącymi poza nami, niezależnie od nas i oddzielnie od nas, zamieszkującymi rzeczywistość alternatywną do tej, której doświadczamy na co dzień. Podczas podróży do świata duchowego szamani postrzegają duchy jako oddzielne byty, istniejące poza naszym własnym ja, byty, z którymi się komunikują i od których otrzymują pomoc. Dla szamana duchy są źródłem informacji, których ludzie nie mogą zdobyć sami, i uzdrowienia, którego sami nie mogą dokonać.

Doświadczam tego najgłębiej, kiedy udaję się w podróż, by postawić diagnozę. Czasami odbywam takie podróże w imieniu ludzi, których nigdy nie spotkałam i o których nic nie wiem. Nalegam, by przed podróżą nic mi o sobie nie mówili. Przekazy, jakie otrzymuję, zawsze są niewiarygodnie dokładne. Podróżom diagnostycznym przyjrzymy się bliżej w rozdziale piątym. Doświadczanie duchów jako bytów zewnętrznych nie jest dla mnie niczym wyjątkowym. Wielokrotnie podczas warsztatów szamańskich ludzie wracają z podróży zaskoczeni tym, czego się dowiedzieli od duchów-nauczycieli. Niektórzy, jeszcze zanim wyruszą w podróż, są przekonani, że znają odpowiedzi na swoje pytania. Nie posiadają się ze zdumienia, kiedy okazuje się, że jest inaczej, niż się spodziewali.

Dla człowieka Zachodu odpowiedź na pytanie, czy duchy istnieją poza naszymi umysłami, nie jest tak oczywista jak dla szamana. Ludzie często wątpią, czy naprawdę podróżują po świecie duchów i spotykają „prawdziwe" duchy; są przekonani, że wizualizują je sobie i komunikują się z jakąś sferą własnej psychiki. Często bywa tak, że osoby wracające z podróży, choć otrzymały odpowiedzi, kwestionują swoje przeżycia i pytają mnie: „Skąd mam wiedzieć, czy naprawdę rozmawiałam z duchami? Może to tylko moja wyobraźnia?". Większość z nas, ludzi Zachodu, wzrastała w przekonaniu, że nie ma czegoś takiego jak duchy – w takim sensie, w jakim postrzega je szaman. Uczy się nas, że nie istnieją żadne niewidzialne istoty ani byty, a nawet w ogóle niewidzialna rzeczywistość. Wpojono nam, że rzeczywistość to to, co postrzegamy pięcioma zmysłami, na jawie. Ktoś mi powiedział:

> Jako małe dziecko myślałam, że duchy to karzełki, które siedzą w odbiorniku radiowym i sprawiają, że działa, albo małe stworzonka, które poruszają wskazówkami zegara. Potem dowiedziałam się, że istnieje ktoś zwany Bogiem. Sądziłam, że to taki olbrzym, który siedzi na niebie i jakoś nigdy nie spada. Myślałam, że te wszystkie karzełki są jego posłańcami, że przychodzą na ziemię, ukrywają się w drzewach, kwiatach i pod ziemią. Myślałam, że obserwują mnie, widzą wszystko, co robię, a potem opowiadają o tym Bogu. Kiedy dorosłam, przekonano mnie, że tylko to, co postrzegamy pięcioma zmysłami, jest realne, a inne rzeczywistości i duchy, włącznie z tymi, które oglądamy w filmach i o których czytamy w bajkach, to czysty nonsens.

Nietrudno zrozumieć, dlaczego tak wielu ludzi nie potrafi uwierzyć w „realność" swoich szamańskich podróży. Nawet jeśli ktoś postanowi uwierzyć w istnienie duchów, wczesna edukacja, zakorzeniona głęboko w umyśle, w sposób nieunikniony wpływa na to, co przeżywamy i jak patrzymy na świat.

Jak zatem postrzega duchy Zachód? Częściową odpowiedź możemy znaleźć w teoriach wysuwanych przez lekarzy i socjologów. Tradycyjnie psychiatrzy i psychologowie domniemane spotkania z duchami interpretują albo jako halucynacje, albo manifestacje podświadomości. Niektórzy terapeuci i psychologowie w gruncie rzeczy stosują metody terapeutyczne obejmujące podróże szamańskie, mimo że nie wierzą w istnienie duchów jako bytów niezależnych od ego. Podróż szamańską interpretują jako docieranie do różnych ukrytych obszarów osobowości lub psychiki, nie jako spotkanie z duchami.

Psychologia transpersonalna ujmuje rzecz inaczej. W odróżnieniu od tradycyjnych, psychologowie transpersonalni kontakt z tym, co szaman nazwałby duchami pomocniczymi, interpretują jako komunikację z transcendentnymi aspektami psychiki, które lokują p o n a d i p o z a e g o. Uznają istnienie duszy i doceniają ją jako siłę przewodnią. Jest to zasadniczo to samo, co często nazywa się wyższym ja – Jung[2] stosował termin „*self*", a Gurdżijew[3] „esencja".

Ale nawet psychologowie transpersonalni nie zawsze przyznają – jak szamani – że duchy są zewnętrznymi bytami, z którymi możemy się porozumiewać. Owa wyższa mądrość, z którą – jak twierdzą – wchodzimy w kontakt, może być postrzegana jako oddzielna od ego i osobowości, ale nie jako coś zewnętrznego. Tym niemniej psychologia transpersonalna przyznaje, że możliwe jest czerpanie mądrości ze źródeł, które leżą poza ego i jednostkową świadomością i zadaje sobie dużo trudu, by do tych źródeł dotrzeć.

Kolejne popularne podejście, jakie przyjęli ludzie Zachodu, by wyjaśnić, czym są szamanizm i duchy, nawiązuje do prac Carla Gustava Junga[4] na temat zbiorowej nieświadomości i archetypów[*]. W moim przekonaniu jednak głębsza analiza pism Junga mogłaby nas skłonić

---

* Jung rozróżnia nieświadomość zbiorową i personalną (jednostkową). Nieświadomość personalna jest właściwością konkretnej osoby, natomiast nieświadomość zbiorowa jest wspólna wszystkim ludzkim istotom. Składają się na nią archetypy, czyli obrazy i symbole wspólne dla wszystkich kultur. Nieświadomość zbiorową ma każda jednostka, dzięki wspólnemu instynktowi, wspólnym doświadczeniom i wspólnej kulturze. W procesie uogólniania w ludzkim umyśle te wspólne elementy łączą się w substrat psychiczny zwany zbiorową nieświadomością, zasadniczo identyczny u każdej jednostki. Można na przykład oczekiwać, że archetyp wielkiej matki będzie u wszystkich ludzi bardzo podobny, jako że wszystkie dzieci mają wrodzoną potrzebę posiadania troskliwego opiekuna/opiekunki (ludzki instynkt); każde dziecko musi mieć w niemowlęctwie albo matkę, albo jej surogat (wspólne doświadczenie); niemal każdemu dziecku wpaja się społeczną koncepcję matki (wspólna kultura). Mieszanina tych elementów jest źródłem archetypu. Jungowski archetyp jest wzorcem myślowym mającym paralele w różnych kulturach świata (np. Komunia Święta w Europie i tecqualo w starożytnym Meksyku) lub u jednostek (np. dziecięcy obraz rodzica jako zarazem bohatera i tyrana, nadczłowieka i ogra). Jung sądził, że te archetypowe obrazy i idee tkwią na nieświadomym poziomie umysłu każdego człowieka i są dziedziczone. Tworzą substancję zbiorowej nieświadomości i przejawiają się w postaci obrazów, wzorców i symboli, które ze zbiorowej nieświadomości przenikają do snów i baśni. Cztery znane archetypy wyróżnione przez Junga to: *self*, cień, *anima* i *animus*.

do wyciągnięcia wniosku, że koncepcje jungowskie są bardzo zbliżone do koncepcji szamańskich.

Dla Junga zbiorowa nieświadomość jest rozległą dziedziną, odpowiadającą niezwyczajnej rzeczywistości Castanedy[5] i światu duchów szamana, dziedziną obejmującą o wiele więcej niż nasza jednostkowa nieświadomość. Obejmuje ona wszystko, co istnieje. Jung twierdził ponadto, że duchy, niezależnie od tego, czy są manifestacją archetypu *self* (koncept odpowiadający duszy), czy też zewnętrznymi bytami, są postrzegane przez jednostkę jako zewnętrzne.

Twierdził także, że we wszystkim, czego doświadczamy, pośredniczy psychika (złożona z jednostkowej i zbiorowej nieświadomości). Jest więc oczywiste, że duchy pojawiają się jako manifestacje archetypów. To jednak nie czyni ich mniej realnymi! Widzimy więc, że jungowski pogląd na wszechświat i ludzką świadomość jest bardzo zbliżony do koncepcji szamana. W obu przypadkach zakłada się istnienie ukrytej na co dzień rzeczywistości, która jest rzeczywistością „prawdziwą", leżącą poza naszym ego. W chwilach kiedy znajdujemy do niej dostęp, jesteśmy w stanie osiągnąć mądrość, która znajduje się poza *ja*.

Czy wziąwszy to wszystko pod uwagę, potrafimy pojąć prawdziwą naturę duchów? Czy potrafimy odpowiedzieć na pytanie: czy duchy naprawdę istnieją jako niezależne byty? Czy są konstruktami naszych umysłów lub wyższego ja, czy też istnieją poza granicami ego? Niestety za pośrednictwem środków, jakimi dziś dysponujemy, nie jesteśmy w stanie udowodnić istnienia duchów w sensie szamańskim. Każdy z nas, opierając się na własnym światopoglądzie, wierzeniach i doświadczeniu, sam powinien osądzić, z czym ma do czynienia.

W tym miejscu chciałabym zacytować słowa Rogera Walsha[6], który zgrabnie podsumowuje to zagadnienie: „W świetle tego wszystkiego samo to, że nie potrafimy ustalić jednoznacznie, czy istnieją duchy, przejścia do innych światów i byty niefizyczne, nie jest wcale zaskakujące. Odzwierciedla to po prostu naszą ignorancję, a także, być może, odwieczne ograniczenia naszych możliwości poznania. Zapewne nas to nie satysfakcjonuje, ale przynajmniej skłania do pożytecznej pokory".

Wybrałam się w magiczną podróż, by zapytać duchy pomocnicze, jaka jest natura duchów. Lecz odpowiedź, którą otrzymałam, znowu mi przypomniała, że ważne jest nie tyle to, czym duchy są, ile to, co robią:

> Nie możesz jednoznacznie zdefiniować duchów. Nie da się tego zrobić w sposób naukowy. Możesz opisać, pod jakimi postaciami się pojawiamy, co robimy, jak nasza pomoc zmienia ludzkie życie, jak otwiera okna w ludzkim życiu, jak otwiera wewnętrzne oczy i uszy, jak sprawia, że ludzie mogą zajrzeć głębiej w siebie i lepiej słyszeć ważne przekazy. Pomagamy ludziom dotrzeć do tych obszarów umysłu, do których normalnie nie docierają. Wszyscy chodzicie po świecie z zamkniętymi umysłami, z ograniczeniami, które sami na siebie nakładacie. Macie klapki na oczach, widzicie jedynie tyle, ile sami sobie pozwalacie widzieć, ponieważ od maleńkości wbija się wam do głów, co jest możliwe, a co takie nie jest. Macie ograniczone możliwości pojmowania. Dajemy wam to, co niemożliwe, pomagamy poszerzyć granice umysłu, zdejmujemy klapki z oczu. Dzięki temu możecie widzieć więcej. Zaczynacie widzieć daleko, wokół siebie, nie tylko to, co przed wami. Wyostrzają się wasze zmysły. Wychodząc poza granice umysłu, ufając, wchodzicie w świat, do którego normalnie wejść nie umiecie. Wyobraź sobie swoją głowę jako pudło – my sprawiamy, że jedna ze ścian tego pudła znika. Oczami i uszami sięgasz poza nie, Twój umysł się rozszerza.

CZY SZAMANIZM JEST PRAKTYKĄ DUCHOWĄ?

Szamanizm jest najstarszą z duchowych praktyk ludzkości, ale co to tak naprawdę znaczy? Czym jest praktyka duchowa? Czym jest duchowość? I w jaki sposób praktyki szamańskie mogą nas prowadzić na ścieżkę duchowego rozwoju? Oto pytania, na które spróbujemy odpowiedzieć w tym podrozdziale.

Wielu ludziom duchowość kojarzy się z religią. Jestem jednak przekonana, że duchowość nie ma nic wspólnego z żadną konkretną religią ani dogmatami religijnymi. By możliwy był rozwój duchowy, nie trzeba specjalnego miejsca kultu, specjalnych rytuałów i praktyk ani też pośrednika między człowiekiem a boskością. Każdy z nas może odkryć w sobie duchowość, niezależnie od tego, czy wyznaje jakąś religię, czy nie.

Trudno byłoby sformułować jedną, wszechobejmującą definicję duchowości. Duchowość jest sprawą prywatną i osobistą. Każdy z nas rozumie ją na swój sposób i to rozumienie może z czasem ewoluować. Nie podejmę więc próby definiowania duchowości. Przytoczę za to kilka nauk przekazanych mi przez duchy i przedstawię własne przemyślenia.

Prowadząc warsztaty szamańskie, zawsze kładłam szczególny nacisk na rozwój duchowy. Niektórzy uczestnicy moich kursów podróżowali do swoich duchów, by spytać je o duchowość. Przekazy, z jakimi wracali, były tak wspaniałe, że pragnęłabym móc zaprezentować je tu wszystkie, ale z żalem muszę się ograniczyć do niewielkiej próbki.

Opowiem o tym, czego pewna kobieta dowiedziała się o duchowości od swego ducha-nauczyciela. Podczas podróży Nurit spotkała wielu nauczycieli – cieślę pracującego nad kawałkiem drewna, matkę karmiącą dziecko, rzeczny kamień i króla Salomona. Wszyscy oni podzielili się z nią przemyśleniami na temat duchowości.

Oto, co przekazał jej cieśla:

> Duchowość jest tym, co w tej chwili robię. Jestem jednością z tym kawałkiem drewna, jestem jednością z przecinaniem go, jestem jednością ze swoimi narzędziami, jestem całkowicie obecny. Odcisnąłem na tym drewnie swoje piętno i jest ono świadkiem, że wziąłem udział w dziele stworzenia. Tym jest dla mnie duchowość.

Karmiąca matka powiedziała:

> Duchowość jest dla mnie dzieckiem, które wydałam na świat i o które się troszczę. Odpowiadam za jego dorastanie, muszę dać mu wszystko, czego potrzebuje, by rozwijać się oraz by stało się częścią nieskończonego łańcucha pokoleń, który bierze udział w dziele stworzenia.

Kamień zaś powiedział:

Jestem tutaj, obecny i świadomy. Woda mnie opływa, czasem silnym, czasem delikatnym nurtem. Zmieniam się pod wpływem wody i wiatru, ale zawsze tu jestem. To jest duchowość.

Wreszcie odezwał się sam król Salomon:

Byłaś już w kilku miejscach, ale dotknęłaś bardzo małej części mojego królestwa. Jestem królem, jestem dyrygentem chóru, chóru świadków dzieła stworzenia. Daję swojemu ludowi sposobność uczestniczenia w stworzeniu. Każdy ma swój udział w jego historii. Każda dusza ma rolę do odegrania: służyć wieczności, służyć świętości – to jest duchowość, to jest wolność. Jestem królem i moją rolą jest pomagać ludziom panować nad własnymi królestwami. To jest moja misja. Nauczam ich przez poezję, metafory i przez to, co robię; taka jest moja rola, to jest dla mnie duchowość. Nie ma różnicy – duch i duchowość są wszędzie takie same. Kamień, woda, drewno, narzędzia – wszystkie one są tym samym, tylko forma, jaką przybierają, może się zmieniać. Ty, zwykłymi słowami, powiedziałabyś, że wszechświat to nieskończona liczba możliwości i wyborów, a duchowość to bycie świadomym ich wszystkich, poprzez opanowanie tego co fizyczne, emocjonalne i rozumowe. Duchowość to zdolność dokonywania wyboru.

Jasne jest, że podczas tej podróży duchy pokazywały Nurit różne sposoby rozumienia duchowości. Przytaczam tu jej własne interpretacje każdej z metafor i przekazów, które otrzymała. Oto jak zrozumiała przekaz cieśli:

Jesteśmy uduchowieni, kiedy jesteśmy jednością, kiedy cali jesteśmy tym, co robimy, kiedy jesteśmy w harmonii z wszechświatem. W tym stanie nieustannie coś tworzymy, nieważne co. W dziele stworzenia każdy ma do odegrania swoją rolę, a każda z nich jest ważna i dostarcza wszechświatowi energii.

Słowa matki zrozumiała tak:

> Duchowość jest jak rodzenie. Cokolwiek tworzymy, bierzemy na siebie odpowiedzialność. Musimy zapewnić swemu dziełu jak najlepsze warunki do rozwoju. Taki jest nasz udział w dziele stworzenia.

Wiadomość kamienia oznaczała dla niej:

> Uduchowienie pozwala nam dotrzeć do źródeł własnej wewnętrznej mocy. W czasach burz i w czasach spokoju potrafimy się zmieniać wraz z naturą i godzić się z tym, że życie i śmierć to część niekończących się przemian i cykli wszechświata.

A oto co wyczytała ze słów króla Salomona:

> Duchowość jest tym, co integruje różne aspekty naszej osobowości. Jest jak dyrygowanie chórem życia, w którym słychać różne głosy i brzmienia. Duchowość oznacza mistrzowskie opanowanie wszystkich partii, wszystkich emocji i włączenie ich w nasze różne światy, co czyni je świętymi, spełnionymi i wolnymi. Istota naszego ducha jest taka sama, zmieniają się tylko formy, w które ludzie ubierają duchowość.

Podróż ta pokazuje, że duchowość można rozpatrywać na wielu płaszczyznach.

Chciałabym przytoczyć jeszcze jedną relację z podróży po wiedzę o duchowości. Inbal zobaczyła podczas podróży archipelag pływających wysp. Na każdej z nich stał jeden człowiek. Wszyscy wydawali się nieświadomi obecności pozostałych. Duch opiekuńczy podpowiedział Inbal:

> Wydaje ci się, że jesteś sama, ale tak nie jest. Twoja droga duchowa to rozpoznawanie tego, co istnieje naprawdę w odróżnieniu od tego, co ci się wydaje. Ci ludzie są przekonani, że wokół nich nic nie ma i dlatego widzą, że wokół nich nic nie ma, chociaż prawda jest całkiem inna.

> Zabierz ze sobą ten obraz. Oznacza on bardzo dosłownie, że wszystko wokół ciebie jest nie tylko żywe, ale bezpośrednio, bardzo mocno z tobą związane i ma na ciebie wpływ. Duchowość to usilne dążenie do poznania prawdy, prawdziwej natury rzeczy.

Potem Inbal w towarzystwie ducha opiekuńczego zeszła z wyspy na ścieżkę wiodącą do wielkiej posiadłości. Na drodze stanął im rozbójnik z maczugą. Zagrodził przejście, wyglądał groźnie. Zapytał: „Dokąd idziesz?"

Duch opiekuńczy wyjaśnił:

> Duchowość to także pokonywanie strachu. Dlaczego zatrzymałaś się w pół drogi, kiedy jest tyle miejsca, żeby ominąć rozbójnika? On tu tylko stoi. To niewiedza. Duchowość to przezwyciężanie strachu i niewiedzy. Ich siły są połączone. Strach stoi tu, żeby cię powstrzymać, a niewiedza i brak wyobraźni powstrzymują cię przed przejściem przez strach.

Ram Dass opisał kiedyś duchowość jako „podróż, która jest przejściem od prawdy do najgłębszej prawdy". Dla mnie ta podróż zaczyna się od odkrycia mojej własnej prawdy, odważnego spojrzenia w głąb siebie, uczciwości wobec siebie i innych. Większość z nas ma z tym kłopot. Niełatwo być zawsze uczciwym wobec innych, nie mówiąc już o sobie. Dlaczego tak jest? Cóż takiego powstrzymuje mnie od bycia uczciwą wobec siebie i innych? Cóż takiego powstrzymuje mnie od spojrzenia w lustro?

Dwa pozornie odległe przekazy z opisanych podróży mówią o duchowości w relacji do prawdy i strachu. Po głębszym zbadaniu te dwa motywy okazują się mocno ze sobą związane. Zacznijmy od tego, jaką rolę odgrywa w naszym życiu strach i jak może zakłócić nasz duchowy rozwój.

Pierwszy raz doświadczamy strachu we wczesnym dzieciństwie, w chwili, kiedy zaczynamy rozumieć, że świat nie jest naszym przedłużeniem, że jesteśmy odizolowani od wszystkiego, co nas otacza. Zdajemy sobie sprawę, że matka nie jest nami, że to, co jemy, nie jest nami, że wszystko i wszyscy w naszym otoczeniu to osobne byty, których nie możemy kontrolować. To odseparowanie od świata możemy sobie uświadomić już w chwili narodzin, kiedy po raz pierwszy oddzielamy się od matki – źródła życia i pocieszenia. I już wtedy może nas to napełnić lękiem.

Ale ten lęk, który odczuwamy na poziomie egzystencjalnym, uczucie osamotnienia i izolacji od otoczenia, jest właściwie bezpodstawny. Prawda jest taka, że wszyscy jesteśmy połączeni ze sobą nawzajem i ze wszystkim, że jesteśmy częścią tego, co widzimy wokół siebie. Sieć wzajemnych zależności potwierdza nawet współczesna fizyka kwantowa, a przytoczona relacja z podróży dobrze ją wyjaśnia. Jesteśmy po prostu ślepi na ten fakt, nie wiemy nic o prawdziwym stanie naszej egzystencji. Lęki towarzyszą nam niemal na każdym kroku i mają na nas ogromny wpływ. Można powiedzieć, że istnieją dwa parasole emocjonalne, pod którymi się w życiu chronimy: miłość i strach. Większość z nas swoje życie przeżywa pod parasolem strachu. Lęk rodzi zazdrość, gniew, osądzanie, nienawiść, poczucie winy i wszystkie emocje, które uważamy za negatywne. Pod wpływem strachu zakładamy klapki na oczy, ograniczamy się i tracimy kontakt z własnymi wewnętrznymi twórczymi mocami. Lęk nie pozwala nam być uczciwymi wobec samych siebie i wobec innych, nie pozwala porzucić konformistycznych zachowań. Od czasu do czasu udaje nam się wejść pod parasol miłości i dotknąć swojej prawdziwej duszy. To wtedy mamy w rękach swoją prawdziwą moc, doświadczamy prawdziwej wspaniałomyślności, współczucia, zrozumienia i wszystkich innych emocji, które uważamy za pozytywne i dobre.

Czego tak naprawdę się boimy? Jest mnóstwo rzeczy, których możemy się bać. Boimy się odkryć w sobie coś, co nam się nie spodoba, boimy się, że coś lub kogoś stracimy, że wydamy się innym głupi, że ludzie nie będą nas szanować albo akceptować. Boimy się porażek, upokorzeń i porzucenia. Boimy się wreszcie nieznanego. Lub, jak trafnie konkluduje Susan Jeffers w książce *Mimo lęku: jak żyć szczęśliwie i aktywnie wbrew dręczącym nas obawom:* „u podłoża każdego z naszych lęków leży po prostu strach, że nie damy sobie rady z tym, co przyniesie życie”[7].

Strach jest dla człowieka rzeczą „straszną". Boimy się tego uczucia, zwłaszcza że od dzieciństwa uczono nas unikać go za wszelką cenę. Jednak aby się rozwijać, musimy się odważyć na konfrontację ze strachem. Był tylko jeden sposób, by Inbal mogła iść dalej swoją drogą i dojść do celu: musiała stawić czoła swoim lękom, symbolizowanym przez uzbrojonego rozbójnika. Jeśli naprawdę pragniemy rozwijać się duchowo, prędzej czy później będziemy musieli stawić czoła lękom i pokonać je. Jeśli będziemy działać mimo strachu, jeśli strach potraktujemy nie jak wroga, lecz jak nauczyciela, być może nauczymy się tej cennej rzeczy, jakiej ma nas nauczyć, i otworzymy oczy na prawdę o sobie. Dopiero wtedy będziemy w stanie docenić własną wewnętrzną siłę i piękno, a w końcu weźmiemy swoje życie we własne ręce.

Kiedy nam się to uda, odkryjemy, że to nie strach nas powstrzymuje, ale my sami. Jak powiedział duch-nauczyciel, strach tylko staje nam na drodze, ale prawda jest taka, że nic nie może nas powstrzymać od przejścia obok niego. Lęk jest tak naprawdę tylko grą pozorów.

Lęk jest złudzeniem, bo to, czego się tak rozpaczliwie boimy, nie jest prawdziwe. Kiedy stawiamy czoła lękom, nieuchronnie tracą nad nami władzę. Odkrywamy, że to, czego tak bardzo się baliśmy, nie jest wcale takie straszne. Lęk jest barierą między nami a prawdą, między nami a uczciwością, między nami a samospełnieniem, ponieważ wypacza nasz obraz świata i nas samych[8].

W tym świetle metafora wysp, którą Inbal zobaczyła podczas podróży, może być zinterpretowana na głębszym poziomie. Jeśli się jej bliżej przyjrzymy, zdamy sobie sprawę, że chodzi nie tylko o to, że wszyscy jesteśmy ze sobą powiązani, ale także o to, że po prostu nie postrzegamy rzeczywistości taką, jaką jest. Innymi słowy, za pośrednictwem tej metafory duchy mówią nam, że wszyscy żyjemy złudzeniami. Podobnie zresztą twierdzi wielu szamanów – uważają, że zwyczajna rzeczywistość, taka, jakiej doświadczamy, nie jest „prawdziwym" światem, ale kłamstwem i iluzją, a prawdziwy świat leży w niezwyczajnej dziedzinie ducha. W naszej zwykłej rzeczywistości jesteśmy spętani ograniczeniami ego, systemu przekonań, porównań i osądów, i wreszcie lęków. Są jak ciemne okulary, które zawsze nosimy na oczach, przez które postrzegamy i interpretujemy świat. Są jak ciemne szkła, które nie dopuszczają do naszej świadomości prawdziwej natury świata.

Jak naucza duch-nauczyciel, rozwijamy się duchowo po to, by zobaczyć świat takim, jakim jest naprawdę, by zrzucić ograniczenia. Kiedy stawiamy czoła lękom i pokonujemy je, zaczynamy stopniowo zdejmować ciemne okulary.

Jasne więc jest, że aby rozwijać się duchowo, musimy zdawać sobie sprawę ze swoich lęków. Ale to nie wszystko. Ważne jest także, żeby nie uważać ich za złe. Strach jest nieodzowną częścią życia, do pewnego stopnia jest nawet potrzebny. Strach jest przecież naturalną i zdrową fizjologiczną reakcją na niebezpieczeństwo. Problem zaczyna się wtedy, kiedy widzimy niebezpieczeństwo tam, gdzie tak naprawdę go nie ma. Nie chodzi o to, żeby całkowicie pozbyć się strachu, ale żeby zrozumieć, jak działa. Pierwszym krokiem do uwolnienia się jest więc rozpoznanie, że doznajemy strachu i zrozumienie, jaki wpływ ma on na nasze życie. Dopiero wówczas możemy zacząć podążać duchową drogą.

Większość z nas przeżywa w życiu chwile całkowitej wolności od strachu. Nazywamy je przeżyciami duchowymi, ale w gruncie rzeczy są to chwile, kiedy po prostu doświadczamy samych siebie i świata wokół nas takiego, jakim jest – nie porównujemy, nie osądzamy, nie stawiamy oporu, nie boimy się. Piękno takich chwil polega na tym, że właściwie nie ma w nich nic specjalnego. Bywają to chwile zwykłe, niemal przypadkowe. Nigdy nie zapomnę, co czułam, kiedy po raz pierwszy zobaczyłam Wielki Kanion. Stojąc na pustyni i patrząc w dal, czułam, jak przepełnia mnie zachwyt i trwoga. Byłam wolna od umysłu, wolna od myślenia. Poczułam się mała, pokorna wobec świata, a jednocześnie bardzo silna, zjednoczona ze wszystkim wokół. Nigdy przedtem nie czułam się taka żywa, wolna i radosna.

O przeżyciach takich jak to, przekazach i naukach podobnych do tych, które otrzymujemy od duchów-nauczycieli, mówią niemal wszystkie filozofie duchowe. Życie według tych wskazówek, uwolnienie się od strachu nie jest wcale takie łatwe. Świadomość, że *powinniśmy* się skonfrontować ze swoim strachem i stawić mu czoła, niekoniecznie pomaga to zrobić. Uświadomienie sobie tej konieczności może jednak być pierwszym krokiem do wprowadzenia tych wskazówek w życie i, jak mówią szamani, do przejścia od słów do czynów. Ale to dopiero pierwszy krok. Kiedy go zrobimy, znajdziemy swoją drogę, swoją własną ścieżkę duchową, która pomoże nam się rozwijać. Dla mnie tą ścieżką jest szamanizm.

Pragnę zakończyć ten rozdział przekazem, który pewna kobieta otrzymała od swego ducha opiekuńczego:

> Oto na czym polega szamanizm: niesie światłość i życie w miejsca mroczne. Jak tylko zapalisz choćby małe światełko, rozszerzy się ono nieuchronnie. Światło roztacza ciepło, ciepło jest źródłem życia, życie przynosi świadomość, świadomość z kolei łączność z wszechświatem, a łączność ta – prawdziwszą wizję rzeczywistości. Prawdziwsza wizja rzeczywistości przynosi spokój umysłu, a spokój umysłu rodzi miłość. A miłość to duchowość.

❋ ❋ ❋

Kiedy pozbywam się strachu,
staję się światłością,
staję się życiem.
Jestem żywy i pełen energii.
Jestem wrażliwy,
jestem potężny.
Jestem wdzięczny, że żyję.
Zima 2001

❋ ❋ ❋

ROZDZIAŁ 5

PRADAWNE I WSPÓŁCZESNE UZDRAWIANIE SZAMAŃSKIE

Tragedią człowieka jest to, co w nim umiera jeszcze za życia.

ALBERT SCHWEITZER

W roku 1987 przeniosłam się z Anglii do Nowego Jorku. Jedyną osobą, która wyciągnęła do mnie wówczas pomocną dłoń, była Sara. Zostałyśmy dobrymi przyjaciółkami. Była zaręczona z pewnym muzykiem, mieli się wkrótce pobrać. Pewnego dnia zwierzyła mi się, że Greg cierpi na ostre bóle kręgosłupa i zapytała, czy nie mogłabym mu pomóc hipnozą, ponieważ Greg próbował już niemal wszystkiego i ani lekarze, ani uzdrowiciele nie zdołali odnaleźć przyczyn tych dolegliwości i uwolnić go od nich. Zgodziłam się i umówiłam się z Gregiem.

Na dzień przed naszym spotkaniem, o drugiej nad ranem zadzwoniła do mnie zrozpaczona Sara. Poinformowała mnie, że są w szpitalu. U Grega zdiagnozowano raka w bardzo zaawansowanym stadium. Dawano mu tylko trzy tygodnie życia.

A jednak przeżył dalszych sześć. Był w strasznym stanie, podłączony do rurek, opuchnięty, nie do rozpoznania. Miał wiele do stracenia. Jego córka miała niedługo skończyć uniwersytet, zbliżała się data ślubu z Sarą. To zrozumiałe, że kurczowo trzymał się życia.

Studiowałam wtedy programowanie neurolingwistyczne (NLP), a jeden z kolegów z grupy, John, często wspominał o reiki. Nie miałam pojęcia, co to takiego, i nie byłam tym specjalnie zainteresowana. Pewnego dnia z czystej bezsilności podeszłam do Johna i zapytałam, czy reiki mogłoby pomóc Gregowi. Nie był pewien, ale obiecał, że odwiedzi go w szpitalu i przeprowadzi zabieg. W czwartek poddali mu się oboje – i Sara, i Greg. W piątkową noc po raz pierwszy od trzech miesięcy Sara postanowiła pójść do domu i się wyspać. Przy Gregu została jego siostra. O północy, kiedy Sara była w domu, Greg spokojnie odszedł...

Dla mnie było to najwspanialsze wyzwolenie, jakiego człowiek może dostąpić.

CHOROBA I UZDRAWIANIE Z PERSPEKTYWY MIĘDZYKULTUROWEJ

Chociaż szaman pełni wiele rozmaitych funkcji, jego najważniejszą rolą jest bez wątpienia rola uzdrowiciela. Szamańskie rozumienie zdrowia, choroby i uzdrawiania jest rozumieniem jedynym w swoim rodzaju. Chociaż w każdej kulturze praktykuje się jakieś formy uzdrawiania, między społecznościami szamańskimi istnieją wyraźne zbieżności. W tym rozdziale spróbuję omówić podstawowe koncepcje zarówno szamańskich, jak i zachodnich praktyk związanych ze zdrowiem, chorobami i ich leczeniem. Przyjrzymy się także bliżej różnym szamańskim metodom leczenia oraz temu, jak się je stosuje do leczenia samych siebie i innych.

Czym jest uzdrawianie?

Słowniki Webstera i oksfordzki podają następujące definicje słowa *uzdrowić*: „uczynić zdrowym, przywrócić zdrowie i równowagę" oraz „przywrócić zdrowie, uleczyć, stać się zdrowym". Definicje te odnoszą się zasadniczo do wszystkich terapii i wszystkich leków stosowanych współcześnie na Zachodzie. Ale definicje słownikowe są zbyt ogólne, aby mogły precyzyjnie ująć wszystko, co większości ludzi Zachodu kojarzy się z uzdrawianiem. Faktem jest, że słowa *uzdrawianie* i *uzdrowiciel* nie mają zalegalizowanego miejsca we współczesnej medycynie zachodniej. Słowo *uzdrowiciel* ma często zabarwienie pogardliwe – w potocznym pojęciu to szarlatan, oszust. Kiedy myślimy o uzdrowicielu, w naszym umyśle powstaje obraz nie lekarza medycyny, ale raczej plemiennego znachora lub specjalisty od terapii alternatywnej.

Niezależnie od konotacji, jakie uzdrawianie ma dla ludzi Zachodu, samo w sobie jest ono trudne do zdefiniowania, zwłaszcza kiedy próbujemy spojrzeć na to z perspektywy międzykulturowej. Jest tak, ponieważ definicja uzdrawiania nieuchronnie musiałaby wypływać z uwarunkowanego kulturowo światopoglądu w sensie ogólnym, opierać się na definicji choroby i zdrowia ukształtowanych w danej kulturze. Tak więc to, jakie metody uzdrawiania wybieramy i jak mierzymy sukces uzdrawiania, zależy w dużym stopniu od tego, z jakiej kultury się wywodzimy.

Trudności, jakie napotykamy, próbując zdefiniować uzdrawianie, nie wynikają jednak wyłącznie z różnic kulturowych. Nawet kosmopolityczna medycyna zachodnia nie sformułowała jednej spójnej definicji uzdrowienia czy wyleczenia. Lekarze i pacjenci oceniają, co jest uzdrowieniem, a co nie z różnych punktów widzenia. Lekarz jest skłonny za decydujący parametr uważać zmiany biologiczne, pacjent zaś kładzie nacisk na swoje subiektywnie odczuwane dobre samopoczucie i mierzy sukces kuracji tym, czy czuje się lepiej, czy nie[1].

Życie i śmierć w uzdrawianiu szamańskim

Stwierdziliśmy, że szamańska wizja świata pod wieloma względami znacznie się różni od współczesnego światopoglądu obowiązującego na Zachodzie. Nie dziwi nas więc, że szamańska koncepcja zdrowia i choroby także bardzo odbiega od podejścia współczesnej medycyny.

Uzdrawianie szamańskie i choroby psychosomatyczne

Najistotniejsza różnica między społeczeństwami szamańskimi a współczesnymi tkwi w ich rozumieniu uzdrowienia w kontekście życia i śmierci. W kulturach szamańskich uzdrowienie nie musi oznaczać uzdrowienia ciała. Celem szamana nie jest przedłużenie życia jako takiego, ale raczej dążenie do harmonii między chorym a wszystkimi innymi aspektami kosmosu. Osiągnięcie harmonii i jedności może przynieść w efekcie powrót do zdrowia i dobrego samopoczucia, ale może też się skończyć fizyczną śmiercią chorego. Dla ludzi Zachodu taki pogląd na uzdrowienie jest niezrozumiały. Podejście zachodnie ponad wszystko stawia ratowanie życia. Śmierć zatem uważa się za porażkę. W istocie brak zaufania ludzi Zachodu do uzdrawiania szamańskiego często wynika z „niepowodzeń" szamanów, przejawiających się niezdolnością do utrzymania pacjenta przy życiu.

Dla szamana „życie i śmierć nie mają większego znaczenia, ponieważ życie i śmierć to tylko różne doświadczenia na jednym kontinuum istnienia"[2]. Tak więc z szamańskiego punktu widzenia nawet śmierć można uznać za uzdrowienie. Jak już stwierdziliśmy w rozdziale drugim, czasami, aby doszło do prawdziwego uzdrowienia, człowiek musi w jakiś sposób umrzeć, a śmierć ta wywołuje w nim przemianę.

Utrata duszy i duchowe intruzje

W porównaniu ze współczesną medycyną zachodnią szamańskie tradycje uzdrawiania kładą znacznie większy nacisk na „zakłócenia duchowe". Zdrowie i choroba, tak jak samo uzdrowienie, są zawsze kwestią ducha. Podejmując próbę uzdrowienia, szaman zwraca się ku dziedzinie duchów w poszukiwaniu remedium, a ponieważ wszystkie problemy zdrowotne są związane ze stanem duszy człowieka, większość szamańskich praktyk uzdrowicielskich ma na celu przede wszystkim zachowanie, ochronę i karmienie duszy. Według kultur szamańskich dwie najczęstsze przyczyny choroby to utrata duszy i szkodliwe duchowe intruzje.

Do utraty duszy, którą w niektórych kulturach nazywa się porwaniem lub uprowadzeniem duszy, dochodzi wtedy, gdy z jakiegoś powodu dusza opuszcza ciało albo zostaje skradziona, porwana lub spłoszona. Utrata duszy i jej odzyskiwanie zostaną omówione szczegółowo pod koniec tego rozdziału. Szkodliwa intruzja następuje wtedy, kiedy w ciało człowieka wniknie jakiś magiczny przedmiot (na przykład niewidzialna strzałka) lub złośliwy duch. Dość często chorobę postrzega się jako rezultat utraty duszy. Ta utrata osłabia człowieka, co otwiera drzwi złemu duchowi, a to z kolei pociąga za sobą pogorszenie się stanu chorego. W obu przypadkach jedynie szaman jest w stanie pomóc i wyleczyć człowieka, albo sprowadzając utraconą duszę, albo usuwając obce ciało.

Z wiarą w to, że w ciało człowieka wnikają obce duchy wywołujące choroby, spotykamy się bardzo często, pod rozmaitymi postaciami i w wielu kulturach. Ewenowie z północno-wschodniej Syberii wierzą, że choroba jest bezpośrednią konsekwencją wniknięcia w ludzkie ciało złych duchów. Uważają na przykład, że duch ospy ma postać rudowłosej europejskiej kobiety. Lud Wayapi z kolei odpowiedzialnością za śmierć zawsze obarczał *paje* (szamana). Wayapi wierzyli, że kiedy ktoś rozgniewał szamana, ten wysyłał niewidzialne strzałki, które penetrowały ciało człowieka i zabijały go.

Dawne ludy anglosaskie także uważały, że chorobę wywołuje szkodliwa intruzja duchowa. Wierzenie to znajduje odbicie w koncepcji strzały elfa: człowiek trafiony strzałą elfa zaczynał chorować. Zarówno strzały, jak i elfy były niewidzialne dla zwykłego człowieka. Widziały je tylko wyszkolone oczy szamana[3]. Aby usunąć z ciała człowieka szkodliwego ducha, szaman wysysał z niego obce ciało lub wyruszał w magiczną podróż w zaświaty, by stanąć z duchem do walki. Szamani Jakutów próbują odstraszać złego ducha, wypłaszać go z ciała chorego hałasem i strasznymi gestami[4].

Jedna z fascynujących technik stosowanych przez Ewenów polega na przenoszeniu ducha choroby z ciała chorego na parę drewnianych ptaków. Odprawiając ten obrzęd, szaman sprawia, że ptaki odlatują do górnego świata, zabierając ze sobą chorobę. Ewenowie wierzą, że duch choroby rozdziela się na dwie części i nie będzie mógł wrócić do ciała pacjenta[5].

Szamańskie koncepcje zdrowia i choroby są na ogół obce zachodniemu umysłowi. Większość z nas wychowano w przekonaniu, że świat materialny jest jedyną rzeczywistością, jaka istnieje. Wiara w duchy jest uważana za przejaw ignorancji, prymitywny przesąd, myślenie magiczne lub regresję do wieku dziecięcego. Problemy, które według szamana wynikają ze schorzenia duszy i osłabienia jej mocy, według zachodnich lekarzy i naukowców mają źródło psychiczne lub fizjologiczne.

Choroba z perspektywy szamana

Kolejna różnica między szamańskim a zachodnim poglądem na zdrowie jest związana z pojęciem choroby. W naszym współczesnym rozumieniu choroba jest inwazją na ciało z zewnątrz. Uważa się, że należy ją wyeliminować, usunąć lub zniszczyć. Tymczasem szaman, mimo że intruzję może uznać za przyczynę choroby, rozważa przede wszystkim utratę osobistej mocy (lub utratę duszy), która osłabia i pozwala na intruzję obcego obiektu lub mocy. Uzdrawiający szaman stara się przede wszystkim dodać choremu sił, a dopiero potem usunąć z jego organizmu lub wyeliminować z duszy szkodliwy czynnik.

Ten pogląd na chorobę jest w zasadzie zaskakująco zgodny z najnowszymi trendami w zachodniej medycynie. Wiedza ta była i jest dostępna szamanom od wielu stuleci, ale zachodnia medycyna odkryła to stosunkowo niedawno, że aby rozmaite patogeny – takie jak wirusy i bakterie – mogły wywołać chorobę, układ odpornościowy człowieka musi najpierw zostać osłabiony w takim stopniu, aby choroba mogła się rozwinąć.

Najbardziej jednak znacząca różnica między zachodnią medycyną a uzdrawianiem szamańskim polega na tym, że szaman, w odróżnieniu od współczesnego lekarza, nie leczy chorób. Szaman leczy człowieka jako całość. W odróżnieniu od lekarza, który koncentruje się na cielesnych objawach choroby, szaman podchodzi holistycznie zarówno do choroby, jak i do uzdrawiania. Aby lepiej wyjaśnić podejście szamana do zdrowia, często porównuję ludzkie ciało do rydwanu ciągniętego przez trzy konie. Symbolizują one sferę emocjonalną, umysłową i duchową. Jeśli każdy z koni będzie ciągnął w inną stronę, rydwan nie ruszy z miejsca, jego równowaga zostanie zaburzona. Jeśli konie współpracują, rydwan może pędzić naprzód.

Zatem próbując postawić diagnozę, szaman wnikliwie bada różne aspekty życia człowieka, łącznie z sytuacją życiową z okresu przed chorobą. Interesuje się również rodziną pacjenta i jego otoczeniem społecznym, stanem emocjonalnym, tym, czy nie zostało złamane tabu, ważnymi snami chorego. Lekarz medycyny zaś ogranicza się do tego, co dzieje się z pacjentem pod względem fizycznym i chemicznym, nie bacząc na jego kondycję psychiczną, duchową i społeczną[6].

Arthur Kleinman[7], jeden z najwybitniejszych badaczy zdrowia i choroby, podaje dwie jej definicje (ang. *disease* i *illness*). Choroba w wąskim sensie, czyli *disease*, to „pierwotne zaburzenie funkcji biologicznych i psychicznych"; choroba w szerszym rozumieniu, czyli *illness*, jest „wtórną psychospołeczną i kulturową reakcją na chorobę (*disease*), czyli sposobem, w jaki reagują na nią pacjent, jego rodzina i otoczenie społeczne".

Od chwili, kiedy lekarze i uczeni zaczynają zdobywać wykształcenie, chcą badać raczej samą chorobę, jej objawy i stan chorego niż wpływ, jaki choroba wywiera na całość życia pacjenta. Szaman tymczasem leczy nie tylko psychiczne czy fizjologiczne objawy choroby, ale bierze też pod uwagę wszystkie dolegliwości i całościowe skutki, jakie choroba wywiera na życie chorego lub, jak ujął to pewien starszy członek plemienia Mohawków, „różnica jest taka, że biali lekarze traktują chorobę bardzo mechanicznie. Naprawia się człowieka, ale nie staje się on wcale lepszy, niż był do tej pory. U Indian można po chorobie stać się lepszym człowiekiem, o ile jest się odpowiednio leczonym"[8].

Rola wspólnoty społecznej w uzdrawianiu szamańskim

Kolejną różnicą pomiędzy uzdrawianiem szamańskim a współczesną zachodnią medycyną jest rola, jaką wspólnota społeczna odgrywa w przywracaniu do zdrowia chorego. Zachodnia opieka zdrowotna zapewnia pacjentom maksymalną ochronę prywatności. Szamani wolą leczyć chorych w obecności rodziny lub wspólnoty plemiennej. Nierzadko w obrzędzie uzdrawiania uczestniczą wszyscy członkowie plemienia, a członkowie rodziny mają czasem do odegrania ważną rolę.

Wydaje się, że niezależnie od kultury, wsparcie i miłość, jakie chory otrzymuje od innych, znacząco przyspieszają powrót do zdrowia. Obecność całej wspólnoty przy obrzędzie, troska i miłość członków plemienia zwiększają skuteczność obrzędu uzdrawiania. Chory dzieli się swoim stanem z całą wspólnotą, a rodzina i społeczność dotkniętego chorobą człowieka udziela mu wsparcia także po zakończeniu ceremonii.

Uzdrawianie szamańskie a choroby psychosomatyczne

Większość badaczy mogłaby stwierdzić, że szamani radzą sobie jedynie z problemami psychicznymi i ewentualnie z tymi dolegliwościami somatycznymi, których korzenie tkwią w psychice – znanymi jako dolegliwości psychosomatyczne (takie jak astma, migreny, pokrzywka, reumatoidalne zapalenie stawów). W związku z tym trzeba wyjaśnić dwie rzeczy. Po pierwsze, szamani nie leczą wyłącznie chorób o podłożu psychicznym albo psychosomatycznym. Są szamani, którzy leczą także choroby, takie jak cukrzyca czy nowotwory. Po drugie, przypomnijmy sobie dokładnie, co znaczy „psychosomatyczny", ponieważ rozróżnienie między „prawdziwymi" problemami fizycznymi a problemami „psychosomatycznymi" nie jest wcale jednoznaczne.

Termin „psychosomatyczny" był i wciąż jest nadużywany. Wiele osób rozumie go opacznie. Kiedy mówimy, że choroba jest psychosomatyczna, mamy na myśli to, że jej przyczyny leżą zarówno w *psyche* (umyśle), jak i w *soma* (ciele). Ten związek między czynnikami psychicznymi i fizjologicznymi nie jest związkiem przypadkowym, ale raczej implikuje interakcję między tymi dwoma czynnikami. Jednakże od jakiegoś czasu termin ów najczęściej jest używany na określenie dolegliwości fizycznej uwarunkowanej psychologicznie[9]. Dlatego mówi się: „to wszystko bierze się z głowy", „to na tle psychicznym", i sugeruje, że choroba jest wymysłem.

Takie stwierdzenie jest problematyczne z dwóch powodów. Po pierwsze, jeżeli pod pojęciem „psychosomatyczny" rozumiemy, że to wszystko „dzieje się tylko w głowie" lub że jest mniej realne, zaczynamy często dewaluować to, co chory przeżywa. Oznacza to co najmniej podejrzliwe podejście do choroby, co często sprawia, że chory zaczyna mieć wyrzuty sumienia, że na przykład zabrał lekarzowi cenny czas. Inni mogą czuć się winni, ponieważ dostali zwolnienie lekarskie, chociaż lekarz nie rozpoznał żadnej „prawdziwej" choroby. Po drugie, właściwie nie potrafimy odróżnić chorób psychosomatycznych od takich, które nimi nie są. Pelletier[10] twierdzi, że nawet do dziewięćdziesięciu procent chorób ma komponenty psychologiczne.

Jeanne Achterberg[11], jedna z najbardziej interesujących badaczek szamanizmu i medycyny postuluje, aby albo precyzyjnie i poprawnie zdefiniować chorobę psychosomatyczną w literaturze medycznej i psychologicznej, albo wprowadzić nowy termin (na przykład „choroba psychofizjologiczna"), który jasno oddawałby związek między sferą umysłową a fizyczną. Ponadto twierdzi ona, że rezultaty badań wielu dyscyplin (takich jak psychologia, biochemia i fizyka kwantowa) wskazują na to, że między chorobami psychicznymi a somatycznymi nie można przeprowadzić wyraźnej granicy:

> Psychiczne/fizyczne, ciało/umysł to fałszywe dychotomie, charakterystyczne dla naszej kultury. U schizofreników stwierdza się anomalie biochemiczne. Czy to oznacza, że schizofrenia jest chorobą somatyczną, czy umysłową? Nowotwór, cukrzyca, choroby serca mają przewidywalne psychologiczne korelacje. Do jakiej zatem kategorii mamy je zaliczyć?

Wspólny grunt

Na pierwszy rzut oka wydaje się, że między światopoglądem szamańskim a zachodnim rozciąga się głęboka przepaść. Jeśli jednak wnikniemy głębiej w istotę obu tych praktyk, dostrzeżemy zaskakujące podobieństwa. Wskazuje na nie Brian Bates w książce *Zapomniana mądrość wyrdu*[12]. Zarówno medycyna współczesna, jak i kultury szamańskie postrzegają chorobę jako konsekwencję osłabienia układu odpornościowego/duszy i inwazji niewidzialnych szkodliwych organizmów/duchów. W obu przypadkach celem leczenia jest usunięcie szkodliwego czynnika lub uwolnienie od niego chorego. Czynniki „chorobotwórcze" (czy są to duchy, czy bakterie i wirusy) ujawniają swą patogenną naturę przez konkretne objawy, nie da się ich zneutralizować, zatem należy usunąć je z organizmu.

Bates doszukuje się głębszej analogii między intruzją szkodliwych duchów lub niewidzialnych strzał a tym, co się obecnie powszechnie sądzi na temat bakterii i wirusów. Te szkodliwe czynniki, normalnie niewidzialne, może wykryć jedynie dobrze wyszkolony specjalista. Jego percepcja musi być wzmocniona albo przez zaawansowaną technologię w przypadku lekarza, albo przez zmieniony stan świadomości – w przypadku szamana.

UZDRAWIANIE WEDŁUG DUCHÓW

Chciałabym teraz opowiedzieć o tym, czego się dowiedziałam od duchów na temat pojęcia uzdrawiania. Moja ukochana przyjaciółka zainteresowała się tym i udała się w podróż, aby zapytać duchy o uzdrawianie. Znalazła się w dolnym świecie i spotkała jaszczurkę, która została jej mistrzem na czas tej podróży. Oto co się wydarzyło:

Jaszczurka zaczyna biegać po całym moim ciele i każe mi się położyć. Przebiega przez moje włosy, depcze po oczach, dotyka językiem moich nozdrzy i warg. Potem przenosi się na inne części ciała. Chodzi po rękach, brzuchu, zbiega po nogach, liże palce stóp.

– Czy kryje się w tym jakiś przekaz?

– Przeszłam po wszystkich częściach twego ciała, żebyś zrozumiała, że wszystkie są tak samo ważne, a uzdrawianie to zdolność przywracania równowagi między nimi wszystkimi – odpowiada jaszczurka.

Jaszczurka zaczyna biec, prosi, bym podążyła za nią. Biegnie szybko i wcale się nie męczy. Biegnę za nią, wyciągając nogi. Jaszczurka porusza się lekko i zwinnie, nie traci energii. Biegniemy przez pustynię. Zaczyna padać. Pada coraz mocniej, niebo ciemnieje. Jestem zmęczona. Zastanawiam się, kiedy się wreszcie zatrzymamy. Stopniowo opuszczają mnie siły. Nie potrafię już nic z siebie wykrzesać. Staję, a w końcu padam na ziemię. Jestem przemoczona, a wokół mnie powoli tworzy się bagno. Grunt staje się coraz bardziej błotnisty. Nie wiem, co robić. Boję się, że utonę, boję się zostać sama. Widzę moją jaszczurkę: podchodzi teraz bliżej i wyciąga do mnie łapkę.

– Choroba to utrata energii. Jest jak czarna dziura, wsysa nas niczym bagno. Zdolność do zachowania energii czyni cię zdrową. Bagno jest jak choroba. Bagno symbolizuje to, co jest ze sobą zmieszane nie tak, jak trzeba.

Ruszamy i docieramy do dżungli. Przedzieramy się przez gąszcz i dochodzimy do miejsca, gdzie roi się od żab. Są zielone w czerwone plamki. Skaczą po bagnie, z bagna na rośliny i z powrotem.

Jaszczurka mówi:

– Te żabki w czerwonych plamkach mają jad. Jad może zabić, ale można też z niego zrobić antidotum. Jad zawiera oba aspekty – chorobę i uzdrowienie. To, co istnieje w naturze, istnieje także w życiu, w duszy człowieka. Wszelkie choroby zawierają w sobie esencję, która może przynieść uzdrowienie. Trudno ci to dostrzec. Boisz się choroby tak bardzo, że nie dostrzegasz w niej tego, co ma cię uzdrowić. Jesteś na to ślepa.

Maszerujemy dalej. Docieramy do leśnej polany. Widzę ludzi walczących z wężami, chociaż nie – z czymś, co wygląda jak węże, ale nimi nie jest. To jakiś cudaczny, wijący się potwór. Jaszczurka każe mi go obserwować. Przyglądam się uważnie. Na początku widok wydaje mi się straszny i nieprzyjemny, ale stopniowo staje się bardziej znośny i przyjemniejszy dla oka. Zdaję sobie sprawę, że oni tak naprawdę nie walczą, ale łączą się, wnikają w siebie nawzajem. Potwór pełza i wije się, a ludzie wiją się razem z nim. W końcu toczą się razem po ziemi, kładą się i przestają ruszać.

– Uzdrowienie wymaga akceptacji, nie walki. Myślisz, że leczenie oznacza walkę z chorobą, ale naprawdę wyzdrowieć to przyjąć chorobę tak, by przestała istnieć. Choroba jest konsekwencją nadmiaru lub braku, a uzdrowienie to znalezienie równowagi między nadmiarem i brakiem. Jeśli walczysz z chorobą i nie akceptujesz jej, jeśli nie rozumiesz jej ani tego, co ma ci do powiedzenia, nie możesz zostać uzdrowiona.

To, jaki system opieki zdrowotnej tworzy społeczność, wynika z jej filozofii, z jej przekonań na temat celu i sensu życia. W kulturach szamańskich za ten cel uważa się rozwój duchowy. Zdrowie to pozostawanie w harmonii z obrazem świata. Zdrowie to intuicyjne postrzeganie wszechświata i wszystkich jego mieszkańców jako jednej całości. Zdrowie to utrzymywanie łączności ze zwierzętami, roślinami, minerałami i gwiazdami. To poznanie życia i śmierci, poznanie, że są tym samym. To łączenie i mieszanie składników, poszukiwanie samotności i poszukiwanie towarzystwa, aby zrozumieć wiele swoich jaźni. W odróżnieniu od bardziej „współczesnych" koncepcji, koncepcja szamańska mówi, że zdrowie nie jest brakiem odczuwania. Nie jest także brakiem bólu. Zdrowie jest poszukiwaniem wszystkich dostępnych doświadczeń, poznawaniem ich, wyczuwaniem ich faktury i wielorakich znaczeń. Zdrowie jest wykraczaniem poza jednostkowy stan świadomości, po to, by doświadczyć wszystkich fałd i fal wszechświata[13].

JAK SZAMAN UZDRAWIA

Szamańskie techniki uzdrawiania od zawsze stosowano równolegle z bardziej „mechanicznymi" formami leczenia. Do szamana zwracano się zwykle dopiero wówczas, gdy zawiodły prostsze i powszechniejsze metody albo wówczas, kiedy wyglądało na to, że z chorobą poradzić sobie może tylko szaman. Od zarania ludzkości człowiek umiał korzystać z dobroczynnych roślin w celu uśmierzania rozmaitych dolegliwości, wiedział, jak dokonywać prostych zabiegów chirurgicznych, usuwać ciała obce i szkodliwe narośla (guzy, kule, strzały itd.). W społeczeństwach szamańskich szaman tradycyjnie stał na wierzchołku hierarchii medycznej, dzięki temu, że potrafił kontaktować się ze światem duchów. Uzdrowiciele, którzy potrafili jedynie dokonywać mechanicznych manipulacji lub podawać leki ziołowe, stali w hierarchii najniżej.

Jak już podkreślałam, szaman wierzy, że choroba jest konsekwencją utraty mocy lub jakiegoś uszkodzenia ducha lub duszy człowieka. Szaman najczęściej zajmuje się utratą duszy, utratą mocy lub chorobą spowodowaną intruzją szkodliwego ducha lub mocy. Chociaż podstawową techniką uzdrawiania stosowaną przez szamana jest magiczna podróż, istnieje cała rozmaitość rodzajów podróży i technik uzdrawiania, a szaman dobiera odpowiednią do sytuacji chorego. Przyjrzymy się teraz bliżej sposobom stosowania technik szamańskich w celu leczenia różnych chorób.

Dwie klasyczne techniki uzdrawiania stosowane przez szamanów to sprowadzanie utraconej duszy i sprowadzanie zwierzęcia mocy. W obu przypadkach człowiekowi choremu zostaje przywrócona esencja siły życiowej – albo po to, by odzyskał moc i zdolności, albo po to, by jego dusza lub duch stały się kompletne. Przyjrzyjmy się obu technikom i temu, jak są stosowane.

UTRATA DUSZY

Z punktu widzenia szamana najpoważniejsze choroby są konsekwencją utraty duszy lub utraty mocy. Strach przed utratą duszy, jej porwaniem lub kradzieżą pojawia się w większości kultur, które praktykują szamanizm. Wiara w możliwość utraty duszy opiera się na koncepcji, że istoty ludzkie mają wiele dusz lub że jedna dusza może ulec fragmentaryzacji i rozpaść się na części, które mogą człowieka opuścić. Szamani uważają, że utrata duszy prowadzi do utraty mocy – im więcej dusz człowiek traci, tym staje się słabszy. Przedstawiciele wielu kultur wierzą, że utrata duszy może się kończyć śmiercią.

Ale czym tak naprawdę jest dusza? Chociaż pojęcie to nie jest nikomu obce – jak już wspomniałam w tym rozdziale – natura duszy, a nawet samo jej istnienie, kultura Zachodu mocno kwestionuje. Oczywiście ostatecznie odpowiedź na te pytania jest kwestią osobistą. Dla mnie dusza jest esencją, sednem siły życiowej i źródłem witalności. To centrum mojego istnienia i zarazem moja moc.

Różne kultury wyznają różne poglądy na naturę duszy. Do popularnych przekonań należy wiara, że wszystko co żyje ma dwie dusze. Jedna zamieszkuje ciało na stałe i sprawuje kontrolę nad automatycznymi, podstawowymi funkcjami organizmu, takimi jak oddychanie i regulacja homeostatyczna poszczególnych układów. Druga jest wolnym bytem, który może opuszczać ciało, by podczas snu lub podróży szamańskiej wędrować do świata duchów.

Nie należy jednak uogólniać. Jeśli chodzi o przekonania na temat liczby i natury duszy czy dusz, kultury bardzo się różnią. Niektóre społeczności wierzą, że dusza dzieli się na dwie części, inne widzą ich więcej. Wśród szamańskich ludów północnej Azji rozpowszechniona jest wiara, że człowiek może mieć od trzech do siedmiu osobnych dusz. Po śmierci jedna z nich pozostaje w grobie, druga schodzi do dolnego świata, a trzecia wznosi się do świata górnego[14].

Wenezuelskie plemię Kalinia znad Orinoko wierzy, że ludzka dusza (*Askari*) ma aspekt zwierzęcy, nazywany także sobowtórem lub przyjacielem. Nocami ów zwierzęcy towarzysz opuszcza ciało śpiącego człowieka i wybiera się w odwiedziny do swojej zwierzęcej rodziny, a potem opowiada uśpionej ludzkiej duszy o swoich przygodach. Tak śpiący człowiek poznaje dusze zwierząt. *Askari* jest tak samo wrażliwa jak ciało. Plemię Kalinia wierzy, że potężni przodkowie chronią *Askari*, ale w pewnych okolicznościach może ona zostać zraniona lub nawet uprowadzona, aby już nigdy nie powrócić do swego fizycznego ciała. Jeżeli *Askari* opuści ciało i nie wróci, człowiek zaczyna chorować i w końcu umiera[15].

To klasyczny przykład utraty duszy i dramatycznych tego konsekwencji. Mówiąc wprost – tracąc duszę, tracimy moc i siłę witalną. Jest tak dlatego, że kiedy tracimy część swojej esencji, nie jesteśmy już kompletni, nie stanowimy całości. Zdarza się, że tracimy duszę, ale wkrótce ją odzyskujemy; czasami jednak nie może ona sama do nas powrócić. To w takich właśnie przypadkach, kiedy dochodzi do trwałej utraty duszy, konieczna staje się interwencja szamana.

Jak jednak rozpoznać, że dusza została utracona? Skutki utraty duszy nie zawsze są wyraźnie widoczne. Możliwe objawy to uczucie oderwania od otoczenia, odseparowania od otaczających nas ludzi, od najbliższej rodziny, a w ciężkich przypadkach – od samych siebie. Zdarza się, że ludzie, którzy utracili duszę, wydają się żyć w świecie marzeń i iluzji, są otępiali, nie mają kontaktu ze swymi emocjami. Większość kultur plemiennych, w tym plemiona syberyjskie, opisuje uczucia towarzyszące wypłoszeniu duszy jako alienację od samego siebie, utratę siebie. To, co psychologia określa jako stany dysocjacji i depresji, szamani mogliby uznać za klasyczne objawy utraty duszy.

Ale utrata duszy może mieć także skutki długofalowe. Jednym z nich może być utrata pamięci. Utrata duszy w przeszłości może doprowadzić do tego, że zapomnimy albo konkretne wydarzenia, albo całe okresy życia. Ludzie, z którymi pracuję, czasami twierdzą, że nie są w stanie przypomnieć sobie nic z dzieciństwa. Jest to zwykle wskazówka, że utracili duszę. Dojmujące uczucie bezwartościowości lub bezsilności, podobnie jak destrukcyjne wzorce zachowania, takie jak rozmaite uzależnienia, również mogą wskazywać na możliwość utraty duszy. Utrata duszy może mieć i taki skutek, że człowiek zaczyna przyciągać ludzi w taki czy inny sposób od siebie silniejszych. Nie jesteśmy jednak automatami, każdy z nas jest inny i każdy inaczej reaguje na różne przeżycia. Utrata duszy zatem może każdego z nas doświadczyć inaczej. Podsumowując: na pytanie, czy to właśnie utrata duszy daje konkretne objawy, najlepiej odpowiedzą same duchy.

Duszę możemy utracić na wiele sposobów. Jednym z najczęstszych powodów utraty duszy jest trauma. Może to być każde traumatyczne przeżycie na każdym etapie życia. Wszyscy jesteśmy narażeni na wstrząsy psychiczne. Możemy utracić duszę wskutek szoku, po usłyszeniu złych wieści, po zerwaniu związku lub śmierci ukochanej osoby, na skutek wypadku, ciężkiej choroby, urazów porodowych, przemocy domowej, wykorzystywania fizycznego, emocjonalnego lub seksualnego oraz innych drastycznych przeżyć. Ale trauma nie musi koniecznie być dramatycznym przeżyciem. Można utracić duszę nawet po czymś tak zwyczajnym, jak nagły upadek, przestrach lub spacer w ciemnościach.

Możemy stwierdzić, że dusza może nas opuścić, kiedy doświadczymy straty lub strachu, lub czegoś innego, co wytrąca z równowagi i zaburza harmonię.

Ślady doświadczenia utraty duszy odnajdujemy w codziennym języku. Często słyszymy, jak ktoś mówi: „kiedy odszedł ode mnie mąż, część mnie odeszła razem z nim", „kiedy umarł mój brat, część mnie także jakby umarła". Po przerażających przeżyciach ludzie często mówią:

„przeląkłem się na śmierć". Inne wyrażenia, takie jak: „chciałem wtedy po prostu umrzeć" lub „po tym, co zrobił, duch się we mnie załamał" – także wskazują, że mogło dojść do utraty duszy.

Duszę można utracić na skutek traumy, ale też samemu z niej zrezygnować. Jako dzieci i dorośli, kiedy chcemy zadowolić innych i poczuć się akceptowani, często idziemy na kompromis, poświęcamy swoje prawdziwe ja, rezygnujemy ze swoich prawdziwych pragnień. Czyniąc tak, narażamy się na utratę części duszy. Rezygnujemy z duszy również wtedy, gdy czujemy się bezsilni. Utrzymując relacje z ludźmi, którzy są od nas pod jakimś względem silniejsi lub mają nad nami władzę – czy jesteśmy dziećmi, czy ludźmi dorosłymi – jesteśmy na pozycji przegranej i oddajemy część duszy.

Wśród kultur szamańskich rozpowszechnione jest także wierzenie, że na dusze można polować i chwytać je. Indianie Jivaro regularnie porywają dusze, aby zwiększyć swoją osobistą moc[16]. Plemię Minang Kabau z Sumatry wierzy, że chorobę może wywołać kradzież duszy przez bogów, demony lub duchy[17].

Duszę można utracić na różnych etapach życia – poczynając od niemowlęctwa aż po późną starość. Może do tego dojść nawet przed narodzinami. Oto historia Raya, która doskonale to ilustruje.

Podczas podróży diagnostycznej, w którą się dla niego wybrałam, usłyszałam od duchów, że Ray głęboko skrywa strach. Poinstruowały mnie, abym sprowadziła jego duszę, by mu pomóc wyleczyć się z lęków. Podczas podróży po jego duszę, ku swemu zdumieniu, odnalazłam ośmiomiesięczny płód. Pierwszy raz musiałam sprowadzić duszę dziecka przebywającego jeszcze w łonie matki.

Kiedy wróciłam z tej podróży, Ray opowiedział swojej matce, co się wydarzyło. Była niezwykle poruszona i wyjaśniła, że kiedy była w ósmym miesiącu ciąży, została sama w obcym kraju. Nie miała nikogo bliskiego, żadnego wsparcia rodziny. Miała tylko jedną przyjaciółkę. Jej mąż musiał wyjechać za granicę, a ona miała do niego dołączyć. Była wówczas bardzo młoda, w pierwszej ciąży, przerażona perspektywą porodu bez męża ani nikogo z rodziny. Ogarnęło ją przerażenie bliskie paniki, a najgorsze w tym wszystkim było to, że nie mogła nikomu się zwierzyć, ponieważ nie chciała niepokoić ani męża, ani innych członków rodziny. Do dziś wspomina to jako najgorszy okres w swoim życiu.

Wiemy dziś dobrze, że przeżycia matki podczas ciąży mają potężny wpływ na dziecko. Szczególnie silnie dziecko w łonie matki reaguje na stres i lęk, których doświadcza matka. Możemy więc założyć, że Ray utracił duszę, zanim się urodził, wskutek traumy, jakiej doświadczyła jego matka.

Jak stwierdziliśmy, utrata duszy może mieć wiele przyczyn. Wciąż jednak nie znamy odpowiedzi na pytanie, dlaczego w obliczu zagrożenia lub bezsilności dusza lub jej część nas opuszcza. Sandra Ingerman[18] w książce na temat sprowadzania duszy *Soul Retrieval: Mending the Fragmented Self* twierdzi, że utrata duszy wynika zasadniczo z konieczności przystosowania się i przetrwania. W konfrontacji z sytuacją, która nas przerasta, naturalną reakcją jest próba zachowania sił.

Czasami jednak jesteśmy osłabieni tak bardzo, że nie jesteśmy w stanie działać stosownie do sytuacji. To właśnie wtedy ta część duszy, która najbardziej ucierpiała, w trudnej sytuacji może nas opuścić. Wyobraźmy sobie na przykład, że pracujemy pod kierunkiem szefa, który ma skłonność do zbytniej surowości i wykorzystywania pracowników. Naturalnym pragnieniem w takiej sytuacji będzie albo doprowadzić do konfrontacji, albo odejść z pracy, żeby uniknąć nieprzyjemnych zdarzeń. Ale to może nie być łatwe. Boimy się przeciwstawić szefowi, a z drugiej strony obawiamy się, że nie znajdziemy innej pracy. Wówczas ta część duszy, której to najbardziej dotyka, może nas opuścić. Jest to mechanizm obronny, ponieważ opuszczając nas ta część duszy zapewnia przetrwanie nie tylko sobie, ale także całemu naszemu ja i całej duszy. Mechanizm ten wyjaśniają także dwie inne popularne teorie psychologiczne.

Koncepcję utraty duszy możemy powiązać z jungowską koncepcją cienia. Jungowski cień jest pojęciem stosowanym dla opisania akumulacji odrzuconych fragmentów psychiki. Jung twierdził, że żyjąc, tracimy pewne elementy psychiki, te, których z takiej czy innej przyczyny nie możemy zaakceptować, których nie chcemy uznać za swoje. Odrzucamy je, tłumimy i spychamy do głębokiej nieświadomości. Jeśli na przykład zdolna dziewczynka pragnie zostać inżynierem, ale presja otoczenia zmusza ją, by uczyła się pielęgniarstwa, według koncepcji Junga ta część jej psychiki, która chce zostać inżynierem zostanie stłumiona i stanie się częścią jej cienia. Widać tu podobieństwo do szamańskiej koncepcji utraty duszy. Jak u Junga część psychiki zostaje zepchnięta do nieświadomości, tak dla szamana część duszy ucieka z ciała i się gubi. Aby człowiek znów stał się całością, twierdzi Jung, te zagubione elementy muszą się na powrót połączyć. Integracja cienia z prawdziwym ja owocuje przywróceniem równowagi psychicznej i poczuciem kompletności[19].

Można też wykazać podobieństwo koncepcji utraty duszy do psychologicznej koncepcji dysocjacji. Dysocjacja to rozszczepienie, oderwanie się części psychiki wskutek traumatycznego przeżycia. Według psychologów dysocjacja powoduje, że elementy psychiki (uczucia, impulsy lub myśli, które odbieramy jako zagrażające) zostają zepchnięte do nieświadomości. Dla szamana to rozszczepienie jest rozszczepieniem duszy, a jej pokawałkowane części zajmują miejsce nie w psychice, ale w zupełnie innym wymiarze rzeczywistości.

SPROWADZANIE DUSZY

Gdy ktoś utraci duszę, szaman wyrusza w podróż do świata duchów, by sprowadzić ją całą lub jej zagubioną część i zwrócić ją choremu. Różne kultury mają na to różne sposoby.

Szaman teleucki próbuje przywrócić duszę wzywając ją, by powróciła do swego ciała. Oto jak szaman tego ludu wzywa duszę chorego dziecka: „Powróć do swej ojczyzny! Do jurty, do lśniącego ognia! Powróć do swego ojca... do swej matki!” [20]. W innych kulturach wystarcza, że szaman wezwie duszę i przekona ją, by wróciła do ciała. Czasami, zwłaszcza kiedy dusza nie chce lub nie jest w stanie wrócić, szaman musi poprzeć to pierwsze wezwanie podróżą do dolnego świata, aby duszę stamtąd sprowadzić.

W jeszcze innych kulturach szaman zawsze odbywa podróż do krainy duchów, by znaleźć utraconą duszę. Szaman tremjugański zaczyna uderzać w bęben i grać na gitarze. Robi to tak długo, aż wpadnie w ekstazę. Opuściwszy ciało, jego dusza dociera do dolnego świata i zaczyna szukać duszy chorego. Uzyskuje od zmarłych pozwolenie sprowadzenia jej na ziemię – pod warunkiem, że obieca im koszulę lub inny prezent. Zdarza się jednak, że musi się zachować brutalnie. Kiedy szaman budzi się z ekstazy, trzyma duszę chorego w garści i zmusza ją, by wniknęła w ciało przez prawe ucho[21]. Szamani chińskiego ludu Lolo i birmańskich Karenów odczytują długą litanię, przekonując i błagając duszę, by powróciła z wygnania[22].

Tak, jak utrata duszy jest jedną z najpoważniejszych szkód dla człowieka, tak sprowadzenie jej jest najważniejszym, najtrudniejszym i najbardziej odpowiedzialnym zadaniem szamana. Praktykujący neoszamanizm, którzy chcą zajmować się sprowadzaniem dusz, muszą uprzednio przejść specjalny trening i dobrze zdać sobie sprawę z odpowiedzialności, jaka na nich spoczywa. Podczas pierwszych treningów doradca szamański zdobywa duchowego nauczyciela, który będzie mu pomagał sprowadzać dusze i który zawsze będzie mu towarzyszył. Podczas sprowadzania duszy otrzymuje także ducha opiekuńczego.

Przed wyruszeniem w taką podróż konieczne jest odprawienie pewnych rytuałów. Każdy doradca odprawia inne. Szczegółowe instrukcje szamański terapeuta otrzymuje od swoich duchów-nauczycieli, kiedy zaczyna pobierać nauki. Z czasem mogą się one zmieniać. Celem tych rytuałów jest przede wszystkim umożliwienie szamanowi skupienia się na misji i niedopuszczenie do rozproszenia energii. Znaczenie rytuałów odprawianych przed podróżą omówione zostało obszernie w rozdziale trzecim.

W szamańską podróż może wyruszyć każdy, ale sprowadzić duszę może wyłącznie szaman lub doradca (terapeuta) szamański. Chociaż znane są przypadki samodzielnego sprowadzenia duszy, na ogół nie możemy sami udać się w podróż i sprowadzić własnej duszy. Może wyglądać to na pewną zależność, gdyż niektórym osobom fakt ten jawi się jako zaprzeczenie głównej zasady, że neoszamanizm opiera się na samowzmocnieniu. W naszej kulturze niezależność i samowystarczalność to wartości wysoko cenione. Proszenie o pomoc postrzegane jest jako przyznanie się do niesamodzielności i zależności od innych. Wielu ludzi uważa to za słabość. Nie da się jednak zaprzeczyć, że nie jesteśmy istotami w pełni niezależnymi. Gdyby nie otaczający nas ludzie i żywioły, które wspierają nas w codziennym życiu, nie bylibyśmy w stanie przetrwać. Wszyscy jesteśmy uzależnieni od powietrza, którym oddychamy, od rur, które doprowadzają wodę do naszych kranów, od supermarketów, w których kupujemy żywność. Prawda jest taka, że w miarę jak świat staje się coraz bardziej nowoczesny i nasycony rozmaitymi technologiami, stajemy się coraz bardziej zależni od innych ludzi i przedmiotów. Ze wszystkim łączą nas więzy zależności – ale my utraciliśmy pokorę i nie chcemy przyznać, że wspiera nas cały wszechświat. W rezultacie nie mamy dość pokory, by prosić o pomoc.

Zachowanie jedności i integralności duszy jest dla naszego zdrowia i dobrego samopoczucia sprawą najwyższej wagi. Każda utrata duszy osłabia nas i naraża na chorobę somatyczną lub psychiczną. Utrata duszy może także źle wpłynąć na nasze przyszłe życie, nawet jeżeli skutki tej utraty nie są widoczne natychmiast. Kiedy na jakimś etapie życia tracimy duszę, w naszym duchowym ciele powstaje dziura, wyrwa. Jednak jeśli ta strata nie jest bardzo wielka, udaje nam się przetrwać i żyć w miarę szczęśliwie.

Możemy żyć z tymi wyrwami i słabościami jakiś czas, dopóki nie stanie się coś, co będzie wymagało sięgnięcia po dodatkowe zasoby energii. Zdarzają się w życiu sytuacje kryzysowe, które wymagają od nas mobilizacji sił. Tylko tak możemy sobie poradzić z przeciwnościami. Jeśli po utratach duszy nasze ciało duchowe nie ma zapasów energii, z których mogłoby skorzystać, reagujemy chorobą somatyczną lub psychiczną. Dzieje się tak dlatego, że brakuje nam energii potrzebnej do poradzenia sobie z sytuacją. Wielokrotnie spotykałam się z ludźmi, którzy doświadczali trudów i niepowodzeń lub przeżywali kryzys. Kiedy wyruszałam w podróż, by sprowadzić duszę, często stwierdzałam, że człowiek ten utracił ją o wiele wcześniej.

Spróbujmy spojrzeć na utratę duszy inaczej: porównajmy ciało duchowe do naczynia. Jeśli wielokrotnie utraciliśmy duszę, nasze ciało duchowe przestaje być dobrym naczyniem. Staje się sitem. Nie jesteśmy wtedy w stanie utrzymać energii, stopniowo słabniemy i w końcu zaczynamy chorować.

Yarin, ośmioletni chłopiec z Izraela, trafił do mnie z powodu uporczywych, głębokich objawów chorobowych. Przed naszym pierwszym spotkaniem, przez jakieś osiem miesięcy, nie panował nad wypróżnianiem się. Do tego widział w jedzeniu owady, więc często nic nie jadł. Wiele razy poddawano go psychoterapii, ale to nie pomagało. Odbyłam podróż w celu diagnostycznym. Prognozy były dobre. Dowiedziałam się, że muszę sprowadzić duszę chłopca i jego zwierzę mocy. Ponadto duchy poradziły mi, żebym go zachęciła do wykonywania prac plastycznych.

Po tej podróży Yarin zaczął rysować. Następnie sprowadziłam jego zwierzę mocy, a potem duszę. W sumie spotkałam się z Yarinem cztery razy. Było to w czasie, kiedy rozpoczęła się wojna z Irakiem. Izraelczycy bali się, że Irakijczycy zaatakują ich bronią chemiczną. W kraju panował zamęt, wszyscy musieli nosić maski przeciwgazowe i stale być gotowi na atak. Z rysunków Yarina wynikało jasno, że chłopiec boi się, że coś się stanie jego rodzicom i rodzeństwu. Dusza, którą dla niego sprowadziłam, była duszą noworodka.

Kiedy wróciłam z podróży, jego matka powiedziała mi, że Yarin urodził się z dwoma przednimi zębami, ale niedługo potem lekarze mu te zęby usunęli. Prawie natychmiast po przywróceniu duszy Yarin przestał widzieć owady w jedzeniu. Stopniowo odzyskiwał też kontrolę nad wypróżnianiem. Z tej historii wynika, że wkrótce po urodzeniu Yarin utracił duszę. Jako niemowlę przeżył wstrząs związany z wyrwaniem ząbków, a później, kiedy bardzo się bał wojny, okazało się, że brakuje mu energii, której potrzebował, by się z tym strachem uporać. Kiedy odzyskał duszę, mógł korzystać z jej zasobów i zaczął sobie dobrze radzić w życiu.

Carmen, czterdziestoletnia Hiszpanka, zgłosiła się do mnie po tym, jak przeżyła epizod psychotyczny.

Carmen załamała się po śmierci siostrzeńca. Zdrowy, dwudziestoletni młodzieniec zmarł nagle na zawał serca, choć wcześniej na nic się nie skarżył. Ta śmierć była szokiem dla całej rodziny, ale Carmen zniosła to najgorzej. Wkrótce po śmierci siostrzeńca znalazła się w szpitalu. Po kilku tygodniach wypisano ją z rozpoznaniem epizodu psychotycznego. Przepisano jej leki psychotropowe.

Wybrałam się w podróż diagnostyczną i duchy poleciły mi sprowadzić duszę. Dostałam także inne wskazówki dotyczące jej leczenia. Dwa dni później wyruszyłam w podróż po duszę. Odnalazłam duszę trzyletniej dziewczynki. Carmen nie była tym zaskoczona. Opowiedziała mi, że w wieku trzech lat przeszła obustronne zapalenie płuc i ledwie przeżyła. Przestała nawet na jakiś czas oddychać. Matka potrząsnęła nią, zastosowała też inne środki i mała odzyskała oddech. Carmen poczyniła bardzo ważne spostrzeżenia na temat swojej choroby. Powiedziała, że rozumie, że śmierć siostrzeńca uruchomiła głęboko ukryty lęk, który tkwił w niej od dawna. Fakt, że odzyskana przeze mnie dusza była duszą trzylatki, miał dla Carmen ogromne znaczenie, ponieważ właśnie w tym wieku doświadczyła groźby śmierci.

Duchy poleciły Carmen, by przez miesiąc odprawiała specjalne rytuały. Kiedy po jakimś czasie mnie odwiedziła, powiedziała mi, że znacznie zmniejszono jej dawki leków psychotropowych i że czuje się o wiele lepiej. Dwa miesiące później zgodnie z instrukcjami, które uzyskałam podczas podróży diagnostycznej, sprowadziłam także jej zwierzę mocy. Miało to pomóc Carmen nawiązać łączność z własną wewnętrzną mocą. Kilka tygodni później całkowicie wróciła do zdrowia i przestała brać leki.

Na zakończenie chciałabym zwrócić uwagę na kilka ważnych spraw związanych z odzyskiwaniem duszy. Zdarza się, że po przeczytaniu książki o szamanizmie ludzie dochodzą do wniosku, że cierpią z powodu utraty duszy. Następnie idą do doradcy neoszamańskiego, żądając sprowadzenia duszy. Nie tak należy do tego podchodzić. Jedną z ważniejszych rzeczy, jakich nauczyłam się, praktykując szamanizm, jest to, że nic nie dzieje się automatycznie. Nawet jeśli stwierdzę lub założę, że ktoś utracił duszę i trzeba ją sprowadzić, podczas podróży diagnostycznej może się okazać, że nauczyciele radzą coś całkiem innego. To zawsze duchy decydują, czy trzeba sprowadzić duszę i czy właśnie od tego należy zacząć.

Chciałabym również podkreślić, że chociaż sprowadzenie duszy ma wielką moc i jest jedną z najważniejszych interwencji szamańskich, nie należy go uważać za sposób na szybką poprawę sytuacji człowieka (dotyczy to zresztą wszystkiego, co robi szaman). Nie jesteśmy maszynami, które można naprawić raz na zawsze. Doświadczenie nauczyło mnie, że tak długo jak żyję i oddycham, będę doświadczać wzlotów i upadków. Sprowadzenie duszy nie sprawi, że zaczniemy wieść spokojne, ustabilizowane życie, że nigdy nie wydarzy się nic dramatycznego, że pozbędziemy się wszelkich negatywnych emocji. Jedyne, co może nam dać szaman, to umiejętność skutecznego radzenia sobie z trudnymi sytuacjami, umiejętność wyrastającą z naszej wewnętrznej siły i mądrości, która nie pozwoli, byśmy się czuli ofiarami życia.

RYTUAŁ PRZYWRACANIA DUSZY

Przywracanie duszy jest jedną z najgłębszych szamańskich interwencji, ponieważ otrzymując ją na powrót, odzyskujemy ogromne zasoby utraconej mocy. Nie jest to sprawa prosta. Zintegrowanie utraconej duszy może się okazać niełatwym zadaniem. Odzyskana dusza nie tylko przywraca utraconą moc. Może też obudzić dawne cierpienie lub bolesne wspomnienia sytuacji, w której duszę utraciliśmy. Aby zatem z powodzeniem połączyć duszę z ciałem, musimy sprawić, żeby czuła się w nim mile widziana. Dlatego dobrze jest, kiedy osobę odzyskującą duszę wspierają członkowie rodziny, przyjaciele lub terapeuci, którzy pomagają jej przez to przejść.

Integrację duszy można również ułatwić, odprawiając specjalne rytuały przez jakiś czas po jej odzyskaniu. Stosowne instrukcje dostaje szaman lub doradca szamański, kiedy wybiera się w podróż, by sprowadzić duszę. Musi je odprawiać ten, do kogo dusza należy. Chodzi o to, aby umieścić duszę na powrót w ciele i znów jej nie utracić. Rytuały te bywają bardzo różne.

Na ogół ważne jest, aby osoba potrzebująca pomocy szamana nie była biernym obiektem uzdrawiania, ale by aktywnie w nim uczestniczyła. Tak, jak człowiek polegający na zachodniej medycynie, aby poczuć się lepiej, musi regularnie zażywać leki, tak człowiek korzystający z pomocy szamana, musi odprawiać rytuały wyznaczone przez duchy. Tylko tak może wspomóc własną przemianę. Odprawianie rytuałów ułatwiających przyjęcie na powrót duszy oznacza poddanie się w pełni uzdrawianiu i czyni chorego jego aktywnym uczestnikiem.

Niektórzy ludzie przyzwyczajają się lub nawet silnie przywiązują do swego nieszczęścia lub stylu życia. Chociaż z jednej strony nie są zadowoleni i pragną zmiany, z drugiej jednak wcale nie dążą ani do tego, żeby coś zrobić, ani do rezygnacji ze stanu, w jakim się znaleźli. Odprawiając rytuały, komunikujemy oderwanej części duszy, a także samym sobie, że pragniemy, aby w naszym życiu nastąpiła zmiana. Rytuał jest wehikułem przemiany, umożliwia przejście od starego do nowego, wyraźnie zaznacza śmierć starego „ja" i narodziny nowego.

Jestem przekonana, że w niektórych przypadkach sam rytuał pomaga choremu poradzić sobie z negatywnymi skutkami utraty duszy i zachować ją. Pewna kobieta, z którą kiedyś pracowałam, miała odprawiać następujący rytuał: dwa razy dziennie stawać przed lustrem i udawać, że rozmawia z różnymi ważnymi w jej życiu osobami. Miała je prosić o bardzo ważne rzeczy. Duchy zalecały, by wyobrażała sobie, że osoby, z którymi rozmawia, raz spełniają, raz odrzucają jej prośby. Miała obserwować swoje reakcje. Podczas podróży duchy objaśniły, że utrata duszy sprawiła, że nie umiała mówić innym ludziom, że jest niezadowolona. W ten sposób sam rytuał nie tylko wspierał integrację duszy, ale także pomagał jej uświadomić sobie własne nawykowe zachowania i w końcu wyzwolić się z nich. Rytuały mogą być potężnym narzędziem, pomagają odrzucić wzorce zachowań, które nie przynoszą pożytku. Z natury rzeczy rytuał jest katalizatorem zmiany.

ZWIERZĘTA MOCY

W rezultacie rozmaitych przeżyć możemy utracić nie tylko duszę, ale i wewnętrzną moc. Utrata mocy nieuchronnie naraża nas na chorobę, ponieważ dusza, „ciało duchowe", nie jest już kompletne. Siła, jaką szamanowi zapewniają zwierzęta mocy i duch opiekuńczy, czyni go odpornym na choroby. Według Harnera[23] powód jest prosty:

> Duch ten sprawia, że ciało pełne jest mocy i opiera się działaniu szkodliwych sił. Z szamańskiego punktu widzenia w ciele wypełnionym mocą po prostu nie ma już miejsca dla takich niepożądanych szkodliwych energii, w rzeczywistości zwyczajnej znanych jako choroby (...) Bycie pełnym mocy jest jak życie na polu siłowym. Jest się wtedy odpornym na wpływ szkodliwych sił, czyli szamańskiego odpowiednika infekcji.

Przepełnieni mocą nie tylko jesteśmy odporni na choroby, ale mamy też lepszy kontakt ze swoją intuicją i nie kierujemy się strachem. Według Indian Jivaro, jak czytamy u Harnera, zwierzę mocy nie tylko chroni przed chorobą zakaźną, lecz również podnosi umysłową czujność, zwiększa wiarę w siebie i uczciwość.

Kiedy człowiek utraci moc, szaman lub doradca szamański wyrusza w podróż, by sprowadzić zwierzę mocy i przywrócić mu siły. Tak, jak lekarz medycyny może przepisać witaminy, by wzmocnić układ odpornościowy, tak szaman dodaje klientowi sił, przywracając mu zwierzę mocy.

Odzyskanie zwierzęcia mocy może być potrzebne, kiedy dojdzie do utraty mocy albo wówczas, gdy potrzebujemy więcej energii na coś konkretnego. Odzyskanie zwierzęcia mocy może pomóc na różne sposoby. Jeżeli na przykład ktoś ma problemy z koncentracją, przywrócenie zwierzęcia mocy może zwiększyć jego zdolność koncentracji. Czasami odzyskanie zwierzęcia mocy jest konieczne, by człowiek miał siłę zmierzyć się z trudną sytuacją. Kiedy indziej trzeba odzyskać je przed sprowadzeniem utraconej duszy, aby móc się dobrze przygotować na jej przyjęcie.

Czym jest moc?

Zdrowie i choroba są dla szamana kwestią wewnętrznej mocy. Utrata mocy wywołuje choroby, natomiast jej nabieranie poprawia nasz stan. Co jednak rozumiemy pod pojęciem mocy? Wielu ludzi kwestionuje istnienie mocy, kiedy po raz pierwszy spotyka się z nim w kontekście pracy szamana. Dla wielu z nas słowa „siła" i „moc" mają negatywne konotacje. Często kojarzymy je z przemocą, wykorzystywaniem i presją. Ponieważ moc jest pojęciem najważniejszym w szamańskiej koncepcji świata, objaśnienie jego natury jest szczególnie ważne.

Prawdą jest, że siła może być narzędziem przemocy. Ale ma także inny aspekt. Horwitz[24] zwraca uwagę, że w językach duńskim i niemieckim istnieją dwa różne słowa na oznaczenie siły. Jednym z nich jest *macht*, które na język angielski tłumaczy się jako *might* czyli „moc". Drugie to *kraft*, energia lub moc twórcza, zbliżone znaczeniem do angielskiego *craft*. *Macht* to siła manipulacyjna, której ludzie używają, by kontrolować innych lub wywierać na nich wpływ. Zachowania inspirowane *macht* to zachowania podszyte strachem. Z tego strachu bierze się siła manipulacji. *Kraft* zaś jest mocą wyrastającą z miłości. Mocą kreatywności, która nie jest skierowana na coś poza nami, ale taką, która po prostu jest. Kiedy jesteśmy przepełnieni mocą, rozkwita w nas siła twórcza – *kraft*, a wówczas *macht* nie istnieje.

Sprowadzanie zwierząt mocy

W odróżnieniu od dusz, które można odnaleźć albo w dolnym, albo w górnym świecie, zwierząt mocy należy szukać jedynie w świecie dolnym. Sprowadzenia zwierzęcia mocy może się podjąć każdy, kto na własną rękę poszukuje mocy, a nie tylko szaman czy doradca szamański, jak w przypadku przywracania utraconej duszy. Człowiek może mieć właściwie nieograniczoną liczbę zwierząt mocy. Przez lata możemy zgromadzić ich całkiem spore stado. W kulturach rdzennych liczba zwierząt mocy, które posiada szaman jest różna w zależności od plemienia i samego szamana i może się wahać od kilku do kilkudziesięciu.

Kiedy udajemy się w podróż, by odnaleźć zwierzę mocy, spotykamy energię właśnie w postaci zwierzęcia. Ale czasami, głównie podczas podróży diagnostycznych i uzdrawiających, i mnie, i innym osobom duchy przekazywały energię w postaci kryształów, kamieni szlachetnych lub kwiatów. Jakie znaczenie mają formy energii, które odnajdujemy i przynosimy tym, dla których odbywamy podróż? Czy jedne zwierzęta są potężniejsze lub bardziej pomocne od innych? W moim przekonaniu, chociaż każde zwierzę, które sprowadzamy ma jakieś znaczenie, tak naprawdę nie ma zwierząt słabych i potężnych. Każde odpowiada na konkretne potrzeby danej osoby.

Kolejną ważną kwestią jest symbolika. W niektórych publikacjach na temat szamanizmu można znaleźć objaśnienia znaczenia rozmaitych zwierząt. Bywa to jednak mylące. Jeśli chodzi o zwierzęta, każda kultura wypracowała swoją własną symbolikę. Ludzie Zachodu najczęściej przypisują lwom odwagę i majestat, myszom zaś tchórzostwo i płochliwość. Ale w innych kulturach może być inaczej. Dla Irańczyków wrona symbolizuje coś zupełnie innego niż dla Indian Navaho. Żaba, jaszczurka czy wąż są przez niektóre plemiona Ameryki Południowej uważane za bardzo potężne, chociaż dla współczesnego człowieka Zachodu nie znaczą prawie nic. Przypisywanie zwierzętom z góry przyjętych cech podczas podróży szamańskiej byłoby błędem. Najlepsze, co można zrobić, to po prostu zapytać zwierzę wprost, jaka jest jego rola i jak może pomóc temu, dla kogo odbywamy podróż.

I wreszcie trzeba sobie uświadomić, że żadne zwierzę, choćby nie wiem jak potężne, drapieżne i groźne, nie jest niebezpieczne dla tego, do kogo należy i nie może go skrzywdzić. Zwierzęta mocy są po prostu źródłem siły witalnej. Przychodzą do nas, ponieważ ich poszukujemy, a ich intencje są zawsze dobre, nigdy złe. Są po to, by nam pomagać.

Dlaczego zwierzęta? Szamanizm i królestwo zwierząt

Dlaczego energia, którą czerpiemy ze świata duchów, objawia się w postaci zwierzęcia, a nie człowieka? Dlaczego są to właśnie z w i e r z ę t a?

Nie trzeba było Karola Darwina, by przekonać szamanów, że ludzie i zwierzęta są spokrewnieni. Związki między ludźmi i zwierzętami są dla kultur szamańskich rzeczą oczywistą. Przedstawiciele tych kultur nie tylko na co dzień żyją wśród zwierząt, ale także utrzymują z nimi bliskie i skomplikowane relacje. W wielu mitach mówi się o czasach, kiedy ludzie umieli rozmawiać ze zwierzętami, w licznych legendach pojawiają się zwierzęta przyjmujące postać człowieka, żyjące wśród ludzi. Wprawdzie to współistnienie już nie jest naszą codzienną rzeczywistością, ale szaman przekonuje się o nim w rzeczywistości niezwyczajnej.

Dzięki duchom opiekuńczym i zwierzętom mocy szaman potrafi wykorzystać moc zwierzęcia, która w żaden inny sposób nie jest człowiekowi dostępna. Wenezuelskie plemię Kalinia wierzy, że niektóre zwierzęta, a dokładniej mówiąc duchy niektórych zwierząt, mają wyjątkowo potężną moc. Ta moc lub mądrość bierze się głównie ze zdolności transformacji zwierzęcia (na przykład węże, zrzucając skórę, „rodzą się" na nowo, żaby mogą żyć w środowisku wodnym i lądowym) i można ją przyrównać do mocy szamana. Powiada się, że przodkowie tych zwierząt przekazali im moc, jaką mieli tylko szamani. Szamani mogą się zmieniać, mogą przybrać postać ptaka lub innego zwierzęcia[25]. Wiele malowideł naskalnych – postaci pół-ludzkie, pół-zwierzęce – przedstawia związek szamana z królestwem zwierząt.

Z historycznego punktu widzenia ludzie zawsze żyli wśród zwierząt i pod wieloma względami ich fizyczna i materialna egzystencja była od zwierząt zależna. Między człowiekiem a światem zwierząt silna więź istniała od zawsze; zwierzęta dostarczały naszym przodkom nie tylko pożywienia i odzienia, ale także leków i narzędzi, służyły jako środek transportu i, co równie ważne, były wiernymi towarzyszami. Obserwując zachowanie zwierząt, ludzie przepowiadali pogodę, a nawet mogli też przewidzieć nadciągające kataklizmy.

Zwierzęta były ludziom potrzebne, ale też budziły strach i szacunek. Nasi przodkowie dostrzegali, że zwierzęta mają szczególne zdolności, dla ludzi nieosiągalne. Nie potrafimy pływać tak dobrze jak ryby, wspinać się po skałach jak kozice, widzieć tak dobrze jak jastrząb, biegać tak szybko jak gepard ani wzbijać się w niebo jak orzeł. Jesteśmy częścią przyrody, jak nasi bracia-zwierzęta, ale jednocześnie jesteśmy od niej odgrodzeni. Zahamowania, wątpliwości, racjonalizacje, fałszywe osądy i skłonność do samozniszczenia można przypisać właściwie tylko człowiekowi. Zwierzęta są od nich wolne, żyją tak, jak mają żyć, dysponują surową, naturalną energią, którą ludzie utracili. Zwierzęta prawdopodobnie nie doświadczają stanu oderwania się od ducha, nigdy nie tracą poczucia siebie, utrzymują więź z otoczeniem i przyrodą, reagują na każdy aspekt życia. Nic więc dziwnego, że nasi przodkowie uważali, iż zwierzęta posiadają moc, mądrość i utrzymują szczególną więź z życiem, czego człowiek nie potrafi. Dlatego zwracamy się do duchów zwierząt, by nas uczyły i prowadziły przez życie.

Chociaż współcześnie żyjemy z dala od natury i zwierząt, wciąż utrzymujemy z nimi kontakty – spotykamy je w ogrodach zoologicznych, w telewizji, rezerwatach przyrody i oczywiście trzymamy w domach. Małe dzieci częściej marzą o tym, by mieć zwierzątko niż o tym, by mieć brata lub siostrę. Bardzo je lubią i bardzo się do nich przywiązują. Żywe zwierzęta, podobnie jak pluszowe zabawki, wykorzystuje się powszechnie w leczeniu dzieci i dorosłych. Wydaje się więc, że więź, jaka na przestrzeni dziejów łączyła nas ze zwierzętami, wciąż utrzymuje się w naszej psychice i wciąż jest odczuwalna.

Oto grecka opowieść o szczególnej więzi między ludźmi, zwierzętami i duchami.

Ponieważ ludzie byli zwykłymi śmiertelnikami, bogowie, patrzący z góry i widzący to, czego ludzie widzieć nie mogli, od czasu do czasu postanawiali im pomóc i udzielić rady. Pośredniczyła w tym kobieta zwana Matką Snów. Odbierała wiadomości od bogów, co noc zawijała je w skóry zwierząt i wysyłała do snów ludzi, dla których były przeznaczone. Jeżeli ten, kto otrzymał wiadomość, był wystarczająco bystry, zapamiętywał sen, odwijał zwierzęcą skórę, interpretował to, co mu się przyśniło, i wysłuchiwał tego, co mieli do powiedzenia bogowie. Jeżeli zaś nie zapamiętał, zwierzę wracało do Matki Snów. Ta podejmowała kolejne próby: wysyłała zwierzę do następnego snu, dopóki wiadomość nie została usłyszana. Jeśli to nie skutkowało, powierzała wiadomość skórze innego zwierzęcia.

Taniec zwierzęcia mocy

Podobnie jak po sprowadzaniu duszy, tak i po sprowadzaniu zwierzęcia mocy prawie zawsze trzeba odprawić pewne rytuały. Praktykujący neoszamanizm po sprowadzeniu zwierzęcia mocy i oddaniu jego energii osobie potrzebującej pomocy prosi ją o „zatańczenie zwierzęcia". Robi się to bezpośrednio po podróży, czasami przez kilka dni. Jeżeli ktoś zaniedba ten rytuał, energia zwierzęcia może go znowu opuścić. Właściwie wszyscy, którzy chcieliby uczynić szamanizm swoją drogą życiową, powinni regularnie tańczyć swoje zwierzę mocy. Są i inne sposoby utrzymania łączności ze zwierzętami mocy. Jednym z nich jest obserwowanie znaczących snów i rozpoznawanie przekazów, które daje nam w nich zwierzę mocy.

Dla Karinia słowo *Uba* ma dwa znaczenia: „taniec" i „istnienie". Uważają, że taniec ma pośród innych mocy także moc tworzenia tożsamości. Taniec i melodia mogą przemieniać ludzi. Karinia wierzą, że kiedy duchy tego chcą, za pośrednictwem tańca i pieśni mogą zmienić postać człowieka. Karinia używają zwrotu „tańczyć kogoś", który oznacza, że człowiek tańczy taniec kogoś innego, przez co ten, do kogo taniec należy, obejmuje w posiadanie także tego, kto go tańczy. Karinia uważają to zjawisko za szkodliwe, ponieważ oznacza zawładnięcie czyjąś duszą przez taniec i pieśń, ale można uznać, że idea ta bardzo mocno przypomina koncepcję „tańczenia zwierzęcia mocy". Tańcząc zwierzę, przyjmujemy jego esencję życiową. Inaczej niż tańcząc k o g o ś u Karinia, tańcząc zwierzę, przyjmujemy jego energię, a nie zostajemy opanowani przez jego ducha[26].

Tańczenie zwierzęcia mocy zadziwiająco przypomina buddyjską *deity yogę*. Praktykując ją, jogin łączy się z obrazem bóstwa. Wciela się w bóstwo, mówiąc, chodząc i gestykulując jak postać boska. Tybetańczycy uważają ją za jedną z najbardziej skutecznych dróg ku duchowemu oświeceniu[27]. Podobnie jak *deity yoga*, tańczenie zwierzęcia mocy lub ducha opiekuńczego jest doświadczeniem niosącym ogromną moc. Może to być też wskazówka, że stosunkowo młode, współczesne praktyki duchowe wywodzą się z archaicznych praktyk szamańskich.

PODRÓŻE DIAGNOSTYCZNE

Najczęściej szaman wyrusza w podróż po to, by postawić diagnozę, wyjaśnić, na czym polega choroba i dowiedzieć się, jak można człowieka uzdrowić. Podróżuje zwłaszcza wtedy, kiedy przyczyna choroby lub jej natura nie są oczywiste. Podróż diagnostyczna może wyglądać bardzo różnie. Zależy to od kultury, z jakiej wywodzi się szaman, a także od tego, na czym polega problem.

Postawienie diagnozy wymaga od szamana wejścia w dziedzinę duchów i znalezienia przyczyny choroby. W różnych rejonach świata robi się to na wiele rozmaitych sposobów. Niektórzy szamani odbywają pełną podróż magiczną, aby wykryć przyczynę choroby i znaleźć lekarstwo, a próbę usunięcia przyczyny problemu podejmują natychmiast po jej odkryciu. Inni szamani długo przebywają w odosobnieniu i pogrążają się w kontemplacji. Przy odgadywaniu przyczyny choroby wykorzystuje się kamienie, kości, nasiona różnych kolorów i kształtów. Inne techniki polegają na interpretowaniu snów. Niektórzy szamani po prostu wpatrują się w ogień, aby zgłębić problem, z którym się mierzą.

Bardzo interesującą metodę stosują szamani eskimoscy (opisał ją duński badacz Knud Rasmussen[28]). Polega ona na obwiązywaniu głowy chorego pasem, pytaniu duchów o chorobę i unoszeniu głowy chorego na pasie. Za tą metodą stoi wiara, że duchy odpowiadają na pytania, wpływając na ciężar głowy chorego. Jeśli odpowiadają „tak", wchodzą w głowę chorego, czyniąc ją bardzo ciężką, niemożliwą do uniesienia. Jeśli natomiast odpowiadają „nie", nie wchodzą w głowę, co sprawia, że jest ona lekka i łatwo ją unieść. Ta technika jest zadziwiająco podobna do współczesnej kinezjologii, która polega na mierzeniu zmian napięcia mięśniowego w celach diagnostycznych.

Neoszamanizm również proponuje całą gamę rozmaitych procedur diagnostycznych, na przykład diagnozowanie za pomocą grzechotki, za pośrednictwem duchów natury, podróż diagnostyczną do górnego świata w poszukiwaniu wiedzy i rady duchów nauczycieli. W zależności od problemu stosuje się różne techniki diagnostyczne. Grzechotka i duchy natury mogą pomagać w diagnozowaniu i uzdrawianiu. Zajmiemy się nimi na kolejnych stronach. Podróż diagnostyczna do górnego świata okazuje się zwykle bardzo pomocna i pouczająca, ponieważ dostarcza informacji nie tylko o naturze i przyczynach problemu, ale także o tym, jakie leczenie można zastosować.

Zanim jeszcze omówię problem i inne szczegóły z osobą potrzebującą pomocy, czasami, jeśli jest taka potrzeba, odbywam podróż diagnostyczną. Dokładność diagnozy jest zawsze zdumiewająca, a przekazy, które przynoszę od duchów, nieodmiennie są dla klientów bardzo przekonujące. Podkreślam, że jest to nie tylko moje osobiste wrażenie. Potwierdzają je inni doradcy szamańscy. Czasem, kiedy człowiek pilnie potrzebuje pomocy, ale nie może do mnie przyjść, mogę nawet odbyć podróż diagnostyczną na odległość, nie znając klienta. Nie robię tego często, ale nawet wtedy przekazy duchów są uderzająco trafne.

Smith[29], próbując wyjaśnić działanie szamańskich podróży diagnostycznych z perspektywy jungowskiej, przywołuje następującą metaforę:

> Wyobraźcie sobie, że nasze psychiki nachodzą na siebie i przenikają się wzajemnie jak koła na diagramie Venna; być może wszystkie te nasze koła zawierają się w jednym wielkim kręgu boskiej rzeczywistości. Wówczas możliwe jest, że mój przewodnik duchowy może wejść w twoją psychikę lub, ściślej mówiąc, dostroić się do twojej psychiki w odmiennym szamańskim stanie świadomości. Wskutek tego podróż szamana będzie

> dostrajaniem się do twojej częstotliwości, a nie dosłownym przemierzaniem zewnętrznej, obiektywnej przestrzeni i czasu. Możesz nawet mieć dostęp do mojego duchowego przewodnika i zobaczyć go w zmienionym stanie świadomości. Nawet jeśli mój przewodnik duchowy jest manifestacją archetypowego *self*, nie jest przez to mniej rzeczywisty.

Chociaż wyjaśniając, na czym polega podróż diagnostyczna, czy w ogóle podróż szamańska, szamani zastosowaliby zapewne inną terminologię, interpretacja Smitha nie stoi w sprzeczności z szamańskim poglądem na świat. Jedynym twierdzeniem, z którym szaman mógłby się nie zgodzić, jest to, że nasz przewodnik duchowy (lub duch opiekuńczy) może być manifestacją archetypowego *self*, a nie niezależnym bytem duchowym.

Podróże diagnostyczne same w sobie mogą mieć potężne działanie uzdrawiające. Z mego własnego doświadczenia wynika, że czasami od razu po wysłuchaniu przekazów duchów podczas podróży diagnostycznej, jeszcze zanim szaman cokolwiek zrobi, niektórzy doświadczają głębokiej przemiany. Tak było w przypadku Ophry, młodej Izraelki. Ophra przyszła do mnie z pilną sprawą i przed podróżą nic o niej nie wiedziałam. Chociaż uzdrawianie wymagało dalszej pracy, już sama relacja z podróży diagnostycznej zrobiła na niej silne wrażenie i dała nadzieję na dalszą poprawę. Niech sama opowie swoją historię:

> Kiedy po raz pierwszy zwróciłam się w stronę szamanizmu, już od siedmiu lat przechodziłam terapię u psychologa. Chodziłam do niego dwa razy w tygodniu. Cierpiałam na stany lękowe, depresję, miałam skłonności samobójcze, bałam się, że oszaleję. Chociaż psychoterapia pozwoliła mi uświadomić sobie, jakie mam problemy, nadal nie wiedziałam, jak sobie z nimi poradzić i jak wcielić w życie rady psychologa. Prawdę mówiąc, czułam się coraz gorzej. Terapia utknęła w miejscu. O szamanizmie pomyślałam, kiedy zaczęłam się obawiać, że mogę kogoś skrzywdzić. Stwierdziłam, że muszę poszukać ratunku gdzie indziej, spróbować czegoś zupełnie nowego, i tak zaczęła się moja przygoda z szamanizmem.

Zaczęłam od podróży diagnostycznej. Odzwierciedlała mój stan tak dokładnie, że byłam wstrząśnięta. Dzięki temu to, co czułam, stało się dla mnie bardziej realne, a jednocześnie podróż dała mi nadzieję, że mogę coś z tym zrobić. Było to wówczas niezwykle ważne, ponieważ znajdowałam się w punkcie, z którego nie widziałam żadnego wyjścia, byłam bliska samozniszczenia.

Diagnostyczna podróż dla Ophry

Wyruszam w szamańską podróż, aby zapytać duchy pomocnicze o sytuację życiową Ophry i o to, jakiej pomocy potrzebuje. Jestem w moim miejscu mocy. Jest tam też mój duch opiekuńczy. Wsiadam na jego grzbiet i unosimy się w górę. Czuję, że nie mogę oddychać.

– Wszystko w porządku, Arvick – zapewnia mnie. – Ona nie może oddychać.

Lecimy pod niebem i spotykamy Pegaza. Zostawiam mojego ducha opiekuńczego i ruszam dalej na grzbiecie Pegaza. Pegaz mówi mi:

– Ona jest w duchu wojowniczką, ale jedyną wojnę toczy sama ze sobą. Zwalcza samą siebie. Zmierza ku samozniszczeniu, powoli siebie zabija. Wojowniczka. Wojowniczka, która może poruszyć niebo i ziemię, a niszczy tylko siebie. W głębi ducha wie, że jest wojowniczką, potężną kobietą, ale nie potrafi się przełamać.

Lądujemy przed moim duchem nauczycielem. Siadam. Mistrz wygląda na nieco zagniewanego. Chodzi tam i z powrotem pod tablicą. Kręci mi się od tego w głowie. Chodzi szybko, jest bardzo zamyślony. Mam wizję: widzę skalisty szczyt, szpiczasty, trochę przypomina indiański namiot, można do niego wejść jak do namiotu. W środku jest ciemno i pusto. To lita skała, bardzo mocna, bardzo potężna, ale ma w sobie dziurę, wejście, a w środku jest wydrążona i ciemna. Mój nauczyciel mówi:

– Tak. To jest Ophra. Jest w tej kobiecie szczególna siła. To siła, która trzyma ją przy życiu, która pozwala jej funkcjonować. Ona jest tą skalistą górą, ale jest niekompletna, wydrążona, straciła dużo energii. Trwa tylko dzięki rezerwom skalistej góry, którą jest, dzięki zasobom swojej mocy. Jest zdolna do wszystkiego: może stracić zmysły, niszczyć ludzi i rzeczy. Jest całkowicie zatracona. Jest jakby wyjedzona od środka. Została z niej tylko zewnętrzna skorupa, powłoka, dzięki której jakoś się trzyma. Nie podoba nam się to. Ona się zabija.

Potem pokazuje mi kolejną górę – bliźniaczą, ale bez otworu. Jest potężna, masywna, błyszcząca i piękna, otacza ją bujna roślinność. Wokół jest zielono, kwitną drobne kolorowe kwiaty, gdzieniegdzie rosną drzewa. Mistrz mówi:

– Tak. To także ona. Urodziła się, żeby taką być. Ale samoniszcząca siła zmieniła ją w tamtą pustą górę. Nic wokół niej nie rośnie, jest pusta w środku, wydrążona, wyżarta, jest tylko pustą skorupą skalną, czymś, co ledwie trzyma się przy życiu. Jeśli nie będzie ostrożna, zatraci się w tym i całkowicie samą siebie zniszczy. Jest na najlepszej drodze do autodestrukcji. Tak jest teraz, działa podstępnie, niszczy siebie od środka. A jednocześnie stwarza pozory, że o siebie dba.

Pokazuje mi drobną, dwu-, może trzyletnią dziewczynkę.

– Zaczęło się mniej więcej wtedy, gdy była taka. Jest bardzo inteligentna. To kolejna ważna rzecz: jej inteligencja sprzyja samozniszczeniu. Ponieważ jest taka mądra, wie, jak to zrobić, wie, jak się maskować. Jest zbyt inteligentna, ale jej dusza w środku, jej zdrowa część często ją nęka – hej, obudź się, Ophra, nie zabijaj mnie! Wtedy Ophra wpada w panikę i zaczyna coś tam bandażować, zaleczać, a potem znowu wraca do punktu wyjścia. To ostrzeżenie. Ta góra nie będzie stała po wieczne czasy. Ona naprawdę musi zacząć traktować siebie samą poważnie. Jeszcze nie czas, żeby umierała. Ale na umieranie też jest wiele sposobów. Ona zabija swoją duszę i swoje ciało, wciąż niszczy siebie.

– Dlaczego to robi? – pytam.

– Nie interesuje nas, dlaczego ludzie wybierają taki czy inny sposób życia. To historia. Nas interesuje, jak ich leczyć i jak im pomóc iść dalej, ruszyć z miejsca i żyć zdrowo. Przeżyła różne wstrząsy, jak wszyscy, wstrząsy i inne zawirowania, które ją niszczą. Jej przekonania są niewiarygodne. Niszczą ją właśnie jej przekonania. Musi się leczyć.

– Ale czy Ophra może się stać tą drugą górą? Przeraża mnie to, co mówisz.

– Gdyby to było niemożliwe, nigdy bym ci jej nie pokazał. Oczywiście, że znowu może stać się tą górą. Ta góra w niej jest. To ona. To jej dusza. To jej misja życiowa. Jej misją jest stać się tą silną górą, zieloną, piękną. Powinna promienieć dumą, szczęściem, solidnością.

– To mnie przygnębia, nie chcę na to patrzeć. Zasmuca mnie to – mówię nauczycielowi.

– A jak myślisz, co ona czuje? Ona żyje tą wizją. Ona jest tą wydrążoną górą, pustą w środku. Wyobraź sobie skałę pustą w środku. Wyobraź sobie, jaka musi być potężna, wyrafinowana, żeby niszczyć samą siebie. Więc musi mieć także siłę, żeby odbudować siebie. Jeśli może zrobić jedno, to może i drugie. Chciałbym jej pomóc. Jest bardzo nisko. Najniżej. Zdolna do destrukcji, niszczenia innych i siebie. Zdolna niemal do wszystkiego. Musisz usłyszeć jej historię, musisz posłuchać o jej cierpieniu. Ona potrzebuje, żeby jej ktoś wysłuchał, zrozumiał. Weź tę małą duszę ze sobą, weź ze sobą tę trzyletnią dziewczynkę. Ona jej doda trochę energii. Ophra potrzebuje więcej, ale na razie to wystarczy, żeby utrzymać ją w formie.

Rozmawiam z dziewczynką i proszę, żeby mi towarzyszyła. Zgadza się. Zabieram jej duszę. Nauczyciel mówi:

– Zyska tylko trochę sił życiowych. Niezbyt wiele. Jest zbyt słaba.

Jest tylko bardzo cienką skalną powłoką. Widzisz, ta dziura w środku ciągle się powiększa. Ta mała dusza doda jej trochę energii. Ona potrzebuje wiary w siebie, pewności. Musi zacząć panować nad siłami, które kieruje przeciwko sobie, nad autodestrukcją. Zasługuje na prawdziwe życie, zasługuje na szczęście, ponieważ to piękna, kochająca osoba. Zasługuje na najlepsze. Jej lęki przejawiają się w kwestionowaniu wszystkiego. Ona wszystko podważa. Jej depresja przejawia się tym, że w nic nie wierzy, jest zbyt sceptyczna. Jest bardzo zmęczona. Nauczyciel pokazuje mi Ophrę stojącą pod górą. Energia wypływa jej z dłoni.

– Co chcesz mi powiedzieć? – pytam go.

– Praca z energią, jaką wykonuje, to jedyna rzecz, która trzyma ją przy życiu. Ale przestanie jej wystarczać, jeśli nie zajmie się swoimi problemami. Chcielibyśmy jej pomóc. Potrzebuje zwierzęcia mocy, żeby ją wzmocniło, żeby mogła poradzić sobie z duszami, których kiedyś będzie potrzebować. Potrzebuje zwierzęcia mocy, żeby pomogło jej uwierzyć w siebie, uwierzyć, że jest zdrową górą. Musi się udać w magiczną podróż i dowiedzieć się, czym płaci za autodestrukcyjne skłonności. Musi się przyjrzeć swoim lękom. Potem dostaniesz dalsze instrukcje. Bardzo się martwimy o tę kobietę. Przybyłaś w dobrym momencie. Nad tym, o czym mówię, trzeba pracować całe życie. Ona zrozumie, o czym mówię. Może stać się zdrową górą. Czeka ją ciężka praca, jeśli ma całkowicie poświęcić siebie sobie samej. To wszystko. Możesz już iść.

Bębny wzywają mnie do powrotu. Kłaniam się nauczycielowi, wracam z Pegazem. Spotykamy mego ducha opiekuńczego i wsiadam na jego grzbiet. Wracamy.

Ophra zapisała się na kurs szamanizmu dla początkujących i odbyła trzy indywidualne sesje. Ponadto pracowała z oddechem. Oto jak sama mówi o efektach tych działań:

Metafora dwóch gór miała dla mnie olbrzymie znaczenie i pomogła mi zdać sobie sprawę, w jakiej jestem sytuacji. Zbudowałam modele tych dwóch gór: jedna jest czarna, wydrążona w środku, druga zielona, z kwiatami i roślinnością u podnóża. Kiedy je skończyłam, postawiłam je u siebie w domu i często na nie patrzyłam. Przypominały mi o tym, co powiedziały duchy. Pewnego dnia nie mogłam już na nie patrzeć. Skończyłam z nimi i po prostu je schowałam.

Zaczęłam także uczyć się szamanizmu. Najbardziej oświeciła mnie podróż szamańska, którą odbyłam, by zapytać, czego chce mnie nauczyć lęk przed szaleństwem. Podczas tej podróży zrozumiałam, że zamartwianie się utratą władz psychicznych i innymi lękami, które mnie dręczyły, napełniało moje życie treścią. Zawsze czułam, że życie nie ma sensu, nie wiedziałam, po co żyć, skoro i tak kiedyś wszyscy umrzemy. Po podróży moje lęki osłabły i zdałam sobie sprawę, że mam większą kontrolę nad swoim życiem i swoimi wyborami.

Szamanizm pomógł mi aktywniej zająć się własnymi problemami. Zawsze myślałam, że to inni mnie uleczą i że jestem od innych zależna. Dzięki szamanizmowi zrozumiałam, że muszę to zrobić sama, że to musi wyjść ode mnie. Jeśli chodzi o większe zmiany, zmieniłam pracę, mam teraz lepsze relacje z ludźmi, wyszłam do świata, nie zamykam się już w sobie. Dawniej nie ufałam sobie, nie umiałam rozmawiać z ludźmi, stawać przed nimi. Teraz staję przed uczniami na zajęciach, rozmawiam z ludźmi, odzyskałam wigor i chęć do życia. Dzisiaj bardziej panuję nad swoim życiem, czuję wewnętrzną moc. Lęki wciąż gdzieś tam tkwią, ale mam już więcej siły i narzędzi, żeby się z nimi zmierzyć.

UZDRAWIANIE GRZECHOTKĄ

Omówiliśmy już znaczenie grzechotki w pracy szamana (rozdział trzeci). Podobnie jak bęben, grzechotka przede wszystkim ułatwia wejście w odmienny stan świadomości i przenosi nas do świata duchów. Ale ma także inne zastosowania. Jak wcześniej wspomniałam, pomaga w stawianiu diagnozy. Grzechotka, czy raczej jej duchy, mogą być wykorzystane przy uzdrawianiu.

Według Kalinia grzechotka jest potężnym narzędziem w ręku szamana. Wykonuje się ją z wysuszonej tykwy, w której przebija się otworki różnej wielkości. Do środka wkłada się nasiona i małe kamyczki, a także większe kamyki, które mają symbolizować dusze przodków. Według szamanów Kalinia to właśnie te cztery kamienie – duchy przodków – są prawdziwym głosem grzechotki, zaś mniejsze kamyczki i nasiona są sługami tych czterech potężnych duchów. Ponieważ słudzy są liczni, szaman zwraca się do niektórych z nich podczas każdego obrzędu uzdrawiania, w zależności od rodzaju choroby i jej nasilenia.

Aby przywołać uzdrawiające moce grzechotki, szaman musi najpierw wypełnić ją dymem. Pali w tym celu tytoń, po czym wdmuchuje go do grzechotki przez dziurki. Kiedy jest już pełna dymu, zaczyna nią potrząsać i śpiewać. Dym, grzechotanie i śpiewy przyciągają do grzechotki duchy. Wchodzą do niej i zadomawiają się w niej. Grzechotka staje się ich domem, a na szamana przechodzi ich moc, którą może później wykorzystać do uzdrawiania[30].

W moim przekonaniu ten obrzęd demonstruje jeden z najważniejszych faktów dotyczących grzechotki. Chodzi o to, że chociaż rytmiczne uderzenia grzechotki pomagają nam wejść w zmieniony stan świadomości, a także służą uzdrawianiu, w gruncie rzeczy to nie dźwięk grzechotki ma właściwości uzdrawiające, ale właśnie duchy, które w niej mieszkają. To one prowadzą szamana i pomagają mu leczyć. My, praktykujący neoszamanizm, zanim użyjemy grzechotki, by postawić diagnozę lub kogoś uzdrowić, wyruszamy w szamańską podróż, aby spotkać się z jej duchem.

Grzechotka niezwykle skutecznie uwalnia zablokowaną energię i ułatwia dostęp do niej. Pięknie pokazuje to przypadek, z którym zetknął się mój mistrz, Jonathan Horwitz:

> Skontaktowała się ze mną pewna kobieta, ponieważ czuła się zablokowana. Zapytała, czy mógłbym jej pomóc przełamać tę blokadę. Termin „blokada" nie figurował wówczas w moim szamańskim słowniku diagnostycznym. Nie miałem pojęcia, o czym moja klientka mówi, ale zaufałem duchom. One powinny wiedzieć, co się z nią dzieje. Odpowiedziałem jej więc, że jeszcze nie wiem, czy będę w stanie jej pomóc, ale zaprosiłem ją na spotkanie, żeby sprawdzić, co z tego wyniknie. Kiedy poprosiłem o pomoc duchy, powiedziały mi: „Użyj grzechotki". Zacząłem więc po prostu grzechotać nad jej ciałem. Zaczęła się trząść. Trzęsła się coraz gwałtowniej, aż w końcu dostała konwulsji. Ta część mnie, która pozostała w zwykłej rzeczywistości, bardzo się zaniepokoiła. Zapytałem duchy, co się dzieje, a one kazały mi być cicho, skoncentrować się i grzechotać dalej. Wreszcie kobieta, wydając coś w rodzaju ryku i szczeknięcia, skręciła się w konwulsjach po raz ostatni i coś wyszło z jej ciała przez usta, po czym wyleciało przez otwarte okno. Wydała westchnienie ulgi i zapytała, co z nią zrobiłem. Uczciwie odpowiedziałem, że po prostu potrząsałem grzechotką, a ona sama zajęła się całą resztą[31].

UZDRAWIANIE PRZEZ DUCHY NATURY

Szamani wierzą nie tylko w to, że jesteśmy spokrewnieni ze zwierzętami, ale także są przekonani, że jesteśmy częścią natury, że jesteśmy z naturą związani na głębokim poziomie istnienia. Przedstawiciele rdzennych kultur szamańskich żywią głęboki szacunek do wszelkich form życia i dostrzegają jego iskrę we wszystkim, co ich otacza – w zwierzętach, roślinach i obiektach pozornie nieożywionych. Nawet w dzisiejszych czasach przemysłu i technologii, ludzie, którzy przez szamanizm mają kontakt ze światem duchowym, doświadczają głębokiej więzi z naturą i żywią szacunek do wszystkich mieszkańców naszej planety.

Duchy natury są w gruncie rzeczy bliżej, niż sądzimy. Każdy z nas może rozmawiać z duchami przyrody, kiedy potrzebuje rady lub uzdrowienia. Niestety większość z nas zerwała kontakt z naturą. Moses, mój duchowy nauczyciel i przewodnik, opowiedział mi o tym i o konsekwencjach, jakie ma dla nas to zerwanie. Udzielając mi rad i nauk, Moses zazwyczaj używał metafor i porównań zaczerpniętych ze świata przyrody. To on poradził mi, abym w tej książce poruszyła temat związku człowieka z naturą:

> Mów o naturze, o tym, jak ja oddaję świat przyrody w symbolach i metaforach, aby łatwiej ci było zrozumieć, co chcę ci przekazać. Używam ich, ponieważ natura do ciebie przemawia, ponieważ ty też ją rozumiesz, jest dla ciebie prosta; ponieważ w gruncie rzeczy człowiek i przyroda powinni harmonijnie współistnieć. Oderwanie od natury jest źródłem dojmującej samotności i izolacji człowieka. Wy, ludzie, zgubiliście drogę. Zbudowaliście świat z betonu. Uśmierciliście przyrodę, zamieniliście ją w martwy beton i plastik. Teraz znowu tęsknicie za łącznością z przyrodą, magią i mądrością. Wasza nauka nie zawiedzie was daleko. Wasza nauka, naprawiając jedno, niszczy drugie. Ale musicie przez to przejść.

Szaman wierzy, że wszystko ma w sobie ducha i życie, więc w poszukiwaniu wiedzy i mocy uzdrawiających może się zwrócić do duchów nauczycieli, które zamieszkują drzewa, skały, wody, rośliny – całą przyrodę. W zmienionym stanie świadomości szaman potrafi komunikować się bezpośrednio z owymi duchami natury. Traktuje je z szacunkiem, delikatnie i z pokorą.

Chcąc kogoś uzdrowić, praktykujący neoszamanizm mogą się porozumiewać z duchami natury na wiele sposobów. Jednym z nich jest podróż sprowadzająca roślinę mocy. Taka podróż zaczyna się od wyjścia na łono przyrody z zamiarem odebrania nauki od każdej rośliny, która szamana przywoła i przyciągnie jego uwagę. Doradca szamański podchodzi do niej, obserwuje ją wnikliwie i wszechstronnie, po czym zaczyna rozmawiać z jej duchem. Potem mówi roślinie, że chciałby zabrać ze sobą jakąś jej część i prosi ją o zgodę. Kiedy duch się zgodzi, doradca wyrusza w podróż, aby spotkać się i porozmawiać z duchowym aspektem rośliny.

Taką właśnie podróż odbyłam kiedyś dla Paula, czterdziestodziewięcioletniego Amerykanina, u którego rozpoznano nowotwór mózgu. Kiedy wyruszyłam w podróż diagnostyczną, duchy poleciły mi, abym porozmawiała z duchami natury i poprosiła je o pomoc. Paulowi było niezmiernie trudno otworzyć się i mówić o sobie, swoich uczuciach i chorobie. Przekazy, które przyniosłam mu z podróży od duchów natury, nie tylko przywróciły mu nadzieję, ale i pewność siebie. Dzięki temu mógł się otworzyć. Oto, co duchy miały do przekazania Paulowi:

> Podczas tej podróży zobaczyłam krzak obsypany czerwonymi jagodami. Rósł na stoku wzgórza. Powiedział mi:
>
> – Spójrz na mnie. Choć wokół mnie rosną te wszystkie chwasty, choć zabierają mi soki życiowe i energię, stoję tu – silny, kolorowy, w zgodzie z porą roku. Dojrzewam. Chwasty mi nie szkodzą, ponieważ mam dużo siły. Mimo tego wszystkiego, co się wokół mnie dzieje, pozwalam im być tym, czym są i kim są. Ja jestem sobą i one są sobą. Nie pozwalam im odbierać sobie energii i niszczyć moich korzeni. A one mnie nie pozwalają odbierać sobie energii i niszczyć ich korzeni. Uzupełniamy się nawzajem i dzięki temu możemy przetrwać, żyć i wzrastać. Każde z nas jest inne, ma swoje rozmaite właściwości, swoje piękno. Jesteśmy szczęśliwi i za-

dowoleni z tego, kim i czym jesteśmy, z tego, jak wyglądamy, jaką radość dajemy światu. Każde z nas jest na swój sposób podziwiane i cenione. Nie rywalizujemy. Zadowalamy się tym, kim jesteśmy. Każde z nas jest zauważone i na swój sposób docenione. Nie wszyscy nas lubią. Niektórzy mnie lubią i podziwiają moje piękno, inni przechodzą obok mnie obojętnie i zachwycają się rośliną czy drzewem rosnącym dalej. Rozumiemy to.

Następnie zobaczyłam krzak pokryty drobnymi białymi kwiatami. Przemówił do mnie tymi słowami:

> Spójrz na mnie, przyjrzyj się, w jakich warunkach rosnę, pomiędzy skałami, niemal na pionowej ścianie. Ktoś mógłby powiedzieć: to niemożliwe. Nie ma rzeczy niemożliwych. Możemy przetrwać w każdych warunkach. To nie warunki decydują o przetrwaniu. To wola przetrwania. Moje korzenie są na tyle silne, by przebić skałę. To właśnie moja wiadomość dla Paula: jest wystarczająco silny, żeby przebić skałę. Może przetrwać wszystko, kiedy uwierzy w siebie i naprawdę to zrozumie. Ale musi chcieć żyć inaczej, być sobą, połączyć się ze sferą ducha, być pięknym człowiekiem, jakim przecież jest. Nie powinien się poddawać lękom swoim, swojej rodziny i najbliższego otoczenia. Kiedy będzie gotów przepracować swoje lęki i pozbyć się ich, stanie się taki jak ja, pokona wszystkie przeciwności. Zabierz mnie ze sobą i pozwól mu wysłuchać, co powiedziałem. Paul, jesteś silniejszy, niż myślisz. Potrafisz przebić skałę, tak jak ja. Twoje korzenie są silne. Użyźniaj swoją glebę i odżywiaj się. Z głębi serca zechciej pomóc samemu sobie, a pomoc nadejdzie.

Chociaż przekazy z tej podróży nie dotyczyły bezpośrednio stanu zdrowia Paula, wydaje się, że dotykają bardzo poważnych spraw, którymi powinien był się wtedy zająć. I rzeczywiście pomogły Paulowi otworzyć się i mówić wprost o swojej chorobie i cierpieniach, jakie były udziałem całej jego rodziny. Zdał sobie także sprawę, że problemy, o których mówiły duchy, zawsze w jakiś sposób utrudniały mu życie zawodowe i towarzyskie.

Aby uzyskać pomoc albo wskazówki od duchów natury, albo zostać uzdrowionym, można też po prostu wyjść i ich poszukać. Szaman, jak zawsze, najpierw musi uzmysłowić sobie, z jakim problemem czy też pytaniem ma do czynienia. Potem udaje się na łono przyrody, cały czas myśląc o swej misji, i pozwala, aby coś ze świata przyrody przykuło jego uwagę lub go wezwało. Kiedy spotka ducha-nauczyciela, siada obok wybranej rośliny lub przedmiotu i przedstawia mu problem, zapisując wszystkie odpowiedzi. Nie musi wyruszać w podróż na spotkanie z duchowym aspektem rośliny.

Indianie z Ameryki Północnej stosują pewną bardzo starą i bardzo szczególną technikę. Człowiek potrzebujący pomocy wybiera duży kawał skały i przynosi go szamanowi. Szaman poleca mu wnikliwie obserwować kamień ze wszystkich stron i pod każdym względem. Następnie człowiek ten ma opisać obrazy, jakie zobaczy na powierzchni skały, mając wciąż w pamięci swoje pytanie lub problem. Kiedy opisze wszystkie, szaman pyta, jaki mają związek z jego problemem czy zmartwieniem. Następnie szaman opowiada o swoich własnych wizjach i wyjaśnia, jak je rozumie[32]. Kombinacja tych przekazów ma pomóc człowiekowi potrzebującemu pomocy zrozumieć problem, może też dostarczyć gotowe rozwiązanie.

❋ ❋ ❋

Szalona kobieta
Prawdy nie szukaj daleko
Zostań w swoim sercu
Tańcz raz szybko, raz wolno
przez pory roku swego życia
żeby wyleczyć swoje serce
żeby umrzeć i żeby żyć...

❋ ❋ ❋

ROZDZIAŁ 6

MAGIA SZAMANIZMU: PODRÓŻ JAKO WEHIKUŁ PRZEMIANY

Obraz jest językiem duszy.

ARYSTOTELES

W roku 1987 zaproponowano mi pracę w Nowym Jorku, w ośrodku pomocy społecznej dla rodzin i dzieci. Przechodziłam wtedy ciężki kryzys. Próbując uciec przed burzą emocji, chwyciłam nadarzającą się okazję i wyjechałam z Anglii. Kultura pracy w Stanach okazała się jednak zupełnie inna niż to, do czego przyzwyczaiłam się w Wielkiej Brytanii. Przez pierwsze osiem miesięcy czułam się jak ryba wyjęta z wody – bezskutecznie próbowałam się dostosować. Obwiniałam się, próbowałam się zmusić, przystosować do nowego środowiska. Studiowałam wtedy programowanie neurolingwistyczne. Na zajęciach zajmowaliśmy się opowieściami terapeutycznymi i ich konstruowaniem.

Instruktorka była świadoma moich wewnętrznych zmagań. Zaproponowała, żebym opowiedziała swoją historię na zajęciach i aby każdy ze studentów, łącznie z nią, wymyślił metaforę, która mogłaby mi pomóc. Chociaż wszystkie opowieści były ciekawe i w jakimś sensie dobrze mi zrobiły, to opowieść nauczycielki zrobiła na mnie największe wrażenie. Dosłownie w jednej chwili zmieniła moje amerykańskie życie. Oto ta historia:

Był sobie piękny ptak. Żył spokojnie na wyspie. Miał dużą rodzinę i mnóstwo przyjaciół. Doskonale znał swoją okolicę – wiedział, gdzie szukać pożywienia, gdzie się schronić, jak przetrwać. Któregoś dnia potężna burza porwała ptaszka z dobrze znanej mu wyspy. Miotany wichrami, zagubiony, w końcu wylądował na innej, obcej ziemi.

Tamtejsze ptaki wyglądały całkiem inaczej, pożywienie też było inne. Nasz ptak czuł się tam bardzo obco. Wydawało mu się, że w porównaniu z innymi jest brzydki i dziwaczny. Zamknął się więc w sobie, stał się nieśmiały, nie potrafił wtopić się w otoczenie. Był samotny i nieszczęśliwy, czuł się skrzywdzony. Nie wiedział, jak znaleźć drogę do domu.

Pewnego dnia, bardzo zasmucony i osamotniony, wędrował brzegiem rzeki. Nagle poczuł pragnienie. Podszedł więc do rzeki, by się napić. Pochylając się, zauważył w wodzie odbicie bardzo pięknego ptaka. Wstrząśnięty i zaskoczony rozejrzał się, nie wiedząc, kto odbija się w wodzie, ale nikogo poza nim nie było. Jeszcze raz spojrzał w lustro wody i znów zobaczył ten obraz.

Dopiero za trzecim razem zrozumiał, że to jego własne odbicie. Uprzytomnił sobie, że zapomniał, jaki jest piękny. Napełniło go to otuchą i pomogło mu stać się bardziej towarzyskim i zawrzeć nowe znajomości. Wśród nowych przyjaciół znów był szczęśliwy, a oni wkrótce pomogli mu odnaleźć drogę na jego wyspę, drogę do domu.

Ta opowieść zrobiła na mnie wielkie wrażenie. Nie potrafię wyjaśnić dlaczego, ale od razu poczułam, jak wielką mam wewnętrzną moc. Uświadomiłam sobie, jakie mam zdolności i mocne strony, odnalazłam siebie. Wróciłam do domu, byłam znowu sobą. Mniej więcej w tym czasie dostałam ofertę pracy w Arizonie i zaczęłam rozważać jej przyjęcie. To właśnie ta opowieść pomogła mi podjąć decyzję, która zmieniła bieg mojego życia. To metaforyczne opowiadanie okazało się jedną z najskuteczniejszych terapii, jakie kiedykolwiek przeszłam. Od tamtej pory zawsze mi towarzyszy i do dziś mi pomaga, kiedy czuję się zagubiona.

Teraz, kiedy znamy już świat szamana i techniki szamańskiego uzdrawiania, dochodzimy do nieuniknionego pytania: jak to wszystko działa? W jaki sposób szaman leczy, czy raczej w jaki sposób leczą duchy? Jak można wyjaśnić magię szamańskich podróży? Na to pytanie jest wiele odpowiedzi.

Aby jednak znaleźć najlepszą, zacznijmy od zastanowienia się nad tym, jak duchy komunikują się z nami podczas szamańskiej podróży. Innymi słowy – przyjrzyjmy się językowi szamańskich podróży, językowi duchów, językowi naszej duszy.

SIŁA OBRAZÓW I WYOBRAŻEŃ

Rodzimy się ze zdolnością do wyobrażania sobie, czyli tworzenia w umyśle obrazów[1]. Obrazy i wizje są bezpośrednim medium szamańskich podróży. Zajmiemy się teraz mocą uzdrawiającą i mechanizmami działania wyobrażeń w sensie ogólnym i ich zastosowaniem w rozmaitych formach współczesnych terapii.

Jeanne Achterberg[2] w książce *Imagery in Healing* dokonuje wnikliwego przeglądu historii zachodniej medycyny i omawia wykorzystanie wyobrażeń w sztukach uzdrawiania od czasów starożytnej Grecji. Do czasów renesansu znachorzy i lekarze wierzyli, że umysł, ciało i duch są nierozdzielne i podchodzili do uzdrawiania holistycznie, całościowo. Dopiero po narodzinach kartezjańskiego dualizmu i dokonaniu rozdziału między umysłem a ciałem podejście holistyczne straciło na znaczeniu. Umysł i dusza zaczęły być postrzegane jako oddzielne byty, istniejące niezależnie od ciała fizycznego. Pociągnęło to za sobą rozdzielenie funkcji – medycy zaczęli się zajmować wyłącznie ciałem, dusza zaś stała się domeną kapłanów. Dzięki temu lekarze zyskali swobodę ingerowania w ludzkie ciało, eksplorowania go, badania i krojenia bez obaw, że wyrządzą krzywdę duszy. Miało to jednak złą stronę: wyobrażenia i metafory straciły dla medyków wiarygodność i wysoki status. Wyobraźnia, oczywista manifestacja ludzkiej duszy, przestała mieć związek z cielesną powłoką, a co za tym idzie, straciła związek z naukami medycznymi.

Od czasów Kartezjusza aż do niedawna rola wyobraźni w głównym nurcie medycyny była marginalna. Jednak w ciągu ostatnich dziesięcioleci nastąpił powrót ku praktykom opartym na pracy z wyobrażeniami. Trend ten nadal zyskuje na popularności i wiarygodności w zachodnich kręgach związanych z medycyną. I chociaż techniki te wciąż nie zajmują centralnego miejsca w głównym nurcie medycyny, uznano je za pożyteczne narzędzia pomocnicze, służące poprawie psychicznego stanu chorych.

Uznane czy nie, wyobrażenia, choć pozostają w cieniu, odgrywają dużo ważniejszą rolę we wszystkich praktykach medycznych. Wyobraźnia pracuje nieustannie, czy sobie to uświadamiamy, czy nie. Kiedy ktoś nam opisuje jakąś sytuację, automatycznie tworzymy w umyśle jej obraz. Dzięki temu łatwiej nam przyswoić sobie to, co słyszymy. Wyobrażenia towarzyszą wszystkim relacjom międzyludzkim.

Kiedy na przykład lekarz informuje nas, że cierpimy na jakieś schorzenie, nasz umysł natychmiast tworzy obraz konkretnego fizycznego problemu. Wyobrażenia te będą miały duży wpływ na nasz stan fizyczny i przebieg leczenia. W fachowej literaturze medycznej pojawiają się czasem relacje o „cudownym" wyleczeniu z nieuleczalnych lub śmiertelnych chorób, odnotowuje się także przypadki, gdy lekarz stawia diagnozę, której pacjent się obawiał, po czym pacjent niemal natychmiast umiera, bez wyraźnych przyczyn medycznych.

Chociaż główny nurt medycyny nie docenia uzdrawiającej potęgi wyobrażeń, mają one duże znaczenie w psychologii. Terapeutyczną wartość wyobrażeń cenią terapeuci wywodzący się z rozmaitych tradycji. Skuteczność hipnozy na przykład według wielu hipnoterapeutów bierze się z wyobrażeń, które powstają wskutek sugestii podczas samej hipnozy. Wiele innych szkół terapeutycznych szeroko wykorzystuje pracę z wyobrażeniami w celu spowodowania terapeutycznej przemiany i wyleczenia. Mam tu na myśli psychoanalizę jungowską, terapię Gestalt, terapię sztuką, *biofeedback* i wiele innych.

Kiedy mówimy o pracy z wyobrażeniami, należy wyjaśnić, że w proces ten zaangażowany jest nie tylko wzrok, ale i pozostałe zmysły. Dokonując wizualizacji, wyobrażamy sobie doznania słuchowe, dotykowe, zapachowe i smakowe.

Skuteczność technik związanych z wyobrażeniami potwierdza wiele fascynujących relacji. Zgromadzono mnóstwo dowodów na to, że wyobrażenie może mieć potężny bezpośredni i pośredni wpływ na ludzkie ciało i zachodzące w nim procesy. Wydaje się, że „każda myśl pozostawia na ciele swój znak, a każdy sygnał neurochemiczny zostaje zarejestrowany przez umysł”[3].

WYOBRAŻENIA A SZAMANIZM

Jak wynika z powyższych rozważań, praca z wyobrażeniami jest najskuteczniejsza w generowaniu zmian na poziomie fizycznym i mentalnym. Od dawna była i nadal jest ona stosowana szeroko zarówno w zachodniej medycynie, jak i w psychologii. Przyjrzyjmy się bliżej roli wyobrażeń w podróży szamańskiej.

Z ust wielu badaczy szamanizmu bardzo często pada stwierdzenie, że podróż szamańska nie jest podróżą do sfery duchów, ale raczej wyprawą w głąb własnej nieświadomości. Wielu innych uważa podróż szamańską za formę wizualizacji. Carl Gustaw Jung w gruncie rzeczy dokonywał podróży szamańskich i nazywał je „aktywną imaginacją”*. W jednej ze swoich książek opowiada, jak odkrył tę technikę. Siedząc przy biurku i zastanawiając się nad swoimi lękami, zdecydował się na drastyczny krok: „Zanurzę się w to. Nagle poczułem, jakby grunt dosłownie zapadł mi się pod nogami i pogrążyłem się w mrocznych głębiach”[4]. Jego wrażenie zapadania się w mroczną głębię wyraźnie przypomina schodzenie szamana do dolnego świata. Stosując technikę aktywnej imaginacji, Jung przechodzi przez ciemny tunel i dociera do innego świata.

Również wielu uczestników moich kursów sądzi lub obawia się, że ich szamańskie podróże to t y l k o gra wyobraźni. Osobiście jestem przekonana, że kiedy naprawdę odbywamy podróż szamańską nie ogranicza nas ani umysł, ani wyobraźnia i że przemierzamy krainę duchów. Nie potrafimy jednak udowodnić i być może nigdy nie będziemy w stanie tego zrobić, że dziedzina duchów istnieje niezależnie od nas,

---

* Aktywna imaginacja polega na wywołaniu w umyśle fikcyjnego obrazu i prowadzenie z nim swego rodzaju dialogu. Jeśli na przykład mamy jakiś problem, wywołujemy w umyśle obraz, który symbolizuje ten problem lub jakieś jego aspekty, a następnie zaczynamy z nim rozmawiać. Zapisujemy tę rozmowę. Możemy to rozciągnąć w czasie, robić przerwy.

ani że po prostu przemierzamy własną nieświadomość, osobistą lub zbiorową (zob. rozdział czwarty).

Jak już wspomniałam, wiele metod terapeutycznych wykorzystuje pracę z wyobrażeniami. Najczęściej nazywa się je technikami wizualizacji lub wyobrażeń sterowanych. Powstaje zatem pytanie, jaka jest różnica między szeroką gamą technik terapeutycznych, które wykorzystują wyobrażenia czy wizualizacje a podróżą szamańską.

Wydaje się oczywiste, że wspomniane techniki i podróż szamańska mają pewne cechy wspólne, nie możemy jednak zapominać o fundamentalnych różnicach obu pojęć. W przypadku wyobrażeń sterowanych terapeuta sam konstruuje schemat wizualizacji, podczas gdy klient tylko uzupełnia powstałe luki. Ponadto osoba dokonująca wizualizacji świadomie uruchamia wyobraźnię, aby wywołać w umyśle pewne obrazy. Inaczej jest podczas podróży szamańskiej: dźwięk bębna jest jedynym środkiem do osiągnięcia odmiennego stanu świadomości. Wyobraźnia lub umiejętność wizualizacji odgrywa pewną rolę *przed* podróżą (kiedy podróżujący przyzywa swoje miejsce mocy). W istocie kluczem do udanej podróży jest wyzwolenie się i wyruszenie bez z góry powziętych założeń na temat tego, co się wydarzy.

Osoby, które odbyły szamańską podróż, często dają wyraz zaskoczeniu i zdumieniu tym, co przeżyły. Bywa, że wyruszają z konkretnymi oczekiwaniami co do tego, co ujrzą lub usłyszą, a spotyka ich coś zupełnie innego.

Kolejna różnica między podróżą szamańską a wyobrażeniami polega na tym, że wprawdzie wyobrażenia sterowane mogą obejmować spotkania z mistrzami lub innymi bytami i proszenie ich o naukę lub uzdrowienie, ale nie wymagają tak wielkiej zmiany stanu świadomości jak podróż szamańska.

Metodą terapeutyczną, która rzeczywiście wiąże się ze znaczną zmianą stanu świadomości jest hipnoza. Poddając się sugestiom hipnotycznym, pacjent może doznawać wrażenia przenoszenia się do innych sfer, a nawet wierzyć w ich realność, zupełnie jak podczas podróży szamańskiej. Trzeba jednak podkreślić, że szaman czy podróżnik szamański nie otrzymuje żadnych wskazówek ani sugestii z zewnątrz, w przeciwieństwie do człowieka zahipnotyzowanego. Szaman nie potrzebuje asysty podczas wchodzenia w odmienny stan świadomości ani podczas poruszania się w świecie duchów i nie korzysta z żadnych wskazówek z zewnątrz. Wchodzi w ten świat i podróżuje po nim z własnej woli.

METAFORY

Duchy przemawiają do nas nie tylko obrazami, ale także metaforami i symbolami. Podróże szamańskie, według relacji szamanów pochodzących z różnych kultur, są przesycone symbolami i metaforami. I jedne, i drugie są pradawnymi środkami komunikacji. Są też najskuteczniejszymi narzędziami wewnętrznej przemiany. W tej części książki zajmiemy się znaczeniem metafor w kontekście terapeutycznym i szamańskim.

Czym jest metafora?

Metafora z natury jest pojęciem elastycznym. Słownik Collinsa definiuje metaforę jako „figurę stylistyczną, w której obce znaczeniowo słowa lub związki frazeologiczne są ze sobą zestawione, aby pokazać podobieństwo i zyskać w ten sposób inne, nowe znaczenie". Jest to dość wąska definicja. Z doświadczenia wiemy, że metafory mogą przybierać także wiele innych postaci, nie tylko figury stylistycznej. Szerszą definicję podaje Arystoteles. Według niego „metafora to przeniesienie nazwy z jednej rzeczy na inną, z rodzaju na gatunek, z jednego gatunku na inny lub jednej rzeczy na inną na zasadzie analogii"[5].

Posługując się tą definicją, dochodzimy do wniosku, że wiele innych form narracyjnych, na przykład alegoria, mit, parabola czy baśń, może pełnić rolę metafory. W kontekście terapeutycznym metafora ma bardzo szerokie znaczenie. Długie opowieści, przedmioty, a także czynności mają sens metaforyczny i są skutecznie stosowane podczas terapii.

W dziejach ludzkości od zawsze wykorzystywano metafory do przekazywania niebezpośrednich komunikatów. Musimy więc się zgodzić, że komunikowanie pewnych treści za pomocą metafor ma wiele zalet i dużą przewagę nad komunikacją bezpośrednią. Przyjrzymy się, jak potężnym źródłem wewnętrznej przemiany i uzdrowienia mogą być metafory. Omówimy też sposoby ich stosowania w terapii, a następnie zajmiemy się związkiem między metaforami a podróżami szamańskimi. Ponieważ często mamy do czynienia z metaforami w formie opowieści, zwłaszcza w kontekście terapeutycznym, czasami będę używała terminu „metafora" w odniesieniu do opowieści.

Metafory a przemiana wewnętrzna

Metafory i opowieści wykorzystuje się we współczesnej terapii do rozmaitych celów. Doradca lub psychoterapeuta może użyć metafory, aby coś zilustrować lub podkreślić, zaproponować rozwiązanie problemu, pomóc pacjentowi poznać samego siebie, zainspirować go lub wzmocnić jego motywację.

Jakie korzyści płyną z wykorzystania metafory w terapii? Po pierwsze, dobrze skonstruowana i dobrze opowiedziana historia, podana w odpowiednim czasie, może „oświecić" i zainspirować do czegoś, czego pacjent dotąd nie brał nawet pod uwagę. Metafora budzi zainteresowanie i skłania do zaangażowania, przekazuje ważne treści skuteczniej i bardziej inspirująco niż bezpośredni komunikat. W metaforze jest szczypta magii, która przykuwa uwagę i pobudza twórczą myśl nieporównywalnie skuteczniej niż suche instrukcje podawane bezpośrednio. Opowieść z samej swej natury sugeruje ruch, zmianę, wielorakie możliwości. Baśnie, których bohaterowie przechodzą przemiany i dojrzewają, komunikują słuchającemu, że i on może się zmieniać i rozwijać tak, jak postaci baśniowe. Po drugie, opowieści i metafory z natury rzeczy nie brzmią tak groźnie i nie zmuszają do konfrontacji jak bezpośrednie komunikaty. Jeśli terapeuta proponuje coś wprost, jest duża szansa, że klient rozważy propozycję, po czym świadomie ją odrzuci lub wyrazi sprzeciw. Może przy tym zostać narażona cała relacja terapeuta–pacjent. Słuchając zaś opowieści, klient ma wybór między uwewnętrznieniem i zaakceptowaniem jej treści a jej odrzuceniem, jeżeli nie jest jeszcze gotowy, by uporać się ze swoim problemem.

Opowieści częściej są jednak akceptowane niż odrzucane, właśnie dlatego, że nie przemawiają bezpośrednio. Każda historia, baśń czy opowieść jest odbierana dosłownie na poziomie świadomym, natomiast ich przekaz metaforyczny jest rejestrowany na poziomie nieświadomym. Ponadto opowieść może być postrzegana jako metaforyczna niezależnie od tego, czy taka była intencja opowiadającego.

Dotykamy tu bardzo ważnej kwestii związanej z metaforyką w psychoterapii. Użycie metafory przenosi odpowiedzialność za zmianę z terapeuty na klienta. Właśnie dlatego, że metafora ze swej natury jest wieloznaczna, a nie jednoznaczna i wyraźna, zachęca ona odbiorcę do uważnego słuchania i własnych poszukiwań.

Odwołanie się do metafory uwalnia też terapeutę od obowiązku dostarczania wyjaśnień i interpretowania problemów pacjenta. To sam pacjent bierze na siebie obowiązek zinterpretowania zaprezentowanej przedstawionej mu metafory. W relacji terapeutycznej akcent przenosi się niezauważenie na klienta. Użycie metafory delikatnie daje mu do zrozumienia, że to on sam, a nie terapeuta, jest architektem zmian.

Od pokoleń człowiek uważa metafory, słowa, opowieści i idee za coś, co ułatwia uzdrawianie na poziomie fizycznym, psychologicznym i duchowym. Rzeczywiście, istnieją naukowe dowody potwierdzające związek między narracją a reakcją fizjologiczną. Gold[6] sugeruje, że czytanie opowieści może wywoływać reakcje fizjologiczne podobne do tych, jakie zachodzą w realnym życiu w zbliżonych okolicznościach. Wydaje się, że w obu przypadkach nasz układ nerwowy wysyła zasadniczo takie same impulsy. Jeżeli zaś zwykłe słuchanie opowieści może przynieść wewnętrzną przemianę, doświadczenie historii na żywo podczas podróży szamańskiej na pewno spowoduje większą i głębszą transformację.

Jak potwierdzają niektóre badania naukowe, skuteczność metafory może być uwarunkowana neurologicznie. Udowodniono, że lewa i prawa półkula mózgowa dzielą się przetwarzaniem informacji: lewa odpowiada za przetwarzanie dosłownych, sekwencyjnych i logicznych aspektów języka, prawa natomiast przetwarza jego aspekty strukturalne, kinestetyczne, metaforyczne i związane z wyobraźnią. Wydaje się, że terapie wykorzystujące bezpośrednio prawą półkulę, takie jak te bazujące na metaforach, opowieściach lub hipnozie przynoszą rezultaty szybciej niż te, które korzystają z półkuli lewej[7].

> Mamy tu zatem do czynienia z dwoma językami. Pierwszy, na przykład język tego zdania, to język obiektywny, oparty na definicjach, logiczny i analityczny. To język rozumu, nauki, logicznych wyjaśnień i interpretacji, a więc język większości rodzajów psychoterapii. Ten drugi (...) znacznie trudniej zdefiniować - ponieważ nie jest to język definicji. Możemy go nazwać językiem wyobrażeń, obrazów, metafor, może symboli, na pewno też językiem syntezy i całościowego ujęcia, a nie analitycznego rozbioru[8].

Podróż szamańska a metafora

Metafory mogą być bardzo skuteczne w sytuacji terapeutycznej, ale sformułowanie dobrej metafory jest sporym wyzwaniem. Metafora nietrafna może się okazać w takim samym stopniu szkodliwa, w jakim dobra metafora jest pomocna. A nawet jeśli nie okaże się szkodliwa, może być nieskuteczna, jeśli nie będzie skonstruowana i użyta we właściwy sposób. Konstruując metaforę lub opowieść terapeutyczną, terapeuta musi wziąć pod uwagę bardzo wiele czynników. Zidentyfikowanie problemu pacjenta, wybór dominującej percepcji wzrokowej, słuchowej lub kinestetycznej* najbardziej odpowiadającej jego potrzebom, słowa lub symbole, których należy użyć, a nawet intonacja głosu podczas

---

* Skuteczność metafory w olbrzymim stopniu jest zależna od modalności wykorzystanej do jej przekazania. Modalność jest sensoryczną preferencją odbioru i komunikacji językowej. Trzy podstawowe modalności to modalność wzrokowa, słuchowa i kinestetyczna. Większość ludzi wykazuje wyraźną preferencję w kierunku jednej z tych modalności, zarówno w komunikowaniu treści języka, jak i w reakcji na przekazane treści. Osoby, które preferują modalność wzrokową, najlepiej reagują na bodźce fizyczne i lingwistyczne związane ze zmysłem wzroku. Mają one skłonność do częstego używania słów: patrzeć, obserwować, zwrotów: widzę, co masz na myśli, nie widzę rozwiązania itp. Osoby funkcjonujące w obrębie modalności słuchowej lepiej reagują na komunikaty związane ze zmysłem słuchu i dźwiękiem, i częściej posługują się słowami: słyszeć, mówić, dźwięk, dialog, oraz zwrotów takich jak: słucham cię, doszły mnie słuchy. Osoby o modalności kinestetycznej skłonne są używać słów związanych ze światem odczuć i emocji, np. dotykać, czuć, pojmować, *chwytać* oraz zwrotów: mam poczucie, mam wrażenie, „nie chwytam" itp.[10]

przekazywania treści metaforycznych – to tylko niektóre z zagadnień wymagających przemyślenia.

Aby metafora była skuteczna, musi przemawiać i trafiać do pacjenta. Jak już wspomniałam, wszyscy opowieściami wyrażamy siebie. Stwierdzono, że w przypadku dobrych, skutecznych terapii terapeuci potrafili dobrze przystosować i wykorzystać metafory, które wcześniej zostały użyte przez klientów; natomiast brak wykorzystania motywu metaforycznego w trakcie sesji terapeutycznych skutkował mniejszą efektywnością terapii.[9] Widzimy więc, że fundamentalne znaczenie ma to, by terapeuta mówił językiem osoby, której pomaga, podczas całej terapii, szczególnie kiedy korzysta z opowieści i metafor klienta. Bez wspólnego z klientem języka terapia utknie w miejscu.

To wszystko oczywiście nie odnosi się do pracy szamana. W terapii neoszamańskiej doradca nie jest pośrednikiem pomiędzy klientem a duchami, a zatem to nie on ułatwia uzdrowienie. To raczej osoba podróżująca wchodzi w bezpośredni kontakt z własnymi duchami pomocniczymi. Ponieważ metafory, opowieści i obrazy, które pojawiają się podczas podróży nie są przekazywane przez doradcę, zawsze głębiej przemawiają do podróżnika. Dzieje się tak dlatego, że duchy pomocnicze czerpią ze świata przeżyć klienta i z jego języka.

Przeszkody stojące na drodze terapeuty, który próbuje skonstruować właściwą metaforę, nie mają żadnego znaczenia w przypadku doradcy szamańskiego. Niezależnie od tego, czy wierzymy, że metafory i symbole wypływają z nieświadomości, czy też że to duchy pomocnicze przemawiają do nas podczas podróży – faktem jest, że metafory są nieodmiennie trafne, odnoszą się do problemu i wewnętrznego świata pacjenta.

Co więcej, ponieważ podróżujemy i słuchamy metafor w głęboko odmiennym stanie świadomości, efekt jest nawet silniejszy, niż gdybyśmy ich słuchali w normalnym stanie świadomości. W dalszej części tego rozdziału omówimy to zagadnienie dokładniej. Spróbujemy zrozumieć uzdrawiającą moc szamańskiej podróży.

Chciałabym podkreślić, że metafory, czy to w zamierzchłej przeszłości, czy współcześnie, nie pojawiają się w podróży szamańskiej wyłącznie w postaci werbalnej lub narracyjnej. Chociaż duchy-nauczyciele mogą przekazywać ludziom metaforyczne opowieści, metafory mogą się też pojawić w postaci obrazów. Podczas podróży ludzie doświadczają czegoś lub robią coś, co w jakiś sposób jest metaforą jakiegoś aspektu ich życia czy problemu.

Pewną kobietę, która udała się na poszukiwanie ducha opiekuńczego, bardzo zbiło z tropu jego zachowanie. Duch cały czas zmieniał postać: z łabędzia zamienił się w kaczkę, potem w pelikana, gęś i inne ptaki. Cały czas miała w głowie zamęt. Denerwowała ją zmienność ptaka. Natomiast kiedy już z podróży wróciła, zdała sobie sprawę, że robi w życiu dokładnie to samo. Musiała przyznać, że w różnych momentach i różnym ludziom prezentuje siebie zupełnie inaczej i że wywołuje to zamęt i frustruje jej znajomych. Zrozumiała, że duch opiekuńczy próbuje jej powiedzieć, żeby po prostu była sobą. Zaczęła się nad tym zastanawiać i próbowała to zmienić.

Zdarza się, że cała podróż jest jedną wielką metaforą. Pewien młody człowiek wyruszył w podroż, aby zapytać, czego mogą go nauczyć jego lęki i obawy. Spotkał trzech nauczycieli. Wszyscy byli żywi i kolorowi, podobnie jak całe otoczenie. Kiedy jednak tylko zadał pytanie, nauczyciele i krajobrazy natychmiast zamienili się w lód. Wszyscy trzej.

Wrócił zagniewany, sfrustrowany i z zamętem w głowie. Stwierdził, że podróż okazała się stratą czasu. Muszę przyznać, że wtedy się z nim zgadzałam. Sama byłam zbita z tropu i nie rozumiałam, co się podczas tej podróży wydarzyło. Zaproponowałam jednak, abyśmy wspólnie wysłuchali nagrania. Kiedy słuchaliśmy tej historii, młody człowiek nagle uderzył się dłonią w czoło i wykrzyknął: „Boże, teraz rozumiem!". Dotarło do niego, że nauczyciele próbowali mu powiedzieć, że jego lęki i obawy tak naprawdę niczego nie uczą. Zmieniają go tylko w lód i nie pozwalają niczego dokonać. Kolejny raz spotkaliśmy się miesiąc później. Powiedział mi, że do sytuacji, których się boi, podchodzi zupełnie inaczej, że już nie budzą w nim strachu i że pozbył się większości najbardziej ograniczających go lęków.

Aby czytelnik mógł pojąć, jak wykorzystuje się metafory podczas podróży szamańskich, a także dobrze zrozumieć oddziaływanie podróży szamańskiej w sensie ogólnym, przedstawię przypadek Daniela. Uczęszczał on na mój kurs szamanizmu dla początkujących i miałam okazję z nim porozmawiać kilka miesięcy później.

DANIEL

Daniel urodził się i wychował w Izraelu, gdzie mieszka do dziś. Jest najstarszy z trojga rodzeństwa, ma żonę i trzyletniego syna. Jest muzykiem i ma własną firmę nagraniową, która w czasie, gdy zaczęła się jego przygoda z szamanizmem, wpadła w poważne kłopoty finansowe. Psycholog skierował go na mój kurs integracji oddechem, ponieważ Daniel cierpiał na astmę i napady lęku połączone z bólem w klatce piersiowej. Co najmniej dwa razy w tygodniu trafiał z tego powodu do szpitala. Często brał miękkie narkotyki i, chociaż nie był z tego szczególnie zadowolony, czuł, że pomagają mu radzić sobie z lękiem. Po siedmiu dniach kursu integracji oddechem napady lęku stały się rzadsze i Daniel przestał brać narkotyki. Jednak wkrótce po ukończeniu kursu stało się coś dziwnego – całe jego ciało, z wyjątkiem twarzy, pokryła wysypka. Utrzymywała się ona przez jakieś osiem, dziewięć miesięcy. W tym czasie Daniel odwiedził homeopatę, specjalistę od medycyny chińskiej i różnych specjalistów medycyny zachodniej (którzy zrobili mu mnóstwo badań, aby znaleźć przyczynę choroby). Wszyscy zapewniali go, że to nie alergia, ale nie potrafili rozpoznać przyczyny zmian na jego skórze ani ich wyleczyć. Niemoc lekarzy wpędziła Daniela w rozpacz i frustrację. Dobrze wspominając kurs oddechowy, w końcu postanowił zapisać się na podstawowy kurs szamanizmu.

Podróż pierwsza i druga – w poszukiwaniu ducha opiekuńczego

Celem pierwszej podróży Daniela podczas kursu było spotkanie z duchem opiekuńczym. Daniel z powodzeniem wszedł do dolnego świata. Nie potrafił jednak utrzymać się w stanie odmiennej świadomości. Spotkał ducha opiekuńczego (orła), ale nie porozumiał się z nim ani nawet nie rozpoznał w nim swojego ducha opiekuńczego, więc nie wrócił z nim. Spotkał też dwóch mężczyzn. Poprosił o pomoc starego człowieka z fajką, a ten skierował go na szczyt góry. Powiedziano mu, że tam spotka ducha opiekuńczego. Wspinającemu się na szczyt Danielowi pomógł orzeł. Przeniósł go na samą górę i Daniel znalazł się w miejscu, które przypominało bar. Tam spotkał dziwnego, nieco podpitego mężczyznę z wykrzywioną twarzą. Rozgniewał się, bo człowiek ten przeklął go i stwierdził, że Daniel jest „nikim, człowiekiem nic niewartym".

Wróciwszy z podróży bez ducha opiekuńczego, Daniel poczuł się bezwartościowy i uznał to za porażkę. Wówczas poradziłam mu, by wyruszył na poszukiwanie zwierzęcia mocy, co przywróciłoby mu wiarę w siebie i w to, co przeżył podczas podróży.

Podczas drugiej podróży Danielowi udało się porozumieć z duchami opiekuńczymi. Spotkał sowę, a ona potwierdziła, że jest jego zwierzęciem mocy i powiedziała, że odpowiada za pewność siebie. Spotkał także orła, którego widział podczas pierwszej podróży. Orzeł także potwierdził, że jest jego duchem opiekuńczym.

Pierwsze dwie podróże nie spełniły oczekiwań Daniela. Zapisał się na kurs z nadzieją, że natychmiast znajdzie rozwiązanie swojego problemu (czyli lekarstwo na wysypkę). Po dwóch podróżach był bardzo rozczarowany, zastanawiał się nawet, czy nie zrezygnować z kursu. Nie dostrzegał żadnego sensu w tym, co przeżył i czego się dowiedział podczas podróży. Ale rok później, kiedy rozmawiałam z nim o jego podróżach i ich skutkach, rozumiał je lepiej. Pomogło mu to zaobserwować i zmienić negatywne wzorce, którymi w życiu się kierował.

Ponieważ Daniel nie miał wcześniej do czynienia z podróżami szamańskimi, powątpiewał, czy jego doświadczenia były naprawdę szamańskie. Sądził, że po prostu wszystko to sobie wyobraził. Wielu nowych adeptów szamańskich podróży ma skłonność do kwestionowania autentyczności swoich przeżyć. Często kiedy ich pytam, jakie mają oczekiwania, widzę wyraźnie, że tak naprawdę wątpią w samych siebie i swoją zdolność do odbywania szamańskich podróży. Poza tym, że Daniel wątpił, że to potrafi, miał też wiele zbyt konkretnych oczekiwań co do komunikacji z duchami. Spodziewał się, że duch opiekuńczy stanie przed nim od razu, wyjaśni przyczynę wysypki i powie, jak ją wyleczyć.

Wciąż towarzyszyły mu frustracja, poczucie, że jest bezwartościowy i że jego oczekiwania nie spełniają się. Nawet rok później pamiętał przede wszystkim swoje negatywne odczucia. Tym niemniej pewnemu obrazowi i pewnemu spotkaniu przypisywał duże znaczenie. Chodziło o spotkanie z pijanym człowiekiem, który przeklął go i nazwał bezwartościowym. Spoglądając wstecz, Daniel przypomniał sobie, jaki był na niego zły. Powiedział: „Byłem na niego wściekły. Ostatnia rzecz, jakiej potrzebowałem, to żeby ktoś mi mówił to, co i tak sam czułem. To było dobijające – nawet sposób, w jaki na mnie patrzył. Ale teraz myślę, że jego zachowanie i słowa były odbiciem moich własnych uczuć, mojej sytuacji".

Daniel wspominał silną frustrację i gniew: „Byłem mocno przekonany, że jestem niczym, że jestem bezwartościowy, a jednocześnie czułem silny opór i w końcu zbuntowałem się przeciw tym uczuciom... Byłem jak zamknięty w klatce".

Daniel zrozumiał, że trwał w stanie permanentnej wewnętrznej wojny. Nierealistyczne oczekiwania przynosiły mu rozczarowanie i gniew, co poważnie obniżyło jego samoocenę. To poczucie bezwartościowości było tak przytłaczające, że wreszcie się zbuntował. Wydaje się, że samoocena Daniela była tak niska i odebrała mu tak wiele sił, że musiał dotrzeć do sedna tego uczucia, żeby być w stanie wydobyć swoje zdolności, wewnętrzną siłę i moc. Prawdopodobnie musiał sięgnąć dna, aby móc się od niego odbić.

Wewnętrzna walka, o której mówił, to walka dwóch krańców kontinuum poczucia własnej wartości. Pijany mężczyzna z pierwszej podróży symbolizuje jeden kraniec tego kontinuum – samoponiżający wewnętrzny głos. Ten głos zabrzmiał jeszcze głośniej podczas kursu, kiedy Daniel uznał, że nie potrafi odbywać podróży i że nie znajdzie rozwiązania swoich problemów.

Na koniec Daniel stwierdził, że dwie pierwsze podróże miały mu pomóc spojrzeć z dystansu na wzorce zachowań, które wciąż powielał, i lepiej zrozumieć samego siebie:

Tak, te podróże pokazały mi moje wewnętrzne mechanizmy, siły, które we mnie działają, kiedy uruchamiają się różne procesy. Zacząłem rozumieć kombinacje wewnętrznych sił i to, jak wywołują poczucie bezwartościowości... Teraz widzę, jak krok po kroku łączę te składniki, a potem coś wybucha...

W psychoterapii metafora pomaga klientowi spojrzeć na problem z dystansu i dzięki temu na nowo go zrozumieć. Wydaje się, że podróże umożliwiły Danielowi zdystansowanie się od własnych wzorców zachowań i przyjrzenie się swojemu życiu z innej perspektywy.

Podróż trzecia: uzdrowienie

Podczas tej podróży Daniel miał zejść do dolnego świata, aby poprosić duchy pomocnicze o uzdrowienie – takie, jakie uznają za stosowne. Początkowo misja była bardzo konkretna: miał poprosić duchy, żeby znalazły lekarstwo na wysypkę. Ale kiedy położył się i wyruszył, zmienił decyzję. Gdy zapytałam go, dlaczego właśnie tak sformułował cel misji, nie umiał udzielić jednoznacznej odpowiedzi. Stwierdził tylko, że ponieważ nie rozumiał, dlaczego ma wysypkę, zdał się na duchy. Chciał, by poprowadziły go tak, jak same uznają za stosowne. Możliwe, że po rozczarowaniach poprzednich podróży nie chciał znów łudzić się nadzieją, że dostanie konkretne, jasne odpowiedzi. Istnieje też możliwość, że wciąż nie wierzył, iż potrafi podróżować.

Podczas trzeciej podróży spotkał swojego pierwszego uzdrowiciela – rycerza. Rycerz wyciągnął miecz i skierował na jego ciało promień światła, zwłaszcza na jego prawą stronę. Rozmawiając ze mną zaraz po podróży, Daniel wyjaśnił, że miało to jakiś związek z jego wątrobą. Najwidoczniej chiński lekarz, u którego się leczył, stwierdził, że z wątrobą wiąże się jakiś problem emocjonalny, wyrastający z tłumionego gniewu, który odbierał mu energię. Ale rok później Daniel wydawał się bardzo zaskoczony tym wnioskiem i powiedział, że bezpośrednio po podróży wcale nie był świadom tego związku.

Kolejną przygodą Daniela podczas podróży było pływanie w rzece. Zawiodła go do dwóch różnych wodospadów. Spływanie z wodospadów było przyjemne. Powiedział, że się nie bał. Wyjaśnił mi znaczenie wodospadów: spadanie było nie tylko przyjemne, ale także oczyszczające.

> To było prawdziwe oczyszczenie. Nie chodzi po prostu o to, że woda oczyszcza. To oczywiste, że w wodzie można się umyć, ale to było prawdziwe, głębokie oczyszczenie. Woda mnie obmywała, czułem się oczyszczony i wolny.

Daniel oczywiście wiedział, że woda powszechnie kojarzy się z oczyszczeniem i próbował podkreślić, że jego przeżycie było czymś więcej. Rzeka była dla Daniela nie tylko zwykłym symbolem – mówił, że podczas podróży czuł wyraźnie, jak oczyszcza jego fizyczne ciało.

Następnie duch opiekuńczy poprowadził go przez pustynię do miejsca między gwiazdami, skąd z daleka widział pomalowane na pomarańczowo słońce. Tkwili w powietrzu, na wpół w mroku, na wpół w świetle. Daniel zobaczył jadącego powozem czarodzieja. Czarodziej poprosił Daniela, by się do niego przyłączył. Kiedy zapytał, gdzie jest, czarodziej odpowiedział: „To strefa zmierzchu. Miejsce, gdzie światło i mrok się łączą". Daniel opisał to przeżycie jako unoszenie się, dryfowanie i *bezczasowość*. Kiedy poprosił o uzdrowienie, czarodziej powiedział mu: „Twoje cierpienie jest niczym. Jest jak..." – wyciągnął dłoń, a na jego głowie ukazała się kula. Po chwili zaczęła znikać. W interpretacji Daniela czarodziej miał symbolizować najwyższą mądrość i wiedzę, a gest dłoni i zniknięcie kuli były wskazówką, że „cierpienie jest w mojej głowie" (mowa o bólach, jakie Daniel odczuwał w klatce piersiowej podczas napadów lęku). To obudziło w nim dawną frustrację: nauczyciel znów nie udzielił konkretnej odpowiedzi, ani nie powiedział, co go uleczy.

Powóz jechał dalej krętą, przypominającą kolejkę górską, wiszącą w powietrzu drogą. Na jej końcu stał pałac. Danielowi ta metafora przypominała baśniową opowieść:

Dla mnie to jak baśń. Trudno dostępne miejsce, a na końcu coś pięknego, i to jest wspaniałe.

Bettelheim[11] uważa, że baśnie mają wartość terapeutyczną, ponieważ dzięki nim człowiek może odnaleźć własne rozwiązanie swoich problemów. Ponadto baśnie, ze swej natury nierealistyczne, kierują uwagę człowieka ku procesom, które w nim zachodzą, a nie ku zewnętrznym problemom. Chociaż problem Daniela był natury zdecydowanie cielesnej, baśniowa metafora, którą zobaczył podczas podróży, nie miała nic wspólnego z jego zewnętrznym, pozornym problemem. Wskazywała raczej na procesy zachodzące w jego psychice. Daniel domyślił się, że kolejka górska ma symbolizować sposób, w jaki osiąga cele – wybiera trudniejszą drogę. Połączył tę metaforę z bólami w piersiach wywołanymi lękiem, a także ze swoją frustracją:

> Widzę związek (...), w jakiś sposób mam możliwość wyboru. Coś mówi mi: możesz to zrobić (...). Możesz wybrać drogę łatwą i gładką albo pójść trudniejszą. I tu muszę zadać sobie pytanie: dlaczego, jak zawsze, wybieram trudniejszą? Bo myślę, że to więcej warte, bardziej godne, jeśli się coś osiąga z trudem i cierpieniem lub długim wysiłkiem (...); jeśli ciężko pracuję, by coś osiągnąć, ma to dla mnie większą wartość, niż gdybym zdobył to z łatwością.

Bohaterowie baśni często pokonują trudy i przechodzą ciężkie próby, zanim nastąpi szczęśliwe zakończenie. Walka z poważnymi przeciwnościami w baśniach przedstawiana jest jako nieunikniona, ale zawsze niesie obietnicę przyszłego powodzenia i zwycięstwa, o ile wystarczy nam wytrwałości[12]. Wydaje się, że pałac symbolizował cele życiowe Daniela, a kolejka górska – sposób, w jaki je osiągał. Aby realizować swoje cele, musiał walczyć i ciężko pracować.

Później Daniel wszedł do pałacu i ruszył w dół piękną drogą, szczęśliwy. Spotkał dwa rozbawione krasnoludki. Według niego symbolizowały beztroskę, której mu brakowało:

Patrząc na karzełki i słuchając ich, uśmiecham się, czuję się lekki i szczęśliwy... Czuję, że nie powinienem być wciąż taki spięty i poważny. Nie powinienem rozpamiętywać tego, że jestem do niczego. Jeśli potraktuję to lekko, czary zaczną działać. Czuję, że to kwestia wyboru: mogę się wysilać albo robić wszystko z przyjemnością.

Metafory mogą zawierać zestaw rozwiązań, które kierują nieświadomość ku alternatywnym rozwiązaniom problemów[13]. Wydaje się, że metafora pałacu i kolejki górskiej, a potem spotkanie z krasnoludkami pomogły Danielowi zrozumieć, że ma wybór.

Można uznać, że powyższa metafora zapoczątkowała w Danielu nieświadomy proces, związany z jego wewnętrzną walką między dwoma przeciwstawnymi sposobami realizacji celów, drogą łatwą i trudną. Daniel łączył te przeciwieństwa z innymi przeciwieństwami ważnymi w jego życiu – poczuciem bezwartościowości i uznania dla samego siebie. Stwierdził, że niska samoocena każe mu stawiać poprzeczkę zbyt wysoko i zawsze wybierać najtrudniejszą drogę. Możliwe, że pierwsza podróż, która obudziła w Danielu poczucie bezwartościowości, sprawiła, że potem wyraźniej zobaczył, dzięki metaforze pałacu, jak niska samoocena skłaniała go do rzucania samemu sobie kłód pod nogi. A to jeszcze obniżało jego samoocenę. Daniel wpadł w błędne koła zachowań, które bardzo źle mu służyły.

Po spotkaniu z karzełkami pojawił się słoń: wypompował coś trąbą z jego serca. Daniel zrozumiał to spotkanie następująco: słoń wyssał z niego chorobę i oczyścił go.

Daniel postrzegał słonia jako bardzo silne zwierzę, a to, co zrobił, uznał za konkretne działanie: „Coś się działo. Coś pożytecznego, coś prawdziwego".

Opis spotkania ze słoniem przypomina wcześniejszą opowieść Daniela o doświadczeniu oczyszczenia w wodzie. W obu przypadkach mówił o „prawdziwości" i o fizycznych doznaniach. Można też uznać, że te doświadczenia spełniły jego oczekiwania – zaproponowano mu konkretne rozwiązanie. Kilka dni po kursie wysypka nagle i całkowicie zniknęła:

Jak ręką odjął. Pamiętam, jak pomyślałem, że to po prostu niemożliwe. Dawniej myślałem, że wspaniale byłoby zobaczyć, jak wysypka powoli znika. Ale tak się nie stało. To naprawdę było pstryk! Obudziłem się pewnego ranka i już jej nie było!

Wprawdzie podstawowym problemem, z którym Daniel przyszedł na kurs, była wysypka, ale dobrze rozumiał również inne swoje problemy i na ogół sobie z nimi radził. Co jednak ciekawe, obecnie podkreśla, że p o d c z a s k u r s u i bezpośrednio po nim wcale nie rozumiał tak dobrze symboli i przekazów z podróży. W gruncie rzeczy dopiero podczas naszej ostatniej rozmowy po raz pierwszy poskładał wszystko w całość. Dowodzi to, jak ważne jest wielokrotne, częste odczytywanie zapisków z podróży. Pozwala to lepiej zrozumieć, co się wydarzyło. Z hermeneutycznego punktu widzenia ludzkie życie jest nieustannym interpretowaniem narracji. Według Gadamara[14] tekst zawsze interpretujemy przez pryzmat swojej obecnej sytuacji. Zastosowanie tekstu do niej skutkuje fuzją horyzontów, w której perspektywy tekstu i czytelnika łączą się w nową, szerszą i bogatszą całość. Teorię interpretacji tekstu Gadamara można zastosować do relacji między doświadczeniem (w tym przypadku doświadczeniem podróży) a dziejami ludzkiego życia. Opowiadając o swoich doświadczeniach, nadajemy im wagę i znaczenie. Według Gadamara wymaga to od nas wyciągnięcia wniosków, odniesienia ich do obecnej sytuacji. Znaczenie doświadczenia zmienia się, ponieważ to, co się dzieje teraz, każe nam rozumieć je inaczej. Historia naszego życia powstaje z interpretacji przeszłości, a to zmienia jego sens i znaczenie. Doświadczenia je wzbogacają. Można zatem powiedzieć, że spoglądając wstecz na swoje podróże oraz metafory i symbole, Daniel interpretuje je przez pryzmat problemów psychicznych, z którymi się wówczas borykał. Analizując je na nowo, lepiej zrozumiał zarówno swoje życie, jak i doświadczenia z szamańskich podróży.

Pod koniec rozmowy, spoglądając na swój problem z perspektywy, Daniel zobaczył wysypkę jako część szerszego obrazu swojego życia:

To była część jakiejś całości – wiem to na pewno. Nie wiem, po co konkretnie była ta wysypka, poza tym że był to znak, którego nie odczytałem. Zapisałem się na kurs w odpowiedzi na ten właśnie znak.

Wydaje się, że metafory skłoniły Daniela, aby w swojej narracji przeniósł akcent z wysypki na poczucie bezwartościowości i niską samoocenę. Dzięki tej nowej interpretacji nie czuł już potrzeby zrozumienia, dlaczego ma wysypkę. Zmienił się jego stosunek do niej – jak sam powiedział, teraz uważał ją za dzwonek alarmowy, który przyciągnął jego uwagę do prawdziwego problemu, tego, który nie pozwalał mu osiągnąć spełnienia.

Tak naprawdę najgłębsza i najważniejsza zmiana, jaką Daniel dostrzegł w swoim życiu po podróżach szamańskich, wiązała się z jego poczuciem własnej wartości:

Wiem tylko, że od kiedy zacząłem pracę z duchami, zaszła we mnie ogromna zmiana (...) Od czasu, kiedy ukończyłem kurs czuję, że coś zyskałem, ale nie chodzi o pieniądze. Mam do siebie większy szacunek, czuję, że jestem coś wart. Mój czas ma wartość, moja energia ma wartość. Nie pozwalam sobą pomiatać, ani w sprawach zawodowych, ani towarzyskich.

Szybkie zniknięcie wysypki można wyjaśnić na kilka sposobów. Po pierwsze, być może wystarczyła wiara, że znalazł lekarstwo. Medycyna nazywa to efektem placebo (niebawem omówimy go dokładniej).

Można to też tłumaczyć możliwym związkiem wysypki z niskim poczuciem wartości Daniela i z wzorcami zachowań, które powielał. Wysypkę można więc potraktować jako przypadłość psychosomatyczną (koncepcję chorób psychosomatycznych omówiliśmy już w rozdziale piątym). W takim przypadku można by uznać, że baśniowa metafora miała głęboki pozytywny wpływ na psychikę Daniela, dzięki czemu objawy fizyczne (wysypka) zniknęły. Według Bettelheima[15] baśń nie tylko podsuwa rozwiązanie problemu, ale także obiecuje, że będzie to rozwiązanie szczęśliwe. Chociaż metaforę czy opowieść pojmujemy intelektem, poznawczo, odwołuje się ona głównie do emocji. Metafora pośredniczy między poznaniem rozumowym a uczuciami. Metafory są stale obecne w naszym życiu, zakorzeniły się w naszym języku, myślach i poczynaniach. Działamy i myślimy w kategoriach systemu konceptualnego – systemu, którego fundamenty z założenia opierają się na metaforach[16]. Siła metafor i ich wpływ na nasze życie mają głębokie korzenie w naszej psychice. Zawsze mnie zdumiewa, jak metafory z podróży szamańskich łagodnie, ale zdecydowanie kierują i prowadzą ludzi ku zaangażowaniu w wewnętrzne procesy, ku zjednoczeniu z wewnętrzną mocą – i w końcu ku wyzwoleniu.

Z szamańskiego punktu widzenia Daniel po prostu został uzdrowiony przez duchy-uzdrowicieli. Szaman wyjaśnia chorobę, czy to somatyczną, czy psychiczną, w kategoriach utraty mocy. Uznałby zatem, że zwierzę mocy związane z wiarą w siebie przywróciło Danielowi te moce, których mu brakowało. Nauki z trzeciej podróży, a także wyleczenie przez rycerza, rzekę i słonia miały na celu przelanie w niego mocy, zarówno fizycznych, jak i duchowych. Celem uzdrawiania szamańskiego jest przywrócenie człowiekowi równowagi, nie tylko pozbycie się objawów choroby. Daniel zrozumiał, że jego fizyczne uzdrowienie jest częścią uzdrowienia jego całego.

MAGIA SZAMAŃSKICH PODRÓŻY

Nie otrzymujemy mądrości, musimy sami ją odkryć
w podróży, której nikt za nas nie odbędzie.

MARCEL PROUST

Teraz, kiedy już zbadaliśmy, jak duchy komunikują się z nami podczas podróży szamańskiej, pora zadać sobie pytanie: jak to działa? W jaki sposób szamańska podróż wywołuje przemianę? W tym podrozdziale zajmiemy się różnymi możliwymi wyjaśnieniami, od psychologicznych po te z dziedziny duchowości.

Skutki szamańskich podróży często opisywane są jako „magiczne, cudowne". Przyczyn jest kilka. Niektórzy mówią tak dlatego, że szamanizm pomógł im wyleczyć się z dolegliwości, na które tradycyjna medycyna nie mogła nic poradzić. Dla innych magiczne jest szybkie tempo zdrowienia lub zachodzących zmian. Widać to wyraźnie w przypadku Daniela.

Innym przykładem tego, jak szybko i skutecznie szamanizm rozwiązuje problemy jest przypadek czteroletniego Martiego z Katalonii. Nauczyciele skarżyli się, że chłopiec się zamyśla, nie potrafi się skoncentrować, nie kończy tego, co zaczął, i pozostaje w tyle w porównaniu z innymi dziećmi. Chociaż Marti był kochanym i bystrym dzieckiem, nie rozmawiał za dużo ani z nauczycielami, ani z rówieśnikami. Jego matka zwróciła się po radę do szkolnego psychologa. Doradził, żeby spróbowała wpłynąć na zachowanie dziecka. Kazano jej także założyć zeszyt, w którym nauczyciel miał codziennie zapisywać uwagi na temat zachowania Martiego. Matka bardzo się o niego martwiła i po jakimś czasie zapytała mnie, czy szamanizm może mu pomóc.

Odbyłam dla Martiego podróż diagnostyczną. Dowiedziałam się, że trzeba sprowadzić jego duszę, a po miesiącu również zwierzę mocy. Przekazy z podróży diagnostycznej mówiły o tym, że dziecko potrzebuje przede wszystkim miłości, uwagi i serdeczności, zwłaszcza od matki. Duchy zalecały, żeby matka poświęciła przynajmniej dziesięć minut dziennie wyłącznie synkowi. Marti miał przytulać główkę do jej serca. Dla matki było to zrozumiałe, ponieważ, jak powiedziała, Marti miał tylko dwa lata, kiedy urodził się jego brat. Mały był skrajnie absorbującym dzieckiem, bardzo aktywnym. Matka musiała mu poświęcać niemal całą uwagę. Podczas podróży sprowadzającej duszę duchy przekazały Martiemu rytuał. Miał go odprawiać co rano przez dziesięć dni – miał mieć przy łóżku swoją fotografię jako rocznego malucha (w tym wieku była dusza, którą sprowadziłam). Każdego ranka matka miała pokazywać Martiemu fotografię i opowiadać mu, jaki był wtedy śliczny. Marti miał potem ucałować zdjęcie i podziękować duszy, że znowu z nim jest.

Dwa dni po sprowadzeniu duszy matka Martiego otrzymała ze szkoły list z informacją, że dziecko bardzo się zmieniło. Był skupiony, uczestniczył w zajęciach, kończył to, co zaczął, wykonywał polecenia. Miesiąc później Marti wciąż miał dobre wyniki. Mało tego – kiedy wracał do domu, na pytanie: jak minął dzień, zaczął odpowiadać: „świetnie", zamiast jak dawniej milczeć. Ponieważ nie mówię po katalońsku, matka tłumaczyła mi jego słowa. Po sesjach co tydzień przysyłał mi wiadomość: że dobrze śpi, że jest grzeczny, szczęśliwy, ładny. Wzruszała mnie jego spontaniczność i to, że sam zauważał, że się zmienia.

Ludzie uważają skutki podróży szamańskich za magiczne również dlatego, że uzdrowienia i przemiany, które po nich następują są trwałe, a problemy nie nawracają. Czasami ludzie na poziomie świadomości nie rozumieją w pełni ani tego, co mówią duchy, ani tego, co wydarzyło się podczas podróży, a mimo to doznają przemiany lub uzdrowienia. Tak było w przypadku Daniela, który twierdził, że w czasie kiedy odbywał podróże i zaraz po nich nie pojmował nic z tego, o czym mówiły duchy.

Znane są też sytuacje, kiedy klienci dowiadują się podczas podróży szamańskiej czegoś, o czym, jak twierdzą, już wiedzieli, ale zmiana, na którą czekali wiele lat, zachodziła „w cudowny sposób" dopiero po podróży.

Tak było w przypadku Rebeki, pewnej Izraelki po pięćdziesiątce, która miała dorosłą córkę lekko upośledzoną umysłowo. Stan dziewczyny był źródłem problemów wszystkich członków rodziny. Objawiały się one w emocjach i zachowaniach spowodowanych poczuciem winy, gniewem, odrzuceniem i zaprzeczaniem. Zwłaszcza sama Rebeka, najbliżej związana z córką, miała ogromne poczucie winy. Jej mąż zaś do tego stopnia wszystkiemu zaprzeczał, że kwestionował nawet fakt, że to jego dziecko. Bracia także ją odrzucali. Z czasem dziewczyna zaczęła przejawiać zachowania kompulsywne, co jeszcze bardziej przeraziło matkę. Rebeka zamartwiała się o przyszłość swojej córki. Kiedy ta dorosła i stała się bardziej samodzielna, pracownicy opieki społecznej doradzili rodzinie, aby umieściła młodą kobietę w domu opieki, gdzie mogła być w pewnym sensie niezależna. Rebeka nie była w stanie się z nią rozstać i nie chciała się na to zgodzić. Przez lata próbowała różnych terapii, z chanellingiem włącznie, jednak wszystko na próżno.

Kiedy zwróciła się do mnie, powiedziała, że chce naprawić swoje relacje z córką. Odbyła podróż, aby się dowiedzieć, co powinna zrobić.

Zaraz po powrocie zwierzyła mi się, że jest rozczarowana. Nie usłyszała od duchów-nauczycieli nic nowego, a wszystko, co jej przekazali, wie od dawna. Ale tydzień później ku memu zaskoczeniu zadzwoniła, by się umówić na kolejną sesję. Kiedy się spotkałyśmy, powiedziała, że sama nie wie dlaczego, ale jej stosunek do córki się zmienił. Po podróży niespodziewanie okazało się, że jest jej łatwiej.

Rebeka próbowała poradzić sobie z problemem z pomocą szamanizmu. Dziś jej córka mieszka w domu opieki z grupą podobnych dziewczyn i utrzymuje regularne kontakty z rodziną, a jej relacje z rodzicami i braćmi wyraźnie się poprawiły. Kiedy zapytałam Rebekę, w jaki sposób szamanizm jej pomógł, odpowiedziała:

> Podróże szamańskie stopniowo pomogły mi zrozumieć, że taka jest droga życiowa mojej córki, że pójdzie tam, dokąd sama zechce, z naszą pomocą. Zrozumiałam, że to nie ja decyduję, nie ja ustalam, co jest dla niej dobre, a co złe. Pogodziłam się z jej wyborem, to znaczy przede wszystkim z tym, że nie wyjdzie za mąż, że zostanie sama. Przestałam się bać, że zawsze będę musiała się nią opiekować, jak pięcioletnią dziewczynką. Wątpliwości, obawy i niepewność wreszcie mnie opuściły. Już nie musiałam cały czas nią sterować. Nie czułam potrzeby. Bardzo długo nosiłam w sobie gniew. Teraz, kiedy jestem na nią zła, szybko mi przechodzi. Potrafię ją szybko objąć i przytulić. Łatwiej mi akceptować jej zachowania. Nie wybucham już. Już się nie boję, że coś złego jej się stanie. Kiedyś mówiłam za nią, teraz potrafię jej wysłuchać, pozwalam, żeby mówiła sama za siebie. Podobne rady do tych szamańskich otrzymałam kiedyś w seansie chanellingu, ale ich wtedy nie rozumiałam. Chanelling mnie przerażał. Podróż szamańska miała dla mnie sens, nauczyłam się wprowadzać w życie rady duchów. Wcale mnie to nie przerażało, nie czułam się zagrożona. Wyruszałam w podróż, doświadczałam jej, przechodziłam przez wszystko – przygotowania, formułowanie misji, zapisywanie jej, omawianie. Przechodziłam przez to wszystko i podobało mi się to.

Czym jest magia?

Historie Daniela, Martiego i Rebeki to tylko trzy przykłady „magicznej" skuteczności podróży szamańskich. Przedstawiłam w tej książce przypadki wielu innych osób. Wciąż jednak nie odpowiedzieliśmy na pytanie, co tak naprawdę mamy na myśli, kiedy nazywamy coś magicznym? Czym jest magia?

Podczas jednej z szamańskich podróży duchy powiedziały mi o magii coś, co zapamiętałam na zawsze. Kiedy zapytałam nauczyciela, czym jest magia, powiedział: „Kiedy pocierasz zapałkę, ona się zapala. Co to jest? Dla dziecka, które nie wie nic o chemii, to magia. Dla człowieka, który nigdy nie jechał windą, magią jest to, że kiedy naciskasz guzik, winda rusza w górę".

Kiedy po raz pierwszy to usłyszałam, nie byłam usatysfakcjonowana. Wciąż miałam wrażenie, że nie dostałam odpowiedzi na swoje pytanie. Po powrocie z podróży rozmyślałam o tym, co powiedział nauczyciel, i dopiero wtedy pojęłam, co to znaczy. Często mówimy o magii, kiedy coś się dzieje niespodziewanie, jest zaskakujące lub nie wymaga od nas wysiłku. Mówiąc wprost, widzimy magię w tym, czego nie potrafimy sobie wytłumaczyć, w zjawiskach, których nie rozumiemy. Kiedy zatem dzieje się coś, co nie jest zgodne z naszymi oczekiwaniami, co przeczy przyjętym w naszym świecie regułom, uważamy to za magię.

Ponieważ odarliśmy swój świat z wymiaru duchowego, ponieważ dla nas, współczesnych ludzi, koncepcja świata duchów, który istnieje równolegle do naszego zwykłego świata, jest nie do przyjęcia, także szamańska podróż do niewidzialnej rzeczywistości wydaje nam się magią. Dla mieszkańca Amazonii to, co robi szaman, nie jest żadną magią – jest po prostu medycyną, leczeniem. My uważamy lekarzy raczej za naukowców niż za czarowników, ale dla mieszkańca Ameryki Południowej zastrzyk, który mu ten lekarz podaje, może być magią. To nie znaczy, że Indianin albo człowiek Zachodu są ignorantami. Znaczy to po prostu, że zupełnie inaczej postrzegają i pojmują świat.

Kiedy zderzają się dwa poglądy na świat, często się zdarza, że jeden usiłuje wyjaśnić drugi za pośrednictwem własnych reguł i koncepcji.

Zachodni psycholodzy i antropolodzy na przykład mogą ignorować lub odrzucać koncepcje szamańskiego uzdrawiania opierające się na istnieniu świata duchów, ponieważ na siłę chcą je wtłoczyć w zachodnią logikę. To samo może zrobić przedstawiciel kultury szamańskiej: patrząc na świat na swój sposób, uzdrawiające działanie zastrzyku może przypisywać duchowi, który w nim mieszka.

PODRÓŻ JAKO WEHIKUŁ TRANSFORMACJI

Magiczny wpływ, jaki na ludzkie życie wywierają podróże szamańskie próbuje się tłumaczyć rozmaitymi teoriami – od psychologicznych po te związane ze sferą duchowości. Przyjrzyjmy się niektórym z nich.

Relaksacja i autohipnoza

Podróże szamańskie polegają na wchodzeniu w odmienny stan świadomości. Niektóre z takich stanów niosą dobre samopoczucie psychiczne i fizyczne. Jednym z najlepiej poznanych jest stan relaksacji. Sam z siebie może przynieść ulgę w dolegliwościach wywołanych stresem. Niektórzy wyciągają z tego wniosek, że podczas podróży szamańskiej człowiek osiąga właśnie stan głębokiej relaksacji i tym tłumaczą fakt, że pewne dolegliwości związane ze stresem po podróży ustępują. Jest to jednak słaby argument, ponieważ, jak wiadomo, interwencje szamańskie leczą i inne stany, nie tylko wynikające ze stresu. Nie można też w ten sposób wyjaśnić przypadków, kiedy uzdrawiany człowiek nie podróżuje sam, na przykład przy sprowadzaniu duszy.

Wchodzenie w szamański stan świadomości niektórzy uważają za formę autohipnozy. Liczne badania dowodzą, że autohipnoza może bardzo ułatwiać wprowadzanie zmian. W stanie hipnozy ludzie otrzymują przekazy na poziomie podprogowym. Uważa się, że otrzymywanie przekazów w takim stanie świadomości ułatwia wprowadzanie zmian. Jeżeli uznać podróż szamańską za formę autohipnozy, jej skuteczność można by przypisać sugestiom duchów. Chociaż ta teoria wyjaśnia więcej zmian, jakie obserwujemy u osób odbywających szamańskie podróże niż teoria relaksacji, jestem przekonana, że nie można jej zastosować do wszystkich przypadków.

Efekt placebo

Inne popularne wytłumaczenie skuteczności podróży szamańskich odwołuje się do efektu placebo. *Placebo* po łacinie znaczy „będę zadowalał". Placebo to lek lub zabieg, który nie ma żadnego działania, nic nie zmienia. Może to być na przykład pigułka glukozy lub zastrzyk z soli fizjologicznej. Placebo odniosło sukces w medycynie dzięki przypadkom, kiedy pacjenci reagują na placebo tak, jakby podano im aktywną substancję chemiczną. Wielu pacjentów, którym powiedziano, że dostali morfinę, choć tak naprawdę wstrzyknięto im sól fizjologiczną, natychmiast odczuwa dużą ulgę.

Przeprowadzono wiele badań, by zrozumieć efekt placebo. Z całą pewnością pigułka glukozy nie może nikogo wyleczyć. Kiedy tak się jednak dzieje, czynnikiem, który ma wyjaśniać zmianę na poziomie fizjologicznym jest umysł. Wpływ umysłu na funkcjonowanie organizmu uważa się za tak potężny, że uwzględnia się go we wszystkich naukowych badaniach medycznych. Jednoznacznie potwierdzono znaczenie efektu placebo w leczeniu bólu. Ale efekt placebo nie ogranicza się tylko do tego. Jak się uważa, może ułatwiać dochodzenie do zdrowia w około siedemdziesięciu procentach interwencji medycznych i chirurgicznych[17].

Siła efektu placebo może jednak działać w różne strony. Cannon[18], badając działanie czarnej magii i czarownictwa, doszedł do interesujących wniosków. Stwierdził, że niektóre praktyki magiczne mogą mieć wielką moc – tak wielką, że człowiek przeklęty przez czarownika rzeczywiście może umrzeć. Z drugiej strony wykazał, że aby takie czary były skuteczne, przeklęty, czarownik i cała wspólnota, do której należą, muszą głęboko wierzyć w skuteczność takiej klątwy. Wykazano, że strach łączy się z niezwykłą aktywnością współczulnego układu nerwowego, co może prowadzić do śmierci. Ale może być odwrotnie. Wielokrotnie stwierdzano, że ludzie, którzy głęboko wierzą, że pokonają śmiertelną chorobę rzeczywiście zdrowieją, wbrew przewidywaniom lekarzy[19]. Dla naszych obecnych rozważań istotne jest, że istnieją dowody na to, iż umysł potrafi wywoływać zmiany na poziomie fizjologicznym.

Wielu badaczy wyjaśnia działanie podróży szamańskiej efektem placebo. Twierdzą, że uzdrowienie jest wynikiem silnego przekonania, wiary lub nadziei, że zostaniemy uzdrowieni. Zatem doświadczenia i przekazy z podróży w połączeniu z tym, że otrzymujemy je w odmiennym stanie świadomości mogą wywołać pozytywny skutek przez działanie samego umysłu.

SPRAWCZA SIŁA MYŚLI

Uznać siłę efektu placebo to przyznać, że nasze myśli mają moc wywoływania zmian na poziomie fizjologicznym. Dawno już dowiedziono, że myśli wywołują reakcje chemiczne w mózgu i całym organizmie. Wciąż stosunkowo niewiele wiemy o tym zjawisku, ale wiemy na pewno, że myśl ma moc sprawczą. Wskazują na to świadectwa nie tylko z dziedziny medycyny, psychoterapii czy praktyk mistycznych, ale także stosunkowo nowe badania prowadzone przez fizyków kwantowych. Badania te dostarczyły zaskakujących dowodów, że nasze myśli nie tylko wpływają na ciało, ale także na otoczenie i rzeczywistość.

Koncepcję tę spopularyzował film *What the bleep do we know*. Dokonano w nim przeglądu rozmaitych teorii, przeprowadzono wywiady z naukowcami i myślicielami zajmującymi się różnymi dziedzinami. Pokazano między innymi fascynujący eksperyment przeprowadzony przez doktora Masaru Emoto z Japonii. Badał on strukturę krystaliczną lodu i próbował na nią wpływać bodźcami mentalnymi. Przykleił etykiety z różnymi napisami na kilku identycznych pojemnikach z wodą i kiedy zamarzła, fotografował kryształy lodu pod specjalistycznym mikroskopem. Rezultaty były niezwykle ciekawe. Zamarznięte cząsteczki wody w każdym z naczyń wyglądały inaczej. W naczyniu z etykietą „dziękuję" były bardziej regularne niż w naczyniu z napisem „nienawidzę cię". Emoto doszedł do wniosku, że siłą sprawczą, która doprowadziła do tych różnic, była ludzka myśl.

Niestety większość ludzi nie zdaje sobie sprawy z potęgi myśli i z tego, jak wielki wpływ mają one na nasze życie. Musimy wrócić do dyskusji o magii. Na magię można bowiem spojrzeć z jeszcze innej perspektywy. Pewna mieszkanka Izraela udała się w podroż szamańską, aby zapytać o magię. Spotkała Houdiniego. Powiedział jej:

> Magia to transformacja. Wszechświat istnieje dzięki ruchowi atomów. Do transformacji dochodzi, kiedy przyłożymy do tego ruchu ludzką myśl – a więc każda transformacja, każda zmiana jest magią. Istnienie jest pełne magii. Wy po prostu tego nie doceniacie. Nie szanujecie. Oto czego się nauczyłem: nauczyłem się szanować magię i dlatego potrafię rozciągnąć granice zwykłej rzeczywistości na rzeczywistość niezwykłą – i czarować.
>
> Co znaczy „abrakadabra"? To tylko słowo, szereg liter, niezawierający żadnej treści. Dopiero znaczenie i intencja nadana temu słowu tworzy magię. Magia to transformacja treści, to przemiana treści i znaczeń w cele i dążenia. Najpierw musisz określić cel. Narzędziem może być słowo, litera, konkretna sytuacja, którą życzysz sobie napełnić rozmaitymi treściami i znaczeniami. Określając cel, siłą woli, myślą i wyobraźnią możesz tworzyć magię. Każdy akt twórczy jest magiczny. Masz kawałek papieru i kolorowe farby? Z osobna nie mają żadnej mocy, ale kiedy namalujesz obraz, objawia się magia. A jeśli chcesz nadać swemu obrazowi znaczenie i cel, możesz nawet stworzyć Mona Lisę.

Podobnie rzecz ujęły moje własne duchy pomocnicze:

> Kiedy pozbędziesz się lęków, zahamowań, ograniczeń, możesz mieć wszystko, czego zapragniesz. To właśnie magia. Wynalazca najpierw myśli o magii, sięga myślą ku niemożliwemu, a potem to tworzy. Wszyscy jesteście magikami. Magia jest częścią codziennego życia. Chcesz bardziej konkretnych wyjaśnień? Moje wyjaśnienia są dla ciebie zbyt proste. Bo ty uważasz magię za coś nadzwyczajnego, coś nie z tej ziemi.

Czerpiąc z nauk duchów i odkryć dotyczących siły efektu placebo, łatwiej zrozumieć, że to my sami tworzymy własną magię i własną rzeczywistość. W tym sensie podróż szamańska może być rozumiana jako wehikuł transformacji, który może nam pomóc zmienić ograniczające przekonania, dotrzeć do wewnętrznych zasobów mocy. Kiedy mamy kontakt z własną mocą, możemy być sprawcami magii w codziennym życiu.

Przekraczanie granic ego

Istnieje jeszcze jedno wyjaśnienie działania szamańskiej podróży. Poza wszystkimi mechanizmami psychologicznymi i terapeutycznymi, które mogą mieć znaczenie w uzdrawianiu szamańskim, jest jeszcze mechanizm duchowy. W moim przekonaniu moc uzdrawiania szamańskiego wynika w dużym stopniu z tego, że podróż szamańska pozwala nam dotrzeć do pokładów mocy i mądrości. Co się dzieje, kiedy słyszymy dźwięk bębna i wchodzimy w ASC? Świadomość dosłownie się zmienia. Nie analizujemy już wszystkiego z perspektywy zwykłego stanu świadomości. Doświadczamy stanu, który leży poza granicami ego. Przez ego rozumiem tu nasze uwarunkowania i system przekonań, nasze lęki, mechanizmy obronne, nasze racjonalne myślenie i osobowość.

Duchowych nauczycieli, których spotykamy podczas podróży zawsze postrzegamy jako byty zewnętrzne w stosunku do naszego umysłu. Czy uznamy ich za wytwory wyobraźni, manifestacje jungowskich archetypów czy też za rzeczywiście istniejące duchy, tego, co nam przekazują, nie ogranicza umysł i jego monologi. Podczas podróży jesteśmy otwarci na mądrość i moc uzdrawiającą, które daleko wykraczają poza to, co mieści się w granicach naszego ego.

Wkraczamy w rzeczywistość, która nie podlega naszym ograniczeniom i dzięki temu doświadczamy fragmentu prawdziwej natury wszechświata. Doświadczamy prawdy. Umysłu nie mącą już lęki i wątpliwości ani ograniczające przekonania. Podróż szamańska zapewnia nam kontakt z mocą, ponieważ zapewnia nam kontakt z prawdą. To prawda, która zawsze głęboko w nas tkwiła, która zwykle kryje się przed nami pod poglądami ego.

Poza psychologię

Omówiliśmy różne teorie, które mogłyby wyjaśniać uzdrawiającą moc szamańskich podróży. Być może każdy z tych mechanizmów odgrywa jakąś rolę. Są jednak zjawiska, których żaden z nich wyjaśnić nie może.

Wciąż słyszymy o parapsychologicznych dokonaniach szamanów. Wielu antropologów wspomina o szamanach dokonujących uzdrowień i przepowiadających przyszłość, czego nie da się wyjaśnić naukowo. Jednym z najbardziej sugestywnych i najlepiej udokumentowanych przypadków jest obrzęd sprowadzania deszczu, który po długotrwałej suszy w Kalifornii odprawił Don Jose, szaman Huicholów. Uwieczniła go ekipa telewizyjna, która następnego dnia sfilmowała ulewny deszcz.

Victor Blanco w książce *The Blue Deer*[20] opowiada, jak uczestniczył w rytuale szamańskim, podczas którego zobaczył piękną kobietę wychodzącą z ognia i zapraszającą, by poszedł za nią. Powiedziała mu, że jest śmiercią. Po wyjściu z transu wstrząśnięty stwierdził, że jego towarzysze także poczuli obecność *Mukiyary* – bogini śmierci. Gdy on z nią rozmawiał, oni walczyli o jego życie. Podobne doświadczenia zbiorowej halucynacji są bardzo powszechne, ale nie znalazły psychologicznego ani naukowego wyjaśnienia.

Udokumentowano wiele relacji o cudownych, niewyjaśnionych uzdrowieniach dokonywanych przez szamanów na całym świecie. Jednym z przykładów jest Dona Pachita, legendarna uzdrowicielka i szamanka z Meksyku. Pod okiem zachodnich antropologów, lekarzy i innych osób (które czasem także uczestniczyły w zabiegach) zwykłym nożem dokonywała operacji bez użycia środków znieczulających, z doskonałymi rezultatami. Istnieją dowody, że chorzy na raka i inne poważne choroby całkowicie wracali do zdrowia już po jednej operacji przeprowadzonej przez tę kobietę. Jej uzdrowienia są dobrze udokumentowane w pracach doktora J. Grinberga-Zilberbauma[21].

Ale nie tylko w kulturach szamańskich trafiamy na świadectwa istnienia świata duchów. Także ja sama w ciągu wielu lat praktyki szamańskiej spotkałam się z wieloma przypadkami, których nie wyjaśniają uznane teorie naukowe. Widać to najwyraźniej w przypadku dzieci. Jednym z takich przypadków był Marti, czterolatek, którego historię opisałam w tym rozdziale. Inny przykład zaprezentowałam w rozdziale piątym – przypadek Yarina, który widział owady w jedzeniu. Kolejnym był Benjamin.

Pięcioletni Benjamin, najmłodszy z trojga rodzeństwa, od dłuższego czasu borykał się z nawracającymi atakami jąkania. Kiedy zauważyli to rodzice i nauczyciele, został skierowany do logopedy. Podczas badania okazało się, że przyczyna zaburzeń mowy jest natury psychologicznej, nie fizycznej. Logopeda stwierdził, że nie potrafi Benjaminowi pomóc. Benjamin przejawiał także zachowania introwertyczne. Był nad wiek poważny, miał kłopoty z kontaktami i zabawą z rówieśnikami. Został skierowany do psychologa, który pracował z nim przez dłuższy czas, ale bez rezultatów. Nie chodził już do niego, kiedy trafił w końcu do mnie.

Rodzice Benjamina rozeszli się, zanim się urodził. Dzieci mieszkały z matką, ale z ojcem utrzymywały regularny kontakt. Matka Benjamina zauważyła, że jąkanie nasila się po wizytach u ojca. Sądziła, że to dlatego, że Benjamin nie lubi się z nim spotykać. Relacje między rodzicami były bardzo napięte i trudne, zdarzało im się okazywać sobie wrogość przy dzieciach.

Normalnie w takim przypadku wyruszyłabym w podróż diagnostyczną, aby poprosić duchy o wskazówki i pomoc. Wydało mi się jednak jasne, że ze względu na wadę wymowy dziecko jest pod silną presją zarówno rodziców, jak i szkoły. Postanowiłam – opierając się zarówno na swoich doświadczeniach szamańskich, jak i tych, które wyniosłam z pracy z dziećmi – przede wszystkim sprowadzić dla Benjamina zwierzę mocy, żeby dodać mu sił i zapewnić wsparcie. Potrzebował ich, żeby poradzić sobie z presją otoczenia.

Podróż po zwierzę mocy miała uporządkować kilka spraw. Duch opiekuńczy wyraźnie mi powiedział, że wrogość między rodzicami wywiera silny wpływ na dzieci i że ich sposób porozumiewania się szczególnie źle działa na Benjamina, czego skutkiem jest jąkanie. Dowiedziałam się też, że chłopiec jest zahukany, brak mu pewności siebie, czuje się bezsilny i zagubiony. Duchy poinstruowały mnie, abym odbyła dla niego kolejną podróż i sprowadziła zagubioną duszę.

Przyprowadziłam duszę noworodka. Mój duch-nauczyciel stwierdził, że niemowlęca dusza dopełni dziecko, uspokoi je i przywróci mu wiarę w siebie. Kiedy matka Benjamina spotkała się ze mną po raz pierwszy, powtarzała w kółko, że czuła, że jej synowi czegoś brakuje, że jest niekompletny. Po podróży wyjaśniła, że kiedy była w ciąży, doświadczyła głębokiego smutku i gniewu po śmierci ojca, a w jej małżeństwie wszystko się popsuło i było na krawędzi rozpadu. Nie była więc zaskoczona, że sprowadzona dusza należała do noworodka.

Po dwóch podróżach w Benjaminie zaszła wyraźna przemiana. Przestał się jąkać, stał się bardziej otwarty i komunikatywny, zaczął nawiązywać przyjaźnie z dziećmi. Dzień po sprowadzeniu duszy podszedł do matki i powiedział: „Wczoraj było mi tak smutno, ale dzisiaj jestem wesoły". Matka powiedziała mi, że odkąd dusza wróciła, nabrała poczucia, że dziecko jest bardziej kompletne, jakby mu oddano coś, co uczyniło je całością. Zauważyła także inne radykalne zmiany w zachowaniu syna. Przed podróżą Benjamin był dzieckiem bardzo cichym i posłusznym. Teraz stał się rozbrykany, otwarty, zaczął się upominać o swoje prawa, a nawet spierać, żeby postawić na swoim.

W tym rozdziale próbowaliśmy zrozumieć magię szamańskich podróży. Nie było to łatwe zadanie. Jak się wydaje, głównie dlatego, że przyglądamy się zjawisku wyrastającemu z jednego światopoglądu, a wyjaśnić je próbujemy, posługując się regułami innego. Wyjaśnienie szamanów różni się oczywiście diametralnie od tych, o których mówiliśmy. Szaman uważa, że choroba wynika przede wszystkim z utraty mocy lub duszy, więc uzdrowienie jest dla niego rezultatem ich odzyskania. Kiedy dusza odzyskuje równowagę, człowiek wraca do zdrowia w sposób naturalny.

Przypadków Yarina, Martiego i Benjamina nie wyjaśnia żadna ze wspomnianych teorii. Żadne z nich nie doświadczyło osobiście szamańskiej podróży. Dwoje z nich to były małe dzieci, które nie mówiły w moim języku. Chociaż wyjaśniano im w przystępny sposób, na czym polega szamańskie uzdrowienie, żadne z nich nie zadawało wielu pytań ani nie próbowało zrozumieć, co powiedziały duchy. Pracowałam z nimi wyjątkowo krótko, a efekty były znakomite. Stosowane wcześniej zachodnie terapie nie dały żadnych efektów.

Stwierdzam, że w konfrontacji ze świadectwami tego rodzaju wyjaśnienie szamańskie może być najbardziej wiarygodne. Być może, aby naprawdę zrozumieć świat szamana i w niego wejść, musimy spróbować przyjąć szamański światopogląd zamiast narzucać mu siłą własne widzenie świata. Jak wykazuje antropolożka Edith Turner[22], w gruncie rzeczy możemy wiele zyskać, zanurzając się w niezwykły świat szamana:

> Ku memu zaskoczeniu drugi pacjent został uzdrowiony, kiedy wypatrzyłam postać ducha (...). Uzdrowiciel pochylił się pośród śpiewów i bębnienia, aby wydobyć złego ducha. Na własne oczy zobaczyłam wielki szary kłąb czegoś przypominającego plazmę wychodzący z pleców chorej kobiety. Wtedy zrozumiałam, że Afrykanie mają rację. Duchy istnieją i istnieją duchowe schorzenia. To nie kwestia metafory ani symboli, ani nawet psychologii. I zaczęłam dostrzegać, jak antropolodzy utrwalili pogardliwy stosunek do wielu zjawisk duchowych, w których rzekomo szczerze uczestniczyli. Być może zgromadzili wartościowe materiały, ale stosowali błędny paradygmat, polegający na pozytywistycznym zaprzeczaniu. Aby naprawdę doświadczyć rytuału, trzeba się w nim całkowicie zanurzyć. Dla mnie zanurzenie się w kultury plemienne oznaczało całkowitą zmianę światopoglądu, na taki, który jest obcy akademickiemu podejściu i dzięki któremu udało mi się zebrać materiały, których nie zgromadzono by w żaden inny sposób.

ODCZAROWANIE ŚWIATA

W artykule *Science as vocation* Max Weber[23] pisze: „Duch naszych czasów charakteryzuje się postępującą racjonalizacją i kultem intelektu ponad wszystko – «odczarowaniem świata»". Twierdzi on, że za sprawą panowania rozumu i intelektu, które narzuca nam współczesna nauka, świat dzisiejszego człowieka został odarty z magii i tajemnicy, został odczarowany.

Ale odczarowanie nie oznacza wcale, że znamy swój świat lepiej ani że w pełni rozumiemy okoliczności, w jakich żyjemy. Weber twierdzi, że jako ludzie współcześni wcale nie rozumiemy świata lepiej niż afrykańskie wspólnoty plemienne. Raczej w swoim zadufaniu jesteśmy przeświadczeni, że gdybyśmy tylko zechcieli, moglibyśmy posiąść całą wiedzę. Takie podejście odziera nasz świat z magii i sprawia, że każdy element naszej egzystencji jest obliczalny i przewidywalny. Na tym polega odczarowanie świata: „Człowiek nie musi już zwracać się ku magii, aby zapanować nad duchami lub je przebłagać, jak czynili dzicy, dla których te tajemnicze, nadprzyrodzone siły istniały naprawdę. Teraz służą temu technologie, analizy i obliczenia. Do tego przede wszystkim prowadzi kult rozumu”[24].

Wraz z postępem nauki, powstaniem racjonalizmu i materializmu odarliśmy świat z magii i tajemnicy. Tak wielu z nas uwierzyło, że rzeczywistość to tylko to, co daje się zaobserwować obiektywnie, naukowo. Został nam tylko świat, który daje się obserwować i analizować zgodnie z naszą wolą. Wszystko, co nieznane i tajemnicze, zostało z niego usunięte. Takie rozumowanie sprawiło, że w naszym życiu pojawiła się pustka. W jakiś sposób wraz z tajemnicą utraciliśmy sens życia. Klucze do wiedzy oferowane nam przez naukę zamykają nas w klatce racjonalizmu. Utraciliśmy więź z naturą, z tajemnicą, z całą resztą stworzenia. Ale tęsknota za magią wciąż w nas jest.

To owa tęsknota, jak sądzę, przywraca nam szamanizm, najstarszą praktykę duchową i sztukę uzdrawiania. Szamanizm jest naszym duchowym dziedzictwem i im częściej go praktykujemy, tym więcej sobie przypominamy i tym więcej odzyskujemy z tego, co straciliśmy. Praktyki szamańskie wspierały naszych przodków przez tysiące lat. Jestem przekonana, że dziś szamanizm wciąż ma nam wiele do zaoferowania. Przetrwał stulecia przemian, aby powrócić, przynosząc nie tylko uzdrowienia, ale i tajemnicę, za którą tęsknimy. Jak ze wszystkim w naszym życiu, próbowaliśmy i próbujemy zrozumieć magię, jaką jest szamanizm, ale być może są to próżne wysiłki. Wierzę, że mądrzej byłoby je porzucić i po prostu pozwolić szamanizmowi być.

BIBLIOGRAFIA

Wstęp

1. Gallegos, E.S. (1985), *The Personal Totem Pole*. Santa Fe, NM: Moon Bear Presss. Gallegos, E.S. (1991), *Animals of the Four Windows*. Santa Fe, NM: Moon Bear Presss. Gallegos, E.S. (1993), *Little Ed & Golden Bear*. Santa Fe, NM: Moon Bear Presss.

Rozdział 1
Szamanizm: podstawowe definicje

1. Eliade, M. (2001), *Szamanizm i archaiczne techniki ekstazy*.Warszawa: Wydawnictwo Naukowe PWN.
2. New Scientist (1996), *Passions run high over French cave art*, 4 maja, 8.
3. Eliade, M., op. cit., s. 23.
4. Ibidem, s. 16.
5. Lewis, I.M. (1971), *Ecstatic Religion: A study of Shamanism and Spirit Possession*. London: Penguin.
6. Diňszegi, V. (1968), *Tracing Shamans in Siberia*. Oosterhout, the Netherlands: Anthropological Publications.
7. Halifax, J. (1979), *Shamanic Voices: A Survey of Visionary Narratives*. New York: Penguin Arkana, s. 3.
8. Hutton, R. (2001), *Shamans: Siberian Spirituality and the Western Imagination*. London: Hambledon and London, s. 47.
9. Eliade, M., op. cit., s. 16.
10. Ibidem, s. 16.
11. Ibidem, s. 17.
12. Harner, M. (2007), *Droga szamana*. Wrocław: Wydawnictwo Dolnośląskie, s. 16.
13. Ibidem.
14. Harner, M. (1987), *The ancient wisdom in shamanic cultures*, in: S. Nicholson (ed.), *Shamanism*, s. 3-16.

15. Eliade, M., Coulioano, I.P. (2007), *Słownik religii*. Katowice: Książnica.
16. Harner, M. (2007), *Droga szamana*. Wrocław: Wydawnictwo Dolnośląskie, s. 14.
17. Eliade, M. (2001), *Szamanizm i archaiczne techniki ekstazy*. Warszawa: Wydawnictwo Naukowe PWN, s. 17.
18. Shirokogoroff, S.M. (1935, 1982), *Psychomental Complex of the Tungus*. London: Kegan Paul, Trench, Trubner.
19. Lewis, I.M. (1981), *What is a Shaman?*, Folk, Dansk Etnografisk Tidsskrift, s. 23.
20. Hutton, R. (2001).
21. Jacobsen, M.D. (1999), *Shamanism: Traditional and Contemporary Approaches to the Mastery of Spirits and Healing*. New York: Bergham Books, s. 9.
22. Eliade, M., op. cit, s. 17.
23. Winkelmann, M.J. (1992), *Shamans, Priests and Witches: A Cross Cultural Study of Magico-Religious Practitioners*. „Anthropological Research Paper of Arizona State University". Tempa, AZ: Arizona University Press.
24. Castaneda, C. (2000), *Nauki Don Juana*. Poznań: Rebis.
25. Harner, M.J., op. cit.
26. Wagley, C. (1977), *Welcome to Tears: The Tapirape Indians of Central Brazil*. Prospect Heights, IL: Waveland Press, s. 184.
27. Karseten, R. (1935), *The head-hunters of Western Amazonas: the life and culture of the Jibaro Indians of Eastern Equador and Peru*. „Societas Scientiarum Fennica, Commentationes Humanarum Litterarum", 7 (1), s. 444-445.
28. Bogoras, W. (1908), *The Chukchee*. Leiden: Brill, s. 128.

Rozdział 2

Sen szamana: powołanie i inicjacja

1. Hutton, R. (2001), *Shamans: Siberian Spirituality and the Western Imagination*. London: Hambledon and London.
2. Kaplan, J.O. (1975), *The Piaroa: A People of the Orinoco Basin*. Oxford: Clarendon Press.
3. Megged, N. (1998), *Portals of Hope and Gates of Terror: Shamanism, Magic and Witchcraft in South and Central America*. Tel Aviv: Modan Press, s. 407.
4. Handelman, D. (1967), *The development of a Washo shaman*, Ethnology, 6: s. 444-464.
5. Wagley, C. (1977), *Welcome to Tears: The Tapirape Indians of Central Brazil*. Prospect Heights, IL: Waveland Press, s. 198.
6. Rasmussen, K. (1930), *Intellectual Culture of the Hudson Bay Eskimos*. Report of the Fifth Thule Expedition 1921-1924, tom 7, cz. I. Copenhagen, Gyldendal, s. 52-55.

7. Wagley, C., op. cit.
8. Hutton, R., op. cit., s. 70.
9. Bogoras, W. (1908), *The Chukchee*. Leiden: Brill, s. 53.
10. Devereux, G. (1956), *Normal and abnormal: the key problem of psychiatric anthropology*, in: *Some Uses of Anthropology: Theoretical and Applied*. Washington: The Anthropological Society of Washington.
11. Ibidem.
12. Eliade, M., *Szamanizm i archaiczne techniki ekstazy*, s. 39.
13. Ibidem, s. 39-40.
14. Ibidem, s. 96.
15. Ibidem, s. 48.
16. Ibidem, s. 50.
17. Harner, M.J. (1972), *The Jivaro: People of the Sacred Waterfalls*. Garden City: Double-day/Natural History Press.
18. Walsh, R. (1990), *The Spirit of Shamanism*. London: Mandala, s. 59.
19. Walsh, R. (1990), s. 69.
20. Noll, R. (1983), *Shamanism and schizophrenia: a state-specific approach to the 'schizophrenia metaphor' of shamanic states*. „American Ethnologist", 10(3): s. 443-459.
21. Achterberg, J. (1985), *Imagery and Healing: Shamanism and Modern Medicine*, s. 30. Boston, MA: New Science Library.
22. Noll, R. (1983), s. 443-59.
23. Wilber, K. (1980), *The Atman Project*. Wheaton, IL: Quest.
24. Hillman, J. (1975), *Re-Visioning Psychology*. New York: Harper&Row.
25. Noll, R. (1983).
26. Eliade, M., op. cit., s. 40-41.
27. Walsh, R. (1990), s. 91.
28. Perry, J. (1986), *Spiritual emergency and renewal*, ReVision, 8(2): s. 33-40.
29. Halifax, J. (1979), *Shamanic Voices: A Survey of Visionary Narratives*. New York: Penguin Arkana, s. 11.
30. Hutton, R. (2001), s. 72.
31. Popov, A. (1968), *How Sereptie Djarvoskin of the Nganasans (Tavgi Samoyeds) became a shaman*, in: V. Dioszegi (ed.), *Popular Beliefs and Folklore Tradition in Siberia*. Bloomington, IN: Indiana University Press, s. 137-146.
32. Eliade, M., op. cit., s. 51.
33. Achterberg, J. (1985), s. 118.
34. Eliade, M., op. cit., s. 93.
35. Narby, J., Huxley, F. (2001), *Shamans Through Time: 500 Years on the Path to Knowledge*. New York: Jeremy P. Tarcher/Putnam, s. 53.
36. Hutton, R. (2001), s. 70-71.
37. Wagley, C. (1977), s. 199.

Rozdział 3
Bramy do świata duchów: szamańskie światy i szamańskie podróże

1. Eliade, M. (2001), *Szamanizm i archaiczne techniki ekstazy*, s. 260.
2. Halifax, J. (1979), *Shamanic Voices: A Survey of Visionary Narratives*. New York: Penguin Arkana, s. 1.
3. Peters, L.G., Price-Williams, D. (1980), *Towards an experimental analysis of shamanism*, „American Ethnologist", 7: s. 398-418.
4. Walsh, R. (1990), *The Spirits of Shamanism*. London: Mandala.
5. Tart, C. (1983), *States of Consciousness*. El Cerrito, CA: Psychological Processes.
6. Wasson, R.G. (1968), *Divine Mushrooms of Immortality*. New York: Harcourt Brace, Jovanovich. Harner, M.J. (1973), *Hallucinogens and Shamanism*. New York: Oxford University Press. Stafford, P. (1983), *Psychedelics Encyclopaedia*, wydanie poprawione, Los Angeles: Tarcher.
7. Tart, C. (1983).
8. Neher, A. (1961), *Auditory driving observed with scalp electrodes in normal subjects*, „EEG and Clinical Neurophysiology", 13: s. 449-451.
9. Popov, A. (1968), *How Sereptie Djarvoskin of the Nganasans (Tavgi Samoyeds) became a shaman*, in: V. Dioszegi (ed.), *Popular Beliefs and Folklore Tradition in Siberia*, s. 137-46. Blomington, IN: Indiana University Press.
10. Handelman, D. (1967), *The development of a Washo shaman*, „Ethnology", 6: s. 444-64.
11. Krippner, S., Villodo, A. (1976), *The Realms of Healing*. Milbrae, CA: Celestial Arts.
12. Megged, N. (1998), *Portals of Hope and Gates of Terror: Shamanism, Magic and Witchcraft in South and Central America*. Tel Aviv: Modan Press.
13. Ibidem.
14. Harner, M.J. (1988), *Helping reawaken shamanism among the Sami (Laplanders) of northernmost Europe*, „The Foundation for Shamanic Studies Newsletter", 1(3).
15. Harner, M.J. (2007), *Droga szamana*.
16. Eliade, M., op. cit., s. 297.
17. Frank, J. (1985), *Therapeutic components shared by all psychotherapies*, in: M. Mahoney, A. Freeman (eds.), *Cognition and Psychotherapy*. New York: Plenum, s. 49.
18. Mussen, P.H. (ed.) (1983), *Piaget's theory*, in: *Handbook of Child Psychology*, vol. 1. New York: Wiley.
19. Eliade, M., op. cit., s. 297.

Rozdział 4
Poza ego: duchy i świat duchowy

1. Campbell, J. (1983), *The Way of the Animal Powers*, vol. 1. San Francisco: Harper & Row, s. 169.
2. Jung, C.G. (1993), *Archetypy i symbole*. Warszawa: Czytelnik.
3. Gurdjieff, G.I. (1973), *Views From the Real World*. New York: E.P. Dutton.
4. Jung, C.G., op. cit.
5. Castaneda, C. (2000), *Nauki Don Juana*. Poznań: Rebis.
6. Walsh, R. (1990), *The Spirit of Shamanism*. London: Mandala, s. 137.
7. Jeffers, S. (1995), *Mimo lęku: jak żyć szczęśliwie i aktywnie wbrew dręczącym nas obawom*. Warszawa: Medium.
8. Sisson, C.P. (2000), *Wewnętrzne przebudzenie*. Wydawnictwo Medium.

Rozdział 5
Pradawne i współczesne uzdrawianie szamańskie

1. Kleinman, A., Sung, L.H. (1979), *Why do indigenous practitioners successfully heal?*, „Social Sciences and Medicine", 13B: s. 7-26.
2. Achterberg, J. (1988), *The wounded healer: transformational journeys in modern medicine*, in: G. Door (ed.), *Shaman's Path: Healing, Personal Growth, & Empowerment*. Boston, MA: Shambhala, s. 115-126.
3. Bates, B. (1996), The Way of the Wyrd: Teachings for Today from Our Ancient Past. London: Rider.
4. Rogers, S. (1942), *Shamans and medicine men*, CIBA Symposia, 4: s. 1202-1223.
5. Basilov, V.N. (1984), *Chosen by the Spirits*, in: M. Balzer (ed.), *Shamanism*. Moscow. Politizdat, s. 1-46. Helman, C.G. (1994), *Doctor-patient relations*, in: *Culture Health and Illness*. London: Butterworth Heinemann.
6. Helman, C.G. (1994), ibidem.
7. Kleinman, A., Sung, L.H. (1997).
8. Benedict, E., Porter, T. (1977), *Native Indian medicine ways*, „Monchanin Journal", 10: s. 11-22.
9. Lipowski, Z.J. (1977), *Psychosomatic medicine in the seventies: an overview*, „The American Journal of Psychiatry", 134(3): s. 233-238.
10. Pelletier, K. (1977), *Mind as Healer, Mind as Slayer*. New York: Dell.
11. Achterberg, J. (1985), *Imagery and Healing: Shamanism and Modern Medicine*. Boston, MA: New Science Library, s. 146.
12. Bates, B. (2000), *Zapomniana mądrość wyrdu*. Warszawa: Amber.
13. Achterberg, J. (1985), s. 19-20.
14. Eliade, M. (2001), *Szamanizm i archaiczne techniki ekstazy*. Warszawa: PWN.
15. Megged, N. (1998), *Portals of Hope and Gates of Terror: Shamanism, Magic and Witchcraft in South and Central America*. Tel Aviv: Modan Press. s. 93.

16. Harner, M.J. (1972), *The Jivaro: People of the Sacred Waterfalls*. Garden City: Double-day/Natural History Press.
17. Eliade, M. (2001), *Szamanizm i archaiczne techniki ekstazy*. Warszawa: PWN.
18. Ingerman, S. (1991), *Soul Retrieval: Mending the Fragmented Self*. San Francisco: Harper.
19. Jung, C.G. (1993), *Archetypy i symbole*. Warszawa: Czytelnik.
20. Eliade, M., op. cit., s. 221.
21. Eliade, M., op. cit., s. 223.
22. Henry A. (1903), *The Lolos and Other Tribes of Western China*, JRAI, 33: s. 96-107.
23. Harner, M. J. (2007), *Droga szamana*. Wrocław: Wydawnictwo Dolnośląskie, s. 147.
24. Horwitz, J. (1995), *Animism: everyday magic*, Sacred Hoop, 9: s. 6-10.
25. Megged, N. (1998), *Portals of Hope and Gates of Terror: Shamanism, Magic and Witchcraft in South and Central America*. Tel Aviv: Modan Press, s. 67-68.
26. Megged N. (1998), s. 75.
27. Hopkins, J. (1984), *The Tantric Distinction: An Introduction to Tibetan Buddhism*. London: Wisdom.
28. Rasmussen, K. (1927), *Intellectual Culture of the Iglulik Eskimos*. Copenhagen: Gyldendalske Boghandel, Nordisk Forlag.
29. Smith, C.M. (1997), *Jung and Shamanism in Dialogue*. New Jersey: Paulist Press, s. 139.
30. Megged, N. (1998).
31. Horwitz, J. (2002), *Power in your hand: a short introduction to the rattle*, Sacred Hoop, 36.
32. Harner, M.J., op. cit.

Rozdział 6

Magia szamanizmu: podróż jako wehikuł przemiany

1. Noll, R. (1985), *Mental imagery cultivation as a cultural phenomenon: the role of visions in shamanism*, „Current Anthropology", 26(4): s. 443-451.
2. Achterberg, J. (1985), *Imagery in Healing: Shamanism and Modern Medicine*. Boston, MA: New Science Library.
3. Achterberg, J. (1988), *The wounded healer: transformational journeys in modern medicine*, in: G. Door (ed.), *Shaman's Path: Healing, Personal Growth, & Empowerment*. Boston, MA: Shambhala, s. 115.
4. Smith, C.M. (1997), *Jung and Shamanism in dialogue*. New Jersey: Paulist Press.
5. Turbayne C.M. (1970), *The Myth of Metaphor*. Columbia, SC: University of South Carolina Press.
6. Gold, J. (1990), *Read for Your Life: Literature as a Life Support System*. Markham, Ontario: Fitzhenry & Whiteside.

7. Ornstein, R. (1972), *The Psychology of Consciousness*. New York: Viking.
8. Watzlawick, P. (1978), *The Language of Chang*. New York: Basic Books, s. 14-15.
9. McMullen, L. (1989), *Use of Figurative Language in Successful and Unsuccessful Case of Psychotherapy: Three Comparisons*. „Metaphor and Symbolic Activity", 4: s. 203-225.
10. Grinder J., Bandler, R. (1976), *The Structure of Magic*, vol. 2. Palo Alto, CA: Science and Behaviour. / Grinder, J., Bandler, R. (1981), *Trance-formations: Neurolinguistic Programming and the Structure of Hypnotic Experience*. Moab, UT: Real People Press.
11. Bettelheim, B. (1985), *Cudowne i pożyteczne*.Warszawa: Państwowy Instytut Wydawniczy.
12. Ibidem.
13. Cameronn-Bandler, L. (1978), *They Lived Happily Ever After: A Book About Achieving Happy Endings In Coupling. Cupertino*, CA: Meta Publications.
14. Gadamar, H.G. (1960), *Wahrheit und Methode*. Tubingen: Mohr.
15. Bettelheim, B., op. cit.
16. Lakoff, G., Johnson, M. (1988), *Metafory w naszym życiu*. Warszawa: Państwowy Instytut Wydawniczy.
17. Wolf, S. (1950), *Effects of Suggestion and conditioning on the action of chemical agents In human subjects: the pharmacology of placebo*, „Journal of Clinical Investigation", 29: s. 100-109.
18. Cannon, W.B. (1957), *Voodoo death*, Psychosomatic Medicine, 19: s. 182-190.
19. Achterberg, J. (1985).
20. Blanco, V. (1991), *The Blue Deer*. Mexico: Diana.
21. Grinberg-Zilberbaum, J. (1998), *Las Manifestaciones del Ser I, II*. Mexico: Edamex.
22. Turner, E. (2003), *The reality of spirits*, in: G. Harvey (ed.), *Shamanism: A Reade*, London: Routledge, s. 145.
23. Weber, M. (1948), *Science as vocation*, in: *Essays in Sociology*, s. 129-156.
24. Ibidem.

POTĘGA TERAŹNIEJSZOŚCI, Eckhart Tolle

To mądra, serdecznie i uczciwie napisana książka. Książka dla ludzi poszukujących odpowiedzi na najważniejsze z dręczących nas pytań i wątpliwości. Autor ze znawstwem i cierpliwością najpierw zachęca do wyruszenia w drogę, a potem prowadzi nią czytelnika na spotkanie z nim samym. I o dziwo, ta droga wcale nie wydaje się trudna. I nikogo nie wyklucza. Iść nią może każdy. Nigdy nie dość takich książek.

Wojciech Eichelberger

Jest to książka nie tyle mówiąca o oświeceniu, co prowadząca do oświecenia; adresowana do tych, którzy nie tylko chcą się dowiedzieć czegoś o poszukiwaniu prawdziwego JA, ale i pragną je odnaleźć. Można ją polecić każdemu, kto wkracza na duchową ścieżkę i potrzebuje przewodnika.

o. Jan M. Bereza OSB, Opactwo Benedyktynów w Lubiniu

ILE WAŻĄ EMOCJE?, Małgorzata Kuberska-Kędzierska

Ile ważą emocje? to książka dla tych, którzy lubią wiedzieć, co się dzieje za zamkniętymi drzwiami. A dzieje się dużo! Autorka stwarza nam rzadką możliwość dostępu do cudzych sesji terapeutycznych. Nie tylko po to, by zaspokoić naszą ciekawość. Przede wszystkim udowadnia, że wiele fizycznych dolegliwości ma swoje źródło w uczuciach, których do siebie nie dopuszczamy. Jeśli zdecydujemy się je przeżyć, ciało ma szansę wyzdrowieć, a my będziemy szczęśliwsi i bardziej świadomi tego, kim jesteśmy.

Hanna Samson, psycholożka i pisarka

USZANUJ SIEBIE, Patricia Spadaro

Uszanuj siebie to przewodnik po życiu. Nie dowiesz się z niego, jak reagować w każdej sytuacji, ale zyskasz pewność, że to ty kierujesz swoim życiem. I najważniejsze – ta książka uczy szacunku dla siebie i innych.

Hanna Samson, psycholożka i pisarka

JAK UWOLNIĆ SIĘ OD LĘKU I ODNALEŹĆ MIŁOŚĆ, Gerald G. Jampolsky

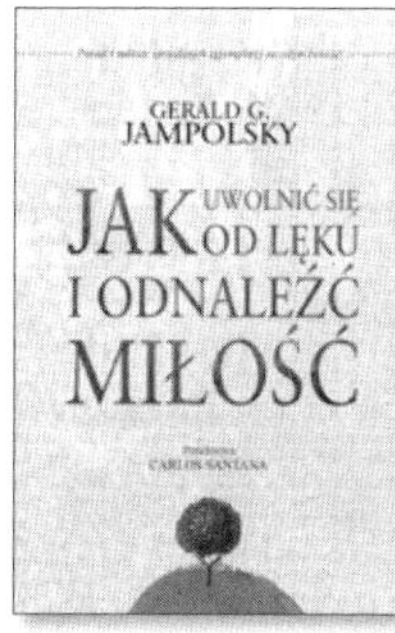

Jak uwolnić się od lęku i odnaleźć miłość to najmilsza i najsubtelniejsza melodia, balsam dla mego serca. Zasady przedstawione w tej książce miały na mnie ogromny wpływ. Zaważyła ona na tym, jak widzę siebie i czym kieruję się w życiu, jakie nawiązuję relacje z innymi i jak patrzę na świat. Dzięki niej odnalazłem wewnętrzny spokój, radość i szczęście, jakich nigdy wcześniej nie doświadczyłem, a nawet nie wiedziałem, że są w ogóle możliwe.

Carlos Santana

Ta książka budzi ze snu iluzji. Jest żywa, bezpośrednia i niezbędna.

Renata Arendt-Dziurdzikowska

PRZEBUDZENIE, Sam Harris

Przebudzenie to wyjątkowa książka: połączenie wspomnień człowieka poszukującego, naukowej i filozoficznej wyprawy w głąb własnego „ja" oraz przewodnika po transcendencji. Dzieło Harrisa zgłębia naturę świadomości, wyjaśnia, jak medytować, a także przestrzega przed samozwańczymi guru. Ta książka może odmienić twoje życie.

ŻYJ Z RADOŚCIĄ, Yongey M. Rinpoche

Od wieków buddyści czerpią nieograniczone pożytki z medytacji. W swej pionierskiej książce znany na całym świecie nauczyciel buddyjski Yongey Mingyur Rinpoche, w oparciu o naukową wiedzę, odkrywa tajemnice medytacji. Autor podkreśla, że systematyczna praca wewnętrzna uaktywnia obszary mózgu odpowiedzialne za szczęście i współczucie, a w konsekwencji umożliwia odnalezienie rozwiązania naszych codziennych problemów.

13 RZECZY, KTÓRYCH NIE ROBIĄ SILNI PSYCHICZNIE LUDZIE, Amy Morin

Każdy chce być szczęśliwy, zdrowy, mieć lepsze relacje z innymi, dobrą pracę i czas na odpoczynek. Warunkiem osiągnięcia tego dobrostanu jest silna psychika. To dzięki niej idziemy przez życie bez projekcji, dokonujemy właściwych wyborów i jesteśmy pełni radości.

Jak być silnym i odpornym psychicznie? Według Amy Morin wystarczy nie robić zaledwie 13 rzeczy. Wydaje się to banalnie proste, a jednak uwarunkowany umysł łatwo nie odpuszcza. Autorka przychodzi czytelnikowi z pomocą, przedstawiając doskonale dobrane przykłady ludzkich zachowań, analizując je i podając bardzo konkretne recepty. Posługuje się przy tym żywym językiem, dzięki czemu książkę czyta się z przyjemnością.

Umysł trzeba ćwiczyć codziennie. Podobnie jak rezygnacja z treningów na siłowni kończy się spadkiem formy, tak odpuszczanie sobie w kwestii pracy nad psychiką prowadzi do powrotu starych nawyków. Ten niezwykły poradnik ułatwi ci trenowanie umysłu, a w konsekwencji trwałą zmianę nawykowego myślenia i zachowania.

Joanna Delbar, redaktor naczelna zarzadzaniestresem.pl

ODWAGA BYCIA NIELUBIANYM
Ichiro Kishimi, Fumitake Koga

Ciesząca się w Azji ogromną popularnością książka opowiada o uwalnianiu wewnętrznej siły, dzięki której możesz stać się tym, kim naprawdę chcesz być. Oparta na motywach teorii Alfreda Adlera – obok Freuda i Junga jednego z trzech wielkich dziewiętnastowiecznej psychologii – książka Kishimiego i Kogi jest pouczającą dyskusją między filozofem a młodym człowiekiem. Filozof tłumaczy uczniowi, że każdy decyduje o własnym życiu i może zrzucić jarzmo przeszłości, zwątpienia oraz cudzych oczekiwań. Przedstawiony w niej punkt widzenia wyzwala, daje odwagę do zmiany i do ignorowania ograniczeń stawianych przez otoczenie i samego siebie. W rezultacie powstała książka nie tylko niezwykle przystępna, lecz także mająca przełomowe znaczenie. Z jej mądrości zaczerpnęły już miliony czytelników.

* * *

Kishimi i Koga – w bardzo ciekawej formie rozmów z filozofem – rozbijają nasze mechanizmy obronne, jeden po drugim. Uczą też, jak przestać się wreszcie przejmować tym, co ludzie powiedzą. Wolni od barier, wreszcie będziemy w stanie rozwinąć skrzydła.

Dagny Kurdwanowska, dziennikarka, autorka, redaktorka naczelna portalu Sukces Pisany Szminką

PRAWDA JEST W TOBIE, Gordana Biernat

„Wszystkie myśli i dręczące mnie pytania istnieją w mojej głowie w kompletnej ciszy. Żadnych nieporozumień. Żadnego oceniania. Żadnego lęku". – pisze Gordana w swojej książce. Ten wgląd zapoczątkował jej życiową przygodę odkrywania jedności życia i „świata, który większości z nas wydaje się czymś na zewnątrz".

Przewodnicy tacy, jak Gordana otwierają naszą świadomość na ocean możliwości, obfitości i piękna.

Renata Arendt-Dziurdzikowska, certyfikowana coach, dziennikarka, autorka książek

CZTERY UMOWY, Don Miguel Ruiz

Cztery umowy to wyjątkowy przewodnik po drodze do prawdziwej wolności i harmonii. Autor odkrywa źródło przekonań i zachowań, które nas ograniczają i odbierają prawdziwą radość życia. Opierając się na mądrości starożytnych Tolteków, podaje skuteczne sposoby, które z dnia na dzień mogą odmienić życie każdego z nas. Niby oczywiste, a jednak często nieuświadomione zasady będące umowami, które powinniśmy zawrzeć sami ze sobą, stanowią klucz do prawdziwego spokoju ducha i szczęścia.

TRZY PYTANIA

Don Miguel Ruiz, Barbara Emrys

Po bardzo ważnych *Czterech umowach*, które zmieniły życie milionów ludzi na całym świecie, Don Miguel Ruiz powraca. Tym razem stawia zaledwie trzy pytania. Jeśli jednak znajdziemy na nie odpowiedzi, z pewnością zmienimy swoje życie, staniemy się mądrzejsi i zyskamy nie tylko wewnętrzną siłę, ale również wolność. Mała książka, a tak wielka moc! Gorąco polecam!

Agnieszka Maciąg, autorka książek i bloga www.agnieszkamaciag.pl

Ruiz namawia do wyjścia poza uwarunkowany umysł i do nieustannego zadawania sobie trzech pytań: Kim jestem? Co jest prawdziwe? Czym jest miłość? Poprzez przypowieści i duchowe przemyślenia zachęca do uświadomienia sobie, że „jeśli zgodzimy się na rolę ofiary głosu z własnej głowy, będziemy ofiarą w każdej sytuacji". *Trzy pytania* to książka ważna i potrzebna. To niezwykły filozoficzny manifest prowadzący nas na drogę naturalnych zasad życia.

Joanna Delbar, redaktor naczelna zarzadzaniestresem.pl

PODRÓŻE POZA CIAŁEM, Robert A. Monroe

Robert A. Monroe – spokojny biznesmen z Wirginii – zaczął doświadczać tajemniczych stanów, które całkowicie zmieniły jego życie. Gdy po raz pierwszy zobaczył swoje ciało leżące w łóżku, myślał, że postradał zmysły. Ponieważ dziwne stany powtarzały się, postanowił poszukać naukowców, którzy wyjaśniliby, co się z nim dzieje. Podczas odmiennych stanów świadomości opuszczał swoje ciało fizyczne i wędrował przez świat astralny. Tam spotykał byty, których istnienie prawie każdy nas podejrzewa. Tam też dowiedział się, co się dzieje, gdy człowiek umiera, i jak wygląda życie po śmierci.

DALEKIE PODRÓŻE, Robert A. Monroe

W swojej kolejnej książce Robert A. Monroe odkrywa tajemnice astralnych wypraw w inne systemy rzeczywistości. Dzięki niemu dowiesz się, co cię czeka po śmierci ciała fizycznego i poznasz nowe możliwości otwierające się przed naszą prawdziwą istotą. Przyjrzysz się również przyszłości Ziemi.

* * *

Książka *Dalekie podróże* ukazuje sens ludzkiego życia w innym świetle i całkowicie odmieni twój sposób myślenia o Ziemi, ludziach i o sobie. Tę podróż zaczynasz każdego dnia z nowymi możliwościami.

Grażyna Byczukowa, Paweł Byczuk
Profesjonalni Członkowie The Monroe Institute

NAJDALSZA PODRÓŻ, Robert A. Monroe

Najdalsza podróż jest podsumowaniem niezwykłych i ekscytujących doświadczeń Roberta A. Monroe. Autor odkrywa prawdę o przyczynach, które skierowały go w tę podróż poza granice świata fizycznego, być może najbardziej niezwykłą wyprawę, jaką człowiek może odbyć. Kres owej podróży przynosi zrozumienie tajemnicy naszego istnienia i przeznaczenia.

* * *

Najdalsza podróż niesie zasób informacji, które prowadzą ku POZNANIU i przekształceniu przekonań w ZNANE, aby każdy z nas mógł samodzielnie poznać Podstawę i przekroczyć bez obaw mityczną barierę końca fizycznej egzystencji.

Grażyna Byczukowa, Paweł Byczuk
Profesjonalni Członkowie The Monroe Institute